现代大学校长文丛

朱清时 主编
李传玺 执行主编

傅斯年卷

唐元明 编

时代出版传媒股份有限公司
安徽教育出版社

图书在版编目（CIP）数据

现代大学校长文丛. 傅斯年卷 / 唐元明编.
—合肥：安徽教育出版社，2015
ISBN 978-7-5336-8110-4

Ⅰ.①现… Ⅱ.①唐… Ⅲ.①高等教育－中国－文集
Ⅳ.①G649.2－53

中国版本图书馆 CIP 数据核字（2015）第 210911 号

现代大学校长文丛·傅斯年卷
XIANDAI DAXUE XIAOZHANG WENCONG FU SINIAN JUAN

出 版 人：郑　可
质量总监：张丹飞
策划统筹：王　骏　钱　江
责任编辑：朱　矾
装帧设计：阮　娟
技术编辑：王　琳

出版发行：时代出版传媒股份有限公司　安徽教育出版社
地　　址：合肥市经开区繁华大道西路 398 号　邮编：230601
网　　址：http://www.ahep.com.cn
营销电话：(0551)63683011，63683013
排　　版：安徽创艺彩色制版有限责任公司
印　　刷：合肥创新印务有限责任公司

开　本：720×960　1/16
印　张：21
字　数：310 千字
版　次：2015 年 11 月第 1 版　2015 年 11 月第 1 次印刷
定　价：38.00 元

（如发现印装质量问题，影响阅读，请与本社营销部联系调换）

总　序

一

我们似乎不应该忘记一个日子。清光绪二十四年(1898年)八月初六,那是一个血雨腥风的日子,戊戌变法失败了。一边是慈禧再度"训政",一边是废黜光绪,废除新政,对倡导变法维新人士进行大搜捕、大屠杀。其中独有一项"成果"经过一个老人的巧妙运作保留了下来,那人是时任管学大臣的孙家鼐,那"成果"便是京师大学堂。

也许是经过变法者心血与鲜血的滋润,这粒中国现代教育的种子开始了它的倔强生长。

至1949年,中国现代教育体系包括大学教育体系以及它的格局、架构已基本形成。

由此,人们常常发问:

那是一段什么样的历史时期,朝代更迭,袁氏复辟,走马灯式的北洋政府;军阀割据,连年混战,人民水深火热几不聊生;外敌入侵,十四年抗战,虽取得胜利,接踵的又是国共内战。如此时空背景,常常使课堂里放不下一张平静的书桌。可就是在这样的时代氛围中,中国现代大学教育却能够生长,且健全了各门类基础学科,诞生了一批名校,培养出了惠及后世的大量杰出人才,在教学相长过程中走出了大批大师级的教育家、科学家、思想家。为什么?

钱学森先生曾这样发问。

每个人一说到中国现代大学教育时,总会想到蔡元培先生,总会想到西南联大,更会这样发问。

二

2010年3月14日下午,首都机场。全国两会结束,各地的政协委员返程。全国政协委员,曾任中国科技大学校长,时任南方科技大学校长的朱清时先生正坐在过道边的椅子上。那段时间,他是热门人物,一直被媒体包围着,此刻他好像很累很疲倦,但仍有记者不停地同他说着教育的热点话题。作为安徽政协委员向中央报送信息的联络员李传玺也站在旁边听,并不时对朱清时先生切中肯綮的评论报以由衷的赞美。

"你是哪家报社的?"朱校长问李传玺。

《江淮时报》副总编常河先生站在旁边,向朱校长介绍了李。

"噢,你研究胡适啊,我对30年代那批大师,尤其是那批大师级的教育家非常佩服。"

这句话也埋下了一粒种子。

2012年初,时在安徽教育出版社就职的王骏先生询问李传玺,今年有没有好的选题。

李传玺的脑子里突然闪现出了在首都机场与朱清时校长谈话的画面,以及朱先生最后的那句话。何不请朱清时先生担纲编选一套现代大学校长文丛?王骏向社领导做了汇报,很快得到了同意。可朱清时校长能同意么?初春的一个下午,李传玺拨通了朱清时校长的电话,虽然天气不热,却紧张得一手心汗。没想到朱校长听完了介绍后,欣然同意。

于是有了现在呈现在大家面前的这套书。

三

让我们倾听一下那些大师们的声音。声音都不是那种激昂慷慨式的,很平和,却更入灵魂。

蔡元培先生:"对于各家学说,依各国大学通例,循思想自由原则,兼容并包。无论何种学派,苟其言之成理,持之有故,尚不达自然淘汰之运命,即使彼此相反,也听他们自由发展。"

张伯苓先生:"允公允能,日新月异","允公是大公,而不是小公,小公只不过是本位主义而已,算不得什么公了。惟其允公,才能高瞻远瞩,正己教人,发扬集体的爱国思想,消灭自私的本位主义","允能者,是要做到最能,要建设现代化国家,要有现代化的科学才能……不仅要求具备现代化的理论才能,而且要具有实际工作的能力"。

蒋梦麟先生:"大学者,为研究高等学科而设","学校之惟一生命在学术事业","研究学术而有所顾忌,则真理不明","畀以学术自由之权,所以求思想与学术自由之发展,不受外力阻挠也"。

梅贻琦先生:"所谓大学者,非谓有大楼之谓也,有大师之谓也。""新民之大业,非旦夕可期也,既非旦夕可期,则与此种事业最有关系之大学教育,与从事于此种教育之人,其所以自处之地位,势不能不超越几分现实;其注意之所集中,势不能为一时一地之所限止;其所期望之成就,势不能为若干可以计日而待之近功。"

胡适先生:"学术的发达,人才是第一要件。我们必须集中第一流的人才,替他们造成最适宜的工作条件,使他们可以自己做研究,使他们可以替全国训练将来的师资和工作人员","只有在自由独立原则之下,才能有高价值的创造","'自由'是学校给予师生的,'独立'则为创造的"。

竺可桢先生:"科学精神就是求真,要'只问是非,不计利害'。这就是说,只求真理,不管个人的利害","求是的路径,《中庸》说得最好,就是'博学之,审问之,慎思之,明辨之,笃行之'。单是博学、审问还够,必须审思熟虑,自出心裁,独著只眼,来研辨是非得失"。

......

不需要再引了,读着这些话,如果你是一个教育工作者,也许自会得出本文开篇所提疑问的答案。即使不是,你也会强烈感受到一个真正教育家的教育胸怀。此书还选收了大量大师们其他方面的论文甚至美文,任何一个读者都可以从中充分领略到大师们多面的风采。

李传玺

2015 年 3 月

目 录

导读

1 亦儒亦侠的傅斯年　唐元明

第一辑　教育类

13　教育改革中几个具体事件
18　改革高等教育中几个问题
23　再谈几件教育问题
29　大学研究院设置之讨论
33　论学校读经
38　闲谈历史教科书
48　台湾大学选课制度之商榷
56　台湾大学与学术研究
68　"国立"台湾大学第四次校庆演说词
72　台湾大学国文选拟议
76　中国学校制度之批评

第二辑　时论类

111　文学革新申义
121　《新潮》发刊旨趣书
125　汪贼与倭寇——一个心理的分解
131　盛世危言

137	论豪门资本之必须铲除
143	这个样子的宋子文非走开不可
149	时代与曙光与危机

第三辑　史学类

163	历史语言研究所工作之旨趣
172	中国历史分期之研究
179	史学方法导论
218	战国文籍中之篇式书体——一个短记
222	明成祖生母记疑
232	夷夏东西说
279	与顾颉刚论古史书
305	故书新评
321	出版界评

导 读

亦儒亦侠的傅斯年

唐元明

傅斯年(1896—1950),字孟真,山东聊城人。中国现代著名历史学家、教育家、社会活动家。6岁入私塾,10岁入东昌府立小学堂,11岁读完《十三经》。1909年考入天津府立中学堂。1913年考入北京大学预科,1916年升入本科国文门。1918年与同学罗家伦、毛子水等组织新潮社,负责编辑《新潮》月刊,影响很大。同时发表《文学革新申义》等力作,响应胡适的名文《文学改良刍议》,倡导白话文。1919年"五四"运动期间,为学生领袖之一。1919年底赴欧洲留学,先后入英国爱丁堡大学、伦敦大学,研究实验心理学、物理、化学和高等数学。1923年入德国柏林大学,学习比较语言学等。1926年冬应中山大学之聘回国,1927年任该校教授、文学院院长,兼任中国文学和史学两系主任,同年在中大创建语言历史研究所,任所长。1928年受蔡元培之聘,筹建中央研究院历史语言研究所,任专职研究员兼所长。1929年兼任北京大学教授,讲授"中国上古史专题研究"及"中国古代文学史"。其间先后兼任社会科学研究所所长、中央博物院筹备主任、国民参政会参政员、中央研究院总干事、政治协商会议委员、北京大学代理校长等职。1948年当选为中央研究院院士。1949年任台湾大学校长。1950年12月20日因脑溢血突发辞世。

在傅斯年短短55年人生中,少年英姿、壮怀激烈,时代弄潮、书斋学者,教书育人、参政议政,多重角色集于一身,各个方面都很杰出;同时,他还是有名的"大炮""老虎""诤友"等。借用乃师亦友胡适的评价是:"孟真是人间一个最稀有的天才。他的记忆力最强,理解力也最强。他能做最细密的绣花针工夫,他又有最大胆的大刀阔斧本领。他是最能做学问的学者,同时他又是最能办事、最有组织才干的天生领袖人物。他的情感是最有热力,往往带有爆炸性的;同时,他又是最温柔、最富于理智、最有条理的一个可爱可亲的人。这都是人世最难得合并在一个人身上的才性,而我们的孟真确能一身兼有这些最难兼有的品性与才能。"(《傅孟真先生遗集》序)傅斯年的学友罗家伦也曾这样称道他:"孟真贫于财,而富于书,富于学,富于思想,富于感情,尤其富于一股为正气而奋斗的斗劲。"虽都有爱惜和褒扬的成分,但确是持重之论、知音之辞,说出了傅斯年富于学、精于业、激于义、尚于德的才情与操守,他身上也折射出了20世纪上半叶中国优秀知识分子诸多光彩照人的文化底蕴和卓越精神。

"五四"先锋

在北大求学期间,傅斯年受到蔡元培、胡适、陈独秀等时彦影响很大,钟情新学,思想自由,崭露头角。1918年,他与同学罗家伦等创建新潮社,出版《新潮》月刊,担任主任编辑,很快吸引了顾颉刚、冯友兰、俞平伯、朱自清、康白情、江绍原、张申府、高君宇、谭平山等一批优秀作者,佳文迭出,关注度高。虽然《新潮》的政治色彩不如《新青年》那么强烈,但其坚决主张民主自由、民族独立、男女平等、社会清明,并以科学的方法和理性的态度重新评估传统文化价值,反对一切保守、迷信与盲从,二者的大方向是一致的。因而学界普遍认为,在新文化运动中,《新潮》是仅次于《新青年》的重要刊物。就连胡适也情不自禁地在《中国文艺复兴运动》一文中称誉:"《新潮》杂志,在内容和见解方面,都比他们的先生们办的《新青年》还成熟得多,内容也丰富得多,见解也成熟得多。"此说虽有对《新青年》后来办刊思路激变的不满,但也确实反映了《新潮》在当时的重要影响。同时,傅斯年从1918年1月发表《文学革新申义》起,先后在《新潮》《新青年》《北京大学日刊》等报刊上发表各类文章近70篇,响应文学革命,倡导自由思想,批判保守文化,评骘社会问题,引起广泛瞩目。他还身体力行,积极参与组织了"五四"运动,自己曾回忆说:"五四那天上午我作主席,下午扛着大旗到赵家楼,打进曹汝霖的住宅。"确实起到了北大游行队伍总指挥的作用,可谓影响深远,彪炳史册。1945年7月,当他以国民参政员的身份访问延安时,毛泽东曾和他有过一席长谈,并当面称赞他在"五四"运动中的贡献。他却答道:"我们不过是陈胜、吴广,你们才是项羽、刘邦。"临行时,毛泽东手书北宋诗人钱惟演的诗句相赠:"不将寸土分诸子,刘项原来是匹夫。"可谓意味深长。

学者本色

傅斯年出生于名门世家,先祖傅以渐系清王朝开国状元,后迭代诗书传家。他幼承庭训,打下了深厚的文史功底。1919年冬出国,先后在英国、德国留学7年,所学多属自然科学,也兼及语言学等。虽然没进修历史学课程,但他读书很博,哲学与历史自然要涉及,其"史料即史学"的思想就是受当时风行德国的兰克学派所影响。尤为重要的是,他掌握了西方的科学理论与治学方法。正如罗家伦所言:"他有了许多科学的方法和理论,又回头发现了他自己曾经储藏下的很丰富的中国历史语文的知识,在此中可以另辟天地。"蒋梦麟也说:"孟真博古通今,求知兴趣广阔,故他于抒发议论的时候,如长江大河,滔滔不绝。他于观察国内外大势,溯源别流,剖析因果,所以他的结论,往往能见人之所不能见,能道人之所不能道。他对于研究学问,也用同一方法,故以学识而论,孟真真是中国的通才。"(《忆孟真》)的确,20世纪初年成长起来的中国学者中,真正影响大而见识高的并不多,傅斯年当属其中佼佼者。

傅斯年有两句学术名言,一句是"上穷碧落下黄泉,动手动脚找东西",强调现场考察和实证资料的重要性;另一句是"史学即史料学",强调"一分材料出一分货,十分材料出十分货,没有材料便不出货"。这些观点和原则虽不乏重要意义,却也引起过争议。学界推崇傅斯年在学术上、尤其是中国历史研究上的创新之举,乃是推动语言学与历史学结合及现代化,以符合西方科学标准的研究来拓展学术新境。特别是利用反复实验,考证和确定客观规律与事实;用自然科学心态看待历史,让史学成为历史科学;以新工具引出新问题,检验旧材料,创造新的研究领域与材料,让史料研究、搜寻、佐证成为学术研究核心。同时,他又强调,史料学考订史料的真伪、史料记载的准确性、史料写定的时代等等,但这还不是整个历史学,历史学的涵义应更宽广,而且主要是研究人类过去的史迹,反映出它真实的本来的面目。这些理论观点与不断实践铺就了中国历史研究的科学之路,从而创立中国现代学术研究上重要的史料学派,傅斯年居功甚伟。

傅斯年创造性地提出,历史可以"断世"而不必"断代",坚持"取汉族之变化升降以为分期之标准"以"断世",并形成了建构明晰的"断世"体系。他强调,须以"种族与文化"作为治史的核心,而且"种族"也多归因于"文化"。他在《中国通史纲要》(北大授课讲义)中,明确提出"以'民族迁动'为中国史分期之标准"。在《中国历史分期之研究》一文中又主张:"研究一国历史,不得不先辨其种族。诚以历史一物,不过种族与土地相乘之积。种族有其种族性,或曰种族色者(Racial colour),具有主宰一切之能力。种族一经变化,历史必顿然改观。"他强调:"中国历史上所谓'诸夏'、'汉族'者,虽自黄、唐以来,立名无异;而其间外族混入之迹,无代不有……自陈以上,为'第一中国',纯粹汉族之中国也;自隋至宋亡,为'第二中国',汉族为胡人所挟,变其精神,别成统系,不蒙前代者也。"在1931年给陈寅恪的信中,他再次重申:"中国之国体,一造于秦,二造于隋,三造于元。汉承秦绪、唐完隋业,宋又为唐之清白化,而明、清两代,虽民族不同,其政体则皆是元代之遗耳。"同时,傅斯年也注意到历代"政俗大有改易,不可不别作'枝分'",即上世为"政治变迁",中世为"风俗改易",近世为"种族代替"。

傅斯年的史学代表作《民族与古代中国史》是一部体大思精的中国史专著,可惜生前只完成三分之二的内容。《夷夏东西说》和《周东封与殷遗民》等名篇皆是该书的章节。《性命古训辨证》《中国历史分期之研究》《史学方法导论》《东北史纲》《中国古代文学史讲义》等也属系统、厚重之作。这些论著多有精义和创见,不少是"有突破性、创始性的第一流的好文章"(何兹全)。正如著名美籍华人学者张光直曾称赞的那样:"傅先生是一位历史天才,是无疑的。他的《夷夏东西说》一篇文章奠定他的天才地位是有余的。这篇文章以前,中国古史毫无系统可言……自傅先生夷夏东西说出现之后,新的考古资料全部是东西相对的……有了这篇文章以后,历史学家看中国历史便有了一个与前不同的角度。这样的文章可以说是有突破性的。""他的东西系统成为一个解释整个中国大陆古史的一把总钥匙。"

傅斯年不仅有学术雄心,更富有学术事业心。他学识渊博,在历史研究和文献整理方面独树一帜,在主持中央研究院历史语言研究所、对殷墟的发掘研究等重大工作方面,都有不可磨灭的历史性贡献。1928年,他负责创办中研院史语所,并担任所长23年之久,培养了大批历史、语言、考古、人类学等专门人才,如李济、董作宾、丁声树、劳幹、胡厚宣、夏鼐、周一良、全汉升、邓广铭、张政烺、严耕望等。组织出版学术著作上百种,影响深远。1928—1937年,傅斯年排除阻力,组织专家对以安阳为中心的殷墟作了15次大规模的考古发掘,找到大批甲骨文和殷商文物,为殷商史和甲骨文研究奠定了坚实的基础。同时,在抗战前非常时期,他组织抢救、整理清朝内阁大库中8千麻袋总计15万斤的明清档案,都是极珍贵的第一手历史资料,并争取到史语所进行专门整理,使明清史研究取得了突破性的进展。考古学家李济曾赞叹说:"无论是办研究所或大学,傅斯年总是像一个设计的总建筑师经营一个伟大的建筑一样,有一套完整的蓝图,并且与他的工程师充分地合作,按部就班,一段一段地完成他的计划。困难总是有的,并且常常地遭遇到很大的困难,但他总有法子度过去,他真是克难英雄中的第一把手。"可以说,在中国近代科学考古史上,傅斯年是第一功臣,对中国现代学术文化发展有着重大贡献。

北大"功狗"

　　傅斯年是一位杰出的教育家,不仅是北京大学的重要领导人,而且是台湾大学的勋臣。从早年进入北大读书开始,他就一直献身大学、休戚与共,先后出任中山大学、北京大学及西南联大教授、校务委员,北大代理校长和台湾大学校长。他有很强的组织协调能力,在学术上和行政管理上都能应对自如,令上下称道。在1929至1948年间,他几乎一直兼任北大(包括西南联大)教授,积极出谋划策,做了很多校务管理工作。多年担任北大校长的蒋梦麟曾深情地说:"'九一八'事变后,北平正在多事之秋,我的参谋就是适之、孟真两位,事无大小,都就商于两位。他们两位代北大请到了好多位国内著名的教授,北大在北伐成功以后之复兴,他们两位的功劳实在太大了。"抗战胜利后,胡适被任命为北大校长,在胡到任前的一年间(1945年8月至1946年8月)傅任代理校长,解决了很多棘手问题,如为北大争取到新校地、校产,对伪北大教职员处置等。他以"汉贼不两立"的态度,毅然决定对周作人等附逆人员一个不用,"决不为北大留此劣根",为迎胡适回校铺平了道路。他在写给夫人俞大䌽的信中曾直接表露过心迹:"实在说在这样局面下,胡先生办远不如我,我在这几个月给他打平天下,他好办下去。"因此,他曾自诩为胡适的"清道夫""保驾人",并对蒋梦麟说,蔡元培、胡适是北大"功臣",北大精神的创始者;而他与蒋梦麟只不过是北大"功狗"。这种勇于献身、甘作绿叶的高尚精神,着实可歌可泣。

　　1949年1月,傅斯年在教育部长朱家骅等人力劝下,赴台就任台湾大学校长。他以"埋骨于田横之岛"的决心,筚路蓝缕,全力以赴,用极短的时间就把混乱不堪的台大整顿引导进入正轨,并建立起长远制度及良好校风,形成教育及学术独立的精神与传统。学人李东华曾称道说:"台大校史上,孟真先生虽非创校校长,但在常规及制度之设立上,恐无人能出其右。"(《功勋尽瘁,死而后已——傅斯年先生在台

大》)

国士无双

傅斯年是一个具有强烈社会责任心和正义感的爱国知识分子,满腔热血、仗义直言、勇往直前是其个性。罗家伦曾以"纵横天岸马,俊奇人中龙"来形容他的秉性与才气,在《元气淋漓的傅孟真》一文中写道:"孟真的号召力和攻击精神,则与伏台尔(Voltare)相似。他们都愿意为自由和开明而奋斗。对于黑暗和顽固有强大的摧毁力,而且爱打抱不平,也是相似之处。不过伏台尔不免刻薄,而孟真则坦白率真。"1932至1937年,他和胡适等师友以"书生报国"的情怀,捐资出版《独立评论》周刊,评论时事百态,发出知识分子的独立声音。"九一八"事变后,他站在史家的立场为民族正义呐喊争胜,发表了《东北史纲》《日寇与热河平津》《政府与对日外交》《中华民族是整个的》《北局危言》《汪贼与倭寇》等一系列文章,抨击绥靖卖国政策,提出抗日救亡主张,激发知识界及全社会的爱国精神。

"百士之诺诺,不如一士之谔谔"。傅斯年最为人津津乐道的,是将两位显赫一时的皇亲国戚孔祥熙和宋子文轰下台来。孔、宋先后担任行政院长,长期掌管国库钥匙,贪污腐败,发国难财,使民怨沸腾。嫉恶如仇的傅斯年,拍案而起,说:"我拥护政府,不是拥护这班人的既得利益,所以我誓死要和这班败类搏斗,才能真正帮助政府。"他带头在国民参政会上提出质询案,并在影响很大的《大公报》上连发檄文,敦促"这个样子的"孔祥熙、宋子文"非走开不可",朝野震惊,两人先后被迫下台。毛子水盛赞他"一生代表的是浩然正气"。蒋廷黻也称道他的论政之作"好像集合了四千年的历史经验",深切独到,烛照幽暗。的确,他正气凛然,眼光犀利、笔力千钧,所向披靡,因而赢得"傅大炮"的美誉。

傅斯年对邪恶势力总是表现出金刚怒目、不共戴天的一面,而对待师友与弱势群体又往往体现出尊重、宽容与温煦的一面。1932年10月,陈独秀在上海租界被捕。虽然两人政见有异,但他在《独立评论》发表《陈独秀案》一文,热情地称颂陈独秀在"五四"新文化运动中的功绩,赞美他是"中国革命史上光焰万丈的大彗星"。胡适也曾说:"有人攻击我,傅斯年总是挺身而出,说:'你们不配骂胡适之。'"他确实甘于冲锋在前,尽力顾惜时贤。他为无数教师学生等提供过帮助,如在西南联大期间,他想方设法关心陈寅恪等名家的生活与健康,也为林徽音等知识精英的工作与身体费心筹措。他曾对胡适说,"既为读书人,则读圣贤书,所学何事",就应"无惭于前贤典型"。

傅斯年一生不党、不宦。虽有多次仕途机遇,但他始终不为所动,不愿从政,而愿意参政议政。他曾说:"我们是要奋斗的,惟其如此,应永久在野,盖一入政府,无法奋斗也。"并表明态度:"与其入政府,不如组党;与其组党,不如办报。"傅斯年始终关注政治、心系社会,却能抱守名节,廉洁奉公,不谋私利。林徽音、梁思成称誉其"存天下之义,而无有徇私",信哉斯言。

本书精选傅斯年具有代表性的学术专著重要章节、论文、时评、书信28篇,涵盖教育、政论、史学、文学及学术方法等若干方面。教育类12篇,涉及教育改革、大中小学定位与重点、教师选择与教材建设、教学与研究的关系、中国学校制度历史与现状考察等,体现了其教育兴国、教育独立、教育机会平等等核心思想观念。特别是维护学校与学术自由,办学思想上不能以功利主义为主宰,严格挑选校长和教师,不能让政客和不学无术之辈混迹其间,严格区分大学和中学的教学方法等主要教育观点,都有很强的借鉴意义。时论类7篇,既有作者写于1918年的思想发轫之作《文学革新申义》和有名的《〈新潮〉发刊旨趣书》,也有《汪贼与倭寇》《盛世危言》等抗战中救亡图存的急切呼吁,以及抨击豪门巨族祸国殃民的正义之声,展示了傅斯年作为时代先驱、民族栋梁在社会变局和危难中的智慧、勇毅与担当。史学等方面9篇,选录了作者较早提出其史学观与办所方针的《历史语言研究所工作之旨趣》,系统阐述史料发掘、鉴定与应用方法的《史学方法导论》,开辟中国历史研究重大系统观念的《夷夏东西说》,显示辨疑文献、考证史实缜密善断功力的《明成祖生母记疑》，论证古代文体演进轨迹与模式的精辟之作《战国文籍中之篇式书体》，长篇学术通信《与顾颉刚论古史书》，以及学术书评《故书新评》《出版界评》等，反映了作者作为现代史学大家、重要学术机构掌门人，在中国古史研究方面的独特见解，在学术思想、治学方法上的精深造诣。全书兼顾了作者具有开创性意义的长篇学术论著，体现先进教育思想理念与成功教学实践的重头文章，总结学术研究方法与路径的指津之文，以及影响社会风气的政论、洋溢作者个性风采的时评等，从若干方面突出展现了作者的学者本色、教育家风范和社会活动家的卓越贡献。

第一辑　教育类

教育改革中几个具体事件

关于教育改革之具体问题，原则上我们可以有些意见。其施行的详细方案乃是教育当局的事，我们局外人既无材料在手，自然无从悬推。

教育改革具体方案之原则，一时想来有下列数事。

（一）全国的教育，自国民教育至学术教育，要以职业之训练为中心的。这话不是江苏省教育会一系人之老调头，他们的办法是把学校弄成些不相干的职业的"艺徒学堂"。幼年人进学堂，如进工场一般，这是极其不通的。我们乃是主张学校中的训练要养成幼年人将来在社会服务的能力，养成一种心思切实，态度诚实，手脚动得来，基本知识坚固的青年。所以中小学虽有化学，然而如竟专心制起胰子来；虽有物理，然而专心做起电灯匠来，都是大可不必的。不过，化学虽不造碱，而必使中学毕业生在化学工厂中做起事来，能应用他在学校中学的化学知识；在农场中做起事来，能应用他在学校中学的动植物知识，然后这教育不是失败的。

在这"职业训练"的要求之下，我以为中小学的课程应注意下列数事：

甲、将中小学课程之门类减少至最低限度，仅仅保留国文、英文、算学、物理、化学、自然知识、史地知识、体育等，而把一切不关痛痒的人文科目一律取消。一面将党义的功课坚实的改良，使其能容纳些可靠的人文知识，不光是一年又一年的叫口号。当年黄炎培等人拟高中章程，竟有了文化史和人生哲学。这个题目在欧洲尚不会建设得能够包含着基本训练之意义，试问中国有谁配教这门功课？在高中又如何教法？……

乙、每一科目宁缺勿滥。在城市的学校可减除自然知识,在乡村学校亦可酌量减除些科目,只有国文、英文、算学是绝对不可少的。每一科目既设之后,必求有实效,国文非教得文理清通、文法不错不可,英文非教得文法了然能有些实用不可,算学非教得有算术、几何、代数、最浅解析几何、最浅微分之基础知识,而能实用不可(此限度就高中言)。物理非教得对于电灯、肥皂泡、天气变化、化热力功用等等一切我们四围环境中遇到的事件,能与书本上的指示连起来不可;植物非教得能把我们园中的植物拿来分类认识出来不可。一切功课都步步跟着实验,教科书不过是一个参考的手本,训练的本身乃在动手动脚处。国文、英文也不能是例外的,历史要教到坚实而不盲目的民族主义深入心坎中,同时知道世界文化之大同主义;地理要教得知道世界各地物质的凭藉,及全国经济生活之纲领,若专记上些人名、地名、年代、故事,乃真要不得的。为实现这样的课程,教育部有设置几个专科的课程编定委员会之必要。

照这样做下去,然后以下列的标准考察一个学校办的成功与失败:一、学生的手脚是否有使用他的课本上的知识的能力;二、学生能不能将日常环境中的事与课本上的知识联贯起来。能,便是训练的有效;不能,便是制造废物了。这样的训练,不但可以充分发育一个人之用处,一个人将来在职业上的用处,还可以防止安坐享受的习惯、思想不清的涵养、做士大夫的架子。

(二)全国的教育要有一个系统的布置。民国以来的教育,真可谓"自由发展"了,其结果是再紊乱不过的。私立学校随便开,大学随便添,高中满了全国。即令这些学堂都好,也要为社会造出无数失业的人来,而况几乎都不成样子。现在教育部有下列的几个当务之急:第一,作一个全国教育的统计,同时斟酌一下,中国到底需要些哪样人,然后制定各校各科的人数,使与需要相差不远。第二,使公立学校在上下的系统上及地方的分配上有相当的照应。第三,限制私立学校,使它不紊乱系统。第四,最要紧的——国民教育、普通教育、职工教育、学术教育,中间之相接、相配合处厘定清楚,务使各方面收互相照应之功效,而不致有七岔八错之形态。

(三)教育如无相当的独立,是办不好的。官治化最重之国家,当无过于普鲁士。试以普鲁士为例,虽说大学教授讲座之选补权亦操之教育部,一切教育行政皆由部或地方官厅令行之,然其教育界实保有甚大之自治力量,行政官无法以个人好恶更动之。当年以德皇威廉第二之专横,免一个大学校长的职,竟是大难;革命后普鲁士教育部长免了一个国立歌剧院院长的职,竟发生了大风波。如熟悉德国教育情形,当知高等教育权皆在所谓秘密参议手中,普通教育权皆在所谓学事参议手中,其用人行政,一秉法规,行政官是不能贸然变更的。这样子固然有时生出一种不好的惰力,然而事件总不至于大紊乱。中国的教育厅长、特别是市教育局长可以随便更换,这犹可说他们是政务官,然而厅长、局长竟能随便变更校长,一年数换,于是乎教员也是一年数换了。服务教育界者,朝不保夕,他们又焉得安心教书?又焉得不奔竞、不结党营私?

所以政府的责任,第一是确定教育经费之独立,中央的及地方的。第二是严格审定校长、教员、教授的资格,审定之后,保障他们的地位,第三,教育部设置有力量的视学,教厅亦然,参与各种成绩之考核,纯然取用文明国家文官制度(Civil Service)之办法,定教育界服务人员之进退,及升级补缺。河南省的教育经费能独立,山东省的教育不曾换过长官,其结果便比江苏、安徽好得多,这真是值得注意的。

(四)中国的教育是自上腐败起,不是自下腐败起。民国二十年来的事实可以完全证实此说。教育部没有道理了,然后学制紊乱,地方教育长官不得人,校长不成样子,然后教员不成样子,然后学生的风纪不堪问了。政府有时稍稍表示认真的决心,每收意想不到的效果。如民国十五年国府在广东时,把中山大学解散了,教授重行聘任,学生须经甄别,当时的中山大学真可谓党派斗争之大集合,亦是学潮的博物馆,然而政府一经表示决心之后,竟全无问题,于是中山大学有了三年的读书生活,以后仍是政府措施不当,然后风潮又起来的。又如此次政府表示整顿中央大学的意思,不特在中大办下去了,即远在北平的大学,也望风软化。虽以刘哲一样的人,尚能以决心平服北平教育界,而况其他?……所以我的看法是:教育之整顿,学风之改善,其关键皆自上而下,都不是自下而上。若大学校长永远任用非人,虽连着解散几次又何益?然则今之政府之责任,在整顿自己责任内的事。所谓政府责任内事者,大致有下列二项:

甲、把教育部建设成一个有技术能力的官厅,以法兰西、普鲁士的教育部为榜样做去,不特参事司长不能用一无所能的人,即科长、科员亦必用其专门之长。此外更设统计处,以便全国教育事项了如指掌;设教材编纂处,不再审定些亡国的教科书。

乙、厅长、大学校长、教育局长必须用得其人。其人若有人品,有见识,有资望,自然没有学潮,有也不至为大害。以我个人教书的经验论,学生多数是好学生。我一向对学生极严厉,并未遇到反响,所见的学生捣蛋,皆自教员不振作而起。

(五)教育当局要为有才学的穷学生筹安顿。中国的家庭是世界上最腐败的,中国的家庭教育是世界上最下等的,所以严格说,中国无"世家"之可言。惟其如此,故贤士干才多出于贫寒人家。环境之严苦锻炼出人才来,不是居养的舒服能培植德性的。科举时代,穷人是比较有出路的,一来由于当年读书本用不了许多钱,二来由于当年义学、宗塾、廪膳膏火、书院奖励、试馆等制度,大可帮助有才无钱的人。今日之学校教育,用钱程度远在当年之上,并无一切奖金、助金。国家号称民国,政治号称民权,而贫富之不平更远甚,成个什么样子?不特就人道的立场言,极其不平;即就政治的作用论,也是种下一个最大的危险种子。所以我来提议:

甲、把自大学至小学的经费抽出至少百分之五来作奖学金。

乙、把一切无成绩的省立大学停止了,改成奖学金(国外留学金在内)。

丙、把一切不成样子的私立大学停止了,收他们的底款为奖学金。

丁、一切私立学校不设奖学金者,不得立案。

戊、学费一面须收得重,奖学金额一面复设得多。

于是国家有国家的奖学金,省有省的奖学金,县有县的奖学金,学校有学校的奖学金,团体有团体的奖学金。于是学生用功了,穷学生尤其用功了,学校的风气自然好,社会的秩序自然改善。

此外关于学术教育的事项,后来再论。

(原载1932年7月24日《独立评论》第十号)

改革高等教育中几个问题

本文中所谓高等教育者，大体指学术教育而言，即大学与其同列机关之教育。此中自然也含些不关学术的事，例如大学学生人品之培养等，然而根本的作用是在学术之取得，发展与应用的。

在清末行新教育制以前，中国之学术多靠个人及皇帝老爷一时的高兴，其国家与社会之高等教育机关，只有国子监及各地书院，因为府州县学还近于普通教育。国子监只是一个官僚养成所，在宋朝里边颇有时有些学术，在近代则全是人的制造，不关学术了。书院好得多，其中有自由讲学的机会，有作些专门学问的可能，其设置之制尤其与欧洲当年的书院相似。今牛津、剑桥各学院尚是当年此项书院之遗留，其形迹犹可见于习俗及制度中也。不过，中国的书院每每兴废太骤，"人存政举，人亡政息"。而且一切皆系于山长一人，无讲座之设置，故很难有专科之学问。且中国学问向以造成人品为目的，不分科的；清代经学及史学正在有个专门的趋势时，桐城派遂用其学究之脑袋叫道："义理、词章、考据缺一不可！"学术既不专门，自不能发达。因此我们不能不想到，假如刘宋文帝时何承天等，及赵宋神宗时王安石等的分科办法，若竟永远实行了，中国学术或不至如今日之简陋。

清末改革教育，凡旧制皆去之，于是书院一齐关门，而一切书院之基金及地皮多为劣绅用一花样吞没了。今日看来，书院可存，而书院中之科目不可存，乃当时竟移书院中之科目，即旧新各式八股于学堂，而废了书院，这不能说不是当时的失策。现在我们论高等教育，这个帽子可以不管，因为今日之高等教育，除洋八股之习气以外，没有一条是绍述前世的，而是由日本以模仿西洋的。因为如此，我们不能不说说欧洲近代大学的演成。欧洲的近代大学可以说有三种含素。一是中世纪学院的质素。这个质素给它这样的建置，给它不少的遗训，给它一种自成风气的习惯，给它自负。第二层是所谓开明时代的学术。这些学术中，算学、医学等多在大学中出，而哲学政治虽多不出于其中，却也每每激荡于其中。经此影响，欧洲的大学才成"学府"。第三层是19世纪中期以来的大学学术化，此一风气始于德国，渐及于欧洲大陆，英国的逐渐采用是较后的。于是大学之中有若干研究所、工作室，及附隶于这些研究所、工作室的基金、奖金。当清末办新教育的时代，这一页欧洲历史是不知道的，以为大学不过是教育之一阶级。当时的教育既要"中学为体、西学为用"，更以富强之目前功利主义为主宰，对于西洋学术全无自身之兴趣，更不了解它的如何由来培养与发展。试看张之洞、张百熙的奏折，或更前一期王韬、冯桂芬的政论，都是这样子。他们本不知道西洋在发财造炮以外有根本的学术，则间接仿造西洋的学术建置，自然要不伦不类。我们现在正也不能怪他们，以他们当时的环境做出那些事来，比其现在的教育界领袖以今之环境做出这些事来，则今之人十倍不如他们。直到民国初年，大学只是个大的学堂。民国五六年以后，北京大学侈谈新学问，眼高手低，能嘘气，不能交货，只挂了些研究所的牌子，在今天看来当时的情景着实可笑。然而昏睡初觉，开始知道有这一条路，也或者是一个可纪的事。从那时到现在，中国也有两三种科学发达，一般对大学及学术制度之观念进步得多了，不过，今之大学仍然不是一个欧洲的大学，今之大学制度仍不能发展学术，而足以误青年、病国家。即如以先觉自负之北大论，它在今日之浑沌，犹是十多年前的老样子哩！现在似乎政府及社会都感觉着大学教育有改革之必要，我也写下几件一时感觉到的事。

第一，大学教育不能置之一般之教育系统中，而应有其独立之意义。大学也是教育青年的场所，自然不能说它不是个教育机关，不过，这里边的教育与中小学之教育意义不同。中小学之教育在知识的输进、技能之养成，这个输进及养成皆自外来已成之格型而入，大学教育则是培养一人入于学术的法门中的。诚然,中小学教育需要教授法之功用,这教授法可以用来使学生自动接受训练,而大学中也不是能够忽略知识之输进技能之养成者。不过,中学教师对学生是训练者,大学教师对学生是引路者;中学学生对教师是接受者(无论接受的态度是自动的或被动的),大学学生对教师是预备参与者。虽大学各科不可一概而论,工、农、医等训练之步骤要比文、理、法、商为谨严,然而大体上说去,大学各科虽不同,皆是培植学生于专科学术之空气中,而以指导者给予之工具,自试其事者也。因此情形,大学生实无分年的全班课程之可言,今之大学多数以年级排功课,乃将大学化为中学,不特浪费无限,且不能培植攻钻学术之风气。如大学不成为中学,下列办法似宜采用:

一、设讲座及讲座附属人员,以不布置中学功课之方法为大学课程。

二、除第一年级比较课程固定外,其余多采选习制(文、理、法、商之选习宽,工、农、医较有限定)。

三、每门功课不必皆有考试,但须制定一种基本检定。这种基本检定包含各若干及格证,得此项及格证之后,然后可以参与毕业考试。此项及格证在国文系者试作一例如下:

甲、中国语言文字学;

乙、中国文学史;

丙、中国通史;

丁、中国诗学(词、曲在内)或词章学;

戊、一种西洋文学;

己、若干部书之读习。

四、毕业考试由教育部会同大学行之。论文一篇,证明其能遵教授之指导施用一种做学问之方法而已,不可不有,亦不可苛求。此外选择二三种最基本之科目考试之。

五、非满若干学期,不得参加毕业考试,但在学校中无所谓年级。

六、凡可有实习之科目,皆不可但以书本知识为限。

七、最普通的功课由最有学问与经验之教授担任,以便入门的路不错。

第二,大学之构造,要以讲座为小细胞,研究室(或研究所)为大细胞,而不应请上些教员,一无附着,如散沙一般。大学中的讲课,如不辅以图书之参用,或实验之训练,乃全无意义;而在教授一方面说,如他自己一个,孤苦伶仃的,无助手,无工作室,乃全无用武之地。虽有善者,无以显其长,致其用。故大学中现在实在尚多用不着高于大学本身一级之研究院,而每一系或性质上有关连若干系必须设一研究所。大学学生本身之训练,即在其中。大学教授之日进工程,即在其中。其中若能收些大学毕业继续受训练的,自然是好事,有时也很需要。不过,研究非专是大学毕业后事,而大学生之训练正是研究室之入门手续也。舍如此之组织而谈大学教育,只是空话。今之大学,各个都是职员很多,教员很多,助手很少,且有的大学教授一到校,非讲堂及休息室则无立足之地。此等组织,诚不知如何论学问。

大学本身之研究所,与大学外之研究院,也不应是没有分别的。今之研究院,有中央北平二机关,近年皆能努力,若凭理想论去,研究院与大学中之研究所应有下列之分别。凡集众工作(Collective work),需要大宗设备,多人作工,多时成就,与施教之职务,在工夫及时季上冲突者,应在研究院,例如大规模之考古发掘、大组织之自然采集等。凡一种国家的职任,须作为专业,不能以有教书责任之人同时行之者,应在研究院,例如电磁测量、材料试验等。至于一切不需要大规模便可研究的工作,大学中仅可优为之,研究院不必与之重复,且有若干研究,在大学中有学生为助手更便者,在研究院反有形势之不便。如此说来,研究院之研究,与大学中之研究,本非两截,不过因人、因事之分工而已。

第三,大学以教授之胜任与否为兴亡所系,故大学教授之资格及保障皆须明白规定,严切执行。今之大学,请教授全不以资格,去教授全不用理由,这真是古今万国未有之奇谈。只是所谓"留学生",便可为教授,只是不合学生或同事或校长的私意,便可去之。学绩即非所

论,大学中又焉有励学之风气?教育当局如有改革高等教育之决心,则教授问题应该求得一个精切的解决。我一时提议如下:

一、由教育部会同有成绩之学术机关组织一个大学教授学绩审查会。

二、凡一学人有一种著作,此著作能表示其对此一种学问有若干心得者,由此会审定其有大学教授资格。

三、经上列第二项业绩之后,此学人更有一种重要著作,成为一种不可忽略之贡献者,由此会审定其有大学教授资格。

四、凡有大学教师或教授资格者,任何一大学请其为教师或教授时,受大学教员保障条例之保护,即大学当局如不能据实指明其不尽职,不能免其职。

五、既得有上列两项资格之一,而任何三年中不曾有新贡献者,失去其被保障之权利。

六、凡无上列资格,在此时情况之下,不得不试用者,试用期限不得过二年。

七、凡不遵守上列办法之大学,教育部得停其经费,或暂不给予毕业证书之用印。

既澄清了大学教员界,然后学术独立、学院自由,乃至大学自治,皆可付给之。如在未澄清之先,先付此项权利于大学教授,无异委国家学术机关于学氓、学棍之手,只是一团糟,看他们为自身的利益而奋斗,而混乱而已(此文写至此处,急须付印,尚有余义,且待后来再写)。

(原载1932年8月28日《独立评论》第十四号)

再谈几件教育问题

几个星期前,我在《独立评论》上谈了几件关于教育的事。这几段文字都是发稿前一晚赶着写的,急急忙忙,都没有把话说完,而引起好些辩论和骂来。虽骂的文章多数不值得反复辩论,却也有几事有再谈一谈之必要。不幸中间小病,隔时之后,冲动既歇,好些当时要说的话忘了。现在且把不曾忘的写下几件,零零碎碎,各段自是一事,合来不成一篇文章。

一、三件关涉教育学的意见,续答邱椿先生。在本刊第九号我那篇文字中,提出三件事来。第一,大学不是适用教育学的场所;第二,教育学家必于文理各科中有一专门;第三,中小学的课程要门类少,而内容充实。现在再依次解说之。

(一)所谓教育方法者,大致说来,当有下列几层作用:①适应学习者之心理。教者与学者年龄知识皆不同,强以自己所晓喻者加之于人是不行的。②所教科目之逻辑的、扼要的、明显的处置。小学及中学学生既是些幼年人,而教的人又非一种学问的专家,故若干人共同研究出的教育法是必要的,且只有在这样的场所中,教育法能有纲领而不失于零零碎碎,不切本题。至于在大学中,做教师者,应假定其对于所教之一科有一种专门的训练,而非为教书之贩卖;应假定其对于所教之一科有一个会通的观点,则教出来自然应有提纲挈要的布置,如果他不是自己先不懂得的话。此外还要假定他有常识。这几个假定诚然不能实现于今之多数大学教员,然而大学教员本该如此。且大学中之学生,年龄上、知识上都用不着教员之耳提面命,除非低能到不该入学的。所有教员自己能懂得的,自然有法子使学生懂得,不待那些繁文缛节的教育方案。然则大学教员,在教书上之作用,皆在其对于自己学科之了解与造诣,而以常识、学识、讲说风度及人格,为其教育学,不学这一科,或学而无底者,焉得能为他想出教育法来?学一科,学而有底,自然能够自出教育法。即以我个人读书的经验论,在中学,在大学,在外国,所受益最多的教员,是学问最有根底的教员,绝不是注重教育法的教员。有的几位简直是老学究。诚然,学问既好,又了解教育法,固然是锦上添花的事,然而这事在大学中无关弘旨,不有正不足为害,而徒恃所谓教育法,忽略学问之自身,乃全无是处。我举一个实例,赫胥黎当年是以说话太快、思想太速为初学人所诟病的。照欧洲及英国的习惯,最好的教员教最低年级的学生,因此赫先生教普通动物学等,教得有些人怨他说话赶不上,然而赫胥黎以其学问引出多少第一流生物学家呢?若请一位在哥伦比亚大学教师学院的教育专家兼习生物者来教,能得这样效果万分之一否?一种学问精通之后,自然生出一种教育法,这话虽不可以施之于一切大学教员,然大多数是如此。况且大学科目以其专门性质更难有普遍应用之教育法,除非常识上事,本是人人应有的以外,至于大学中教学以外的事,尤其与教育学没有甚么关系。大学行政在欧洲真是简单到极度,而学问自然发达,今日中国弄得愈复杂愈不相干了。总而言之,在一个大学里,如上了轨道,行政正是九牛之一毛,不是甚么高谈教育学之场所,在一学科中只要教者有学识及常识,自然能教人,能引人,不待搽粉抹胭脂的事作。

(二)教育家必于文理各科之中先有一种专门,然后他的教育学有所寄托,不至流为不相干的空话。这话恐怕是学教育者平心静气时要承认的吧?以我所见,英、德大学之习教育都必须先习一种文理专科,然后加以教师的训练,然后再谈教育学。所以教育不是有志做教员之副科,便是一个毕业后级的研究。诚然,也有一二个例外,如汉堡,如法兰克福。然这两个大学都是创办不久,并无多大学术上之权威。汉堡是个买卖城,其文化如中国之上海,其大学中包有很多其他大学不屑的东西,不止教育一件而已。法兰克福是出名的犹太城,其大学尤不占学术上之位置。若引此为例徒使稍知德国大学者为之小怪而已。我在伦敦读书时，伦敦大学的教育学教授如 Adams，如 Nnm，都是先有专长再习教育的。有次我亲见一个中国学生跑到那里开头要学教育，碰到了一个无趣。诚然一国有一国的风气，不可扬此抑彼，不过我听说教师学院大体上也是大学毕业后的学生入的，如何能拿他当个模型，在中国大学中创一个教育学院，而使之与文理科同列呢？我实在不了解没有一种文理学科的专长，而空谈教学法，又能谈出什么来呢？我更不了解，离了人文及自然科学之自身而谈教育，要教出什么来呢？我有一位学自然科学的朋友，有一天对我说，我现在明白了某某为什么啰啰嗦嗦做了那么多的教育研究而却是毫无关系的，我看见这几本美国教科书，才知道这些学问的来源。或者教师学院的中国留学生之缺陷，正以其很多开头便学教育，不先在国内或国外文理一科中毕业吧？至于在大学以教育为主科，以文理之一科为副科之一种办法，尤其不上不下，不伦不类。其结果只是一碗杂碎菜，任何学科都得不到一个严整的训练。总而言之，做教员一道，有体有用。学问是体，方法是用，不有其体，何处寄用？教员若先对于所教之材料无根底，还有什么方法可说？

（三）中小学课程要门类少而内容充实一事，似乎也不是一件可以争论的事。不过门类少而内容深，或门类多而内容浅，究竟哪一种是欧洲的办法、哪一种是美国的办法呢？以我所见，恰与邱先生所说相反。我是教育学的门外汉，当然不敢自信，不过且举出我亲眼见的。英国的中等及初等学校是不成一个整齐系统的，所以本来难说。不过，除伊顿、哈乐两个公校及其他高贵化的"公校"，弄些"士君子"的臭习惯因而有些不相干的事作以外，各校科目似乎都偏于简单，且牛津、剑桥之地方及高级考试，正是初中、高中等毕业之代替，其所考科目非常简单，而每科所要求者实在比中国现行制深得多了。各地公校之算学，常常有超过中国之算学系者（这话也是以实用之能力论，不以科目论，北京大学固善于谈高等算学科目而动手不得也）。至于德国，其中学之 Oberprima Prima Sekunda，对每科目所要求者如何，更不待论。

德国中学本有好几种,战后渐渐会通之,会通之结果,科目并不加多,而内容转加深些,至少在算学、理化、近代语言上,说是如此。我所见者如此。中国早年学制是抄日本的,即间接抄德国的。我的高中是北大预科,当时北大预科一如日本高等学校的制度,科目甚少,内容比现在高得多。这十多年来,中国教育制度日趋于美国化,而中国之课程程度日浅,科目日多。其中有些科目我们当年真正做梦也想不到,如所谓文化史者及所谓社会科学者,即其一二也。我很希望治教育学者比较一下子欧洲及美国中小学课程,给我们些不错的知识。

依据上列的申说,和以前几次的文字,我冒然提议下列几件事:

一、大学中不设教育学院,因为这个不能本身独立成一种学问;也不设教育系,因为教育学自身不成一种严整的独立的训练。

二、大学中应设教育学讲座及教育研究所,以为有志在中学做教员之文理科学生学习教育之训练,并为文理科已毕业学生有志攻治教育者之训练场所。

三、大学文理科学生愿兼习教育者,其学分应如下列之分配——本科对教育科为三与一或四与一之比。若如北大之办法,教育系学生兼习系外功课占四分之一而弱,似仍不能成一种严切的训练,仍不免于杂碎之弊。

四、中学课程,科目上尽量减少,内容上尽量提高。

五、科学发达与研究机关之关系,中国人开始治科学不是很近的事了。我们且把耶稣会士之影响及上海制造局之事业扔开,中国开始派习科学之留学生并请外国教员在中国教科学,也有三十多年的历史了。到了现在,除地质学算颇发达,生物科学看来也像有劲儿以外,理化、医学等最重要科目真正寂寞的很。这是甚么缘故呢?难道说天之生才分配不均吗?我想,这道理很显然,以地质学之发达为例看去,便可了然。一个初在中国大学毕业或外国大学毕业的"科学家",好的也还是一个初入门的毛雏儿,还需要多年的训练与培植。这个训练与培植包含三件事:①在学问进步的环境中;②有能作典型的前辈做指导;③充实为研究需用之工具,及所学事项之熔化。惟其如此,所以若把一个初毕业的大学学生置之人海之中，不上几年，旧学尽荒，从此落伍。中国知办大学而不想如何训练大学毕业生，能派留学生而不想如何安插留学生，因此常常见到在国外读书时很有成绩的青年，回来不久便落伍，此岂是青年人之罪过？有些在美国学科学的，因为回来没有相当的环境，便在美国做起事来了，这真太可惜了！在欧洲及在美国历年的中国留学生学科学者，其中有不少有希望的，只是回国后一着不对把他们埋没了。理化等等日新月异的科学，回国来一教书，一做事，两年便生疏，三四年便落伍了。地质学之比较发达者，因为有个地质调查所，能成一种从事科学进步环境，能建设出相当的权威，能给大学新毕业生一个训练场。即如前几年不幸死于云南土匪手中的北大地质系毕业生赵亚曾先生，作为一名中国大学毕业生，能在几年之内作出许多成绩，岂非难事？也正因为有地质调查所的环境帮助，否则一教书，一做事，便也完了的。物理、化学在中国之不发达者，正以中国没有如地质调查所那样的理化科学机关，故国家出大资本培植的人才中道而废了，这是多么可惜的事！外国人办的协和医学院及上海之李司特研究所尚能为中国安顿几个习自然科学的学人，中国人岂可不自己努力？近几年来，有中央研究院及北平研究院之设置，其中皆有理化的部分，听说很能吸引人才，这诚然是好现象。这样的机关建设得有个样子之后，然后大学的科学教育及留学生之科学教育得到补充，不至半途而废。

第三，教育部与教育的改革，我的前几篇论教育的文字，颇给读者一个印象，觉得我以为教育改革之关键在教育部。我当时虽不曾细想到这一点，今天想来，意思却可正如此说。反正中国的事是个循环不解之圈，教育固然，政治亦复如此。社会不好，所以政治不好；政治不好，所以社会不好。教育当局挺不起来，所以教育没办法；教育没办法，所以教育当局挺不起来。如此如此，一个圈子，找不到处理之端。不过凡事总要找到一个地方下手，虽循环的状况中亦只得如此，中国今日虽说社会太不行，故政治不上轨道，然而欲以社会的力量改革政治，更是辽阔的想头。看来看去，还是政治先改革了，其他才有办法，且政治一旦改革,其他必有办法。政治固然,教育亦复如此。果真教育当局振作一下,其效力是很大的。……平情而论,教育至有今日之败坏,还不都是历年来中央及地方上教育当局(校长在内)的责任,这是怨不到学生身上的。果然教育部能建设得像个样子,而对于大学校长、教育厅长之人选慎重将事,中国教育未必即无办法。所谓教育部建设的像个样子者,须得有认识,有方针,有技能。做参事者,须得懂得教育的方针,有见识而有事可参;做司长者,须得能负起他那一司的任务来,不是一个画行的书板;做视学者,真能视学,看出豪要来,而不坐在南京。此外全国之教育统计,应该精完,各地之教育情形,应该熟习,如此则教育部可自成一种权威,不必尽靠政治的力量。欲中国教育好,必须中国的教育部有普鲁士或法兰西教育部的一半好。我希望现在的教育当局在最短期内努力完成他们的责任!

(原载1932年10月2日《独立评论》第二十号)

大学研究院设置之讨论

前些时教育部公布了一件《大学研究院暂行组织章程》,凡十四条,关于大学研究院之行政的组织,规定略备。在现在各大学每已设立了所谓研究院的时候,有这样一个规定,自然是一件很切要的事情。详考这十四条中,关于大学研究院之行政的方面,规定得似无遗漏,这是值得大家称许的。不过,"徒法不足以自行",仅仅有行政的规定,这大学研究院是未必能办得好的。所以我现在试谈几件大学研究院如何方可设立的情况。

一、大学之有研究组织是欧洲大陆上创始的风气,而英国是很后些时,受大陆的影响而变成的。这话不是指个人研究而言,个人研究在英国发达也很早。惟其这是一个很近的组织,故好些欧美大学中并不备有,或不充分的有这个组织。本来这个组织不是随便可成的。美国情形我所知甚少,所以不敢多说,英、德情形是我所见,法国情形是我所闻。以我所见所闻而论,大学要办研究院之前,有一先决条件,即大学本身先要充分的实行讲座制。所谓讲座制者,欧洲大陆国家之官设制度,与英国之私人捐助制度虽不同,私人捐助又每每各自不同。然有一个共同之点,即在此制度之下担任一科讲座的教授,应负对此一科之"教学相长"的责任。他不是单独的教书者,而应该是一面求学者;他不是在那里做一个知识贩子,虽然贩卖知识是不可免的,而应该自己有贡献于他的科目。在这一种制度之下,一个讲座之担负者,便是一研究员,其对高级优越肯去专研的学生,便是一个研究导师,如能奋斗出一个小组织来,有助手,有设备,便是一个小研究所。大陆及英国大学中之有研究,在英国称之曰"后毕业级"(Postgraduate

Course），在大陆称之曰某科之研究所（Institute）。虽是一件不远的事，而这种讲座制度，广义的说，是与大学建置同起的；狭义的说，也是很早的。先有这个制度，故大学中建研究院一段，甚为自然：大学自身的组织先是这个样，故大学中设研究一级，正可谓大学自身之扩充，其间并无对立的情形，也不成断然不同的阶段。20世纪初年英国舆论界所讨论之"大学之近代化"者，正是学习欧洲，特别是德、奥，在这一点上之先进主义，即扩充大学讲座之学术贡献能力，而更加大学中之学术的及其助成的组织。且向此方向之运动，在英国也并不始于20世纪开世之年，更早说来，有英后配王阿尔伯为此努力，有赫胥黎诸大师为此宣扬。大陆上成此风气已早几十年，英国之为此奋斗也是经一个很长的时期然后达到的。回看中国要想一下子成就颇觉可疑，其故因为大学的本身不曾完成大学之意义者多。其中有些先进的，经济来源较裕的，办事人得力的，自然很有些部分可以作进一步的上级研究组织，然若有一个普遍的大学增设研究院之运动，或一个大学中不分教授之个人能力而普遍的高升到研究院一阶级，如某大学普遍发信给各教员，问他要担任研究院之指导否，实不免出于我们在外国所见所闻的常情以外。所以我以为在大学建置其研究院之前，应该先使得大学成大学，即彻底的建设大学中之讲座制，而变更此日之高中教师服务状态，即所谓"排钟点"、"拉钟点"、"教钟点"、"兼钟点"……者。若大学本身的品质不具，而更设研究院，虽以至诚之志赴之，亦必为低能的大学本身所劣化无疑也。

二、以我回国后服务之经验论，大学中之研究院，与独设之研究院，如中央研究院等，及其同样的研究机关如地质调查所等，就处境论，各有其不便处。大学之研究院有不及专作研究院机关之便当处甚多。凡一事之需要较大量的设备、大规模的组织者，在大学各科并立的状态之下，颇难得一部分过分发展（虽然有时应该如此，例如北大之地质系），而在专作研究之机关中，可以较少此样的限制。又如需要长期在外工作者，不是担任教科之教授所便于长久负荷的。此等事若依绝对的需要，也很应该在大学中作，因为大学的教师也正需要此等历练，不过在教书的任务之下，这事总不是可以为常的；若在专事研究的机关中,毫不受此等限制。至于大学在此事下之优越于专作研究之机关者,也不止一事,科目多而得相互之帮助,讲习多而得陶冶之实在,皆其要点。其最重要者,在乎大学之有学生。惟其有学生,方可在若干工作上得大宗人之动手,在若干问题上得初步者之尝试。诚然,这样的学生虽选择了也还不及训练过的助员之能得心应手,然而助员人数不能多,且人少则思想之方面少,若众多学生,但能在水平线之上,虽不及助手一级之精干,却可以多为贵。而且好学生虽所凭藉者并非经验与训练,而是新锐之智力,却时能对研究之教师有所刺动。故专所之研究可以精练深入处见胜,大学之研究可以活泼笼罩处见长。况且人是感情的动物,所谓"人之患在好为人师"者,也正是学究的最大安慰。在这些地方,孔二先生似不如孟大先生之精诚而痛快,所以孟先生便说,"得天下英才而教育之,三乐也"。教书遇到"启予者商"真是可以乐得手足舞蹈的事情。大学中之研究,是师生共之者,虽指导者遇到无识之谈,有时也颇可觉得天真之味,何况学生中颇多才智之士,陶镕虽费心神,却是一件乐事。

如此说来,大学中研究之便当过于非大学中者,正以大学之有学生。然则在大学中设研究院,当以训练大学本身之高级学生为重要,不当以"招收研究生"为专务。若为几个东来西去的所谓研究生,校内不得兼职,而校外似未尝不可兼职之研究生,建设一个庞大组织,似乎不值得。且以此时国民经济的状况论,大学毕业之后,能再做研究生者极少,纵令大学研究院中设奖金膏火,究竟难以维持生活,其结果也,招收之研究生每每不是兼职挂名之求"科名"者,便是不得职业之可怜虫,或是本校毕业无出路,恋恋于宿舍之无房租者。我不是说招来的研究生都是这些,我只是说,招来的研究生好的恐怕不多。若但有区区不多之好研究生,不妨由国立各研究院或其他专业研究之机关负其责任,或无须乎为此建设一个庞大组织也。

三、上一节中所求说明者,乃目下大学多不甚需要一个大学本科以上的阶级。若必设研究院,当以训练本科高级学生为主,至少此一事与招收之研究生应同等的重视。现在再说明大学本身之需要研究或讨论的各个小组织。大学之所以异于高中者,高中乃多方的自外训练,大学乃专门的自内启发。高中应是在社会上一般服务人之教育最高点,大学乃是为求专业者供给以基础的训练与启发。故大学中一门功课若教得好,必有切确的讨论、充分的实习,运用思想的实习,而非养成机械习惯的实习。如是,则一个讲座便须附带一个小小的窝巢,即是研究讨论的工具与助手。这样办,然后所教者方能充实而进步,方能不是生抄硬贩的把戏。以类相从,聚集多个这样小窝巢,成一个较大的组织,其中工作互相照顾,如此方是一个研究所或研究部。这是大学本身所不可少,不当是专为上于大学之一级而设的。若研究但为毕业后之学生而设,研究所但为招收之研究生而用,则大学本身难免更要高中化了。若曰,未毕业生不够接受指导之程度。则我曰,既毕业生够的也不见得多,恐怕还不如未毕业者之新鲜(fresh)呢。

四、这个规程可以作为限制各大学漫设研究院之处置(如第五条),也可以引起各大学竞作设置研究院之恶事。这事固系于各大学校长认识之力,同时也系于教育部操持之方。我想,教育部既已颁此令,应发挥其限制之力,而不应放任其竞设之习。第三条第二项及第五条各项,应认真从严办理。且教育部既已自定为判决应设与否之权威者,应先充实其判决之力量。以我所见,普鲁士各大学教授之任用,初决于本校教授会,最后决于教育部。如此,权可谓大,然而能行者,普鲁士教育部有此技术的力量也。我以为在教育部允准各大学设置研究院之前,应先组织一个大学教员资格审定委员会,专以著作定大学教员之资格,其尤有学术贡献者,方得许其为正教授,即执行研究院指导之任务者。若此层办不到,或办得未尽妥当,或未尽严,我恐各大学之所谓研究院,将如春笋之群发,麻茹之坚固,更为高等教育事件上加一紊乱而已。

此时之教育部是最肯以经验见识细心想着作事业,且去真作事业者,故期以"惟善人惟能受尽言"。未尽之意,待下次再写。

(原载1934年6月24日《独立评论》第一零六号)

论学校读经

记得十七八年以前,内因袁世凯暴压后之反动,外因法兰西一派革命思想和英吉利一派自由主义渐在中国知识界中深入,中国人的思想开始左倾,批评传统的文学,怀疑传统的伦理。这风气在当时的先锋重心固然是北京,而中山先生在上海创办《建设》杂志,实给此运动以绝大的政治动向。我们从他当时所表现的议论中清楚的看出,他是觉得专是一种文化的革新是不足的,必有政治的新生命,中国才能自立,必有政治的新方案,中国才能动转。中山先生提倡"把中国近代化"之功绩是后来中国人所万不当忘的!……则自建业建都以来,政治上要右转些,本为事理之自然,当为人情所谅解。不料中国人"如醉人,扶得东来西又倒"。一朝右转,乃至步步倾之不已,只弄到去年的祀孔!远史不必谈,姑谈近史。满清升孔子为大祀而满清亡,袁世凯祀孔而袁世凯毙。韩退之有句话,"事佛求福,乃更得祸!"大凡国家将兴,只问苍生,国家不了,乃事鬼神,历史给我们无数的例。祀孔还不算完,接着又有读经的声浪,这事究竟演化到如何一步,我不敢知,我只替国家的前途担心。提倡革命的人们,无论左向右向的革命,总不免把主张说到极端,到极端才有强烈的气力,然而手操政权的人们,总应该用充分的知识、健强的理智,操持中道的,中道然后有安定!特别在这个千孔百疮的今日中国,应该做的是实际的事,安民的事,弄玄虚是不能救国的。

在批评读经政策之前,有几件历史事实应该知道。

一、中国历史上的伟大朝代都不是靠经术得天下、造国家的,而一经提倡经术之后,国力每每衰落的。我们且一代一代的看去,周朝还没有受这些经典于前代,那时候的学问只是些礼、乐、射、御、书、数的实际事件。秦朝焚书坑儒,更不必说。汉朝的缔造,一半赖高帝之武,一半赖文帝之文,高帝侮儒,文帝宗老,直到武帝才表彰《六经》,然而茂陵一生所行,无事不与儒术相反。宣帝以后,儒术才真正流行,东海边上的读经人作师作相,汉朝也就在这时节起头不振作,直到王莽,遍天遍地都是经学。李唐创业,最表彰的是老子;到了玄宗,儒学才在中天,玄宗亲自注《孝经》,玄宗也亲自听破潼关的渔阳鼙鼓。赵宋的太祖、太宗都是武人,真宗像个道士,仁宗时儒术乃大行,也就从仁宗时起仰契丹如上国,有蕃夏而不能制。赵普号称以半部《论语》治天下,我却不知道他之受南唐瓜子金,教太宗以夺嫡,在半部之外或在内?明朝是开头便提倡宋元新儒学的,其结果造成些意气用事的儒生,酿成燕变而不能制。若不是当时外国人不闹,若不是永乐真有本领,中国又要沉沦了。再看偏安的南朝。南朝的第一流皇帝,一个是纯粹流氓刘寄奴,一个是高超儒生萧老公。刘寄奴到底还灭燕、灭秦,光复旧物,萧老公却直弄到断送南渡以来的汉人基业。我说这些话并不是蔑视"六经"、《论语》、《孟子》等之历史的价值,他们在当年自然有过极大的作用,我们的先民有这些贡献犹是我们今日可以自豪自负的。我只是说,虽在当年简单的社会里,国家创业也不是靠经学的,而一旦国家充分提倡经学,一面诚然陶冶出些好人物,一面又造成些浮文诡化的儒生。不看宋明的亡国吗?儒生纷纷降索虏,留梦炎本是状元,洪承畴更是理学人望,吴澄、钱谦益则胜国之盖世文宗也。事实如此,可知在古时经学制造的人物已经是好的敌不过不好的了。或是当时若没有经术,事情更糟,也未可定,不过当时的经术并无六七十分以上的成绩,是件确定的史实。

二、当年的经学,大部是用作门面装点的,词章家猎其典话,策论家壮其排场,作举业的人用作进身的敲门砖。念经念到迂腐不堪的缺点虽极多,而真正用经文以"正心诚意"的,可就少了。这本也难怪,经文难懂,又不切后代生活。所以六经以外,有比六经更有势力的书,更有作用的书。即如《贞观政要》,是一部帝王的教科书,远比《书经》有用；《太上感应篇》是一部乡绅的教科书，远比《礼记》有用；《近思录》是一部道学的教科书，远比《论语》好懂。以《春秋》教忠，远不如《正气歌》可以振人之气；以《大学》齐家，远不如治家格言实实在在。这都是在历史上有超过五经的作用的书。从《孝经》，直到那些劝善报应书，虽雅俗不同，却多多少少有些实际效用。六经之内，却是十分之九以上但为装点之用、文章之资的。我这些话不是我的议论，更不是我的主张，只是我叙述历史的事实。若明白这件事实，便当了然读经的效用，从来没有独自完成过。即就维持儒家的道德教化论，在当年五经大半也还是门面的，也还是靠别的书支持儒教。那么，在当年的社会中失败了的读经，在今日反能成功吗？

三、汉朝的经学是汉朝的哲学，"以《春秋》折狱"，"以《三百篇》当谏书"。哪里是《春秋》、《三百篇》本文之所有的事？汉朝的儒生自有其哲学，只拿五经比附出场面来而已。宋朝的经学是宋朝的哲学，自孙复、石介以下每人都是先有其哲学，再以经文傅会之，岂特王安石一人而已？汉朝、宋朝的经学在当时所以有力量者，正因本是思想创造的事业，本来不是纯粹的经学，所以才有动荡力。清儒之所谓汉学是纯粹的经学了，乾嘉的经学也就全无政治的道德的作用了。清末，一面在那里办新学，一面在那里读经，更因今文为"康梁逆党"之学，不得用，读经乃全与现物隔开。上者剽窃乾嘉，下者死守高头讲章，一如用八股时，那时学堂读经的笑话真正成千成万。少年学生上此课者，如做梦一般。我不知今之主张读经者，为的是充实国文或是充实道德力量？如欲以读经充实国文，是最费气力不讨好的；如欲以之充实道德力量，还要先有个时代哲学在。不过据六经造这时代哲学，在现在又是办不到的事了。

据以上三类历史事实看去，读经从来不曾真正独自成功过，朝代的缔造也不会真正靠它过，只不过有些愚民的帝王用它笼络学究，使得韩文公发明"臣罪当诛，天王圣明"的公式；又有些外来的君主用它破除种族见解，弄到朱文公也在那里暗用"夷狄之有君不如诸夏之亡"称赞金章宗！

难道相去不远的旧社会中试验二千年不曾完满成功的事,在相去如南北极的新社会中值得再去尝试吗?

以上是历史的考察,再就现在的情形论,尤觉这一面事断不可办。我的见解如下:

第一,现在中小学的儿童,非求身体健全发育不可,所以星期及假日是不能减的,每日功课是不能过多的。同时,儿童青年之就学,本为养成其国民的需要,谋生的资格,自然也该把知识教育的力量发挥到最大无害的限度,以便成就其为有用之人。况且现在的世界是列国竞进的,若是我们的中小学程度比起欧、美、日本同等学校来不如,岂非国家永远落后,即是永远吃亏?在这又要儿童青年健康,又要他们程度不比人差的难题之下,原有的功课已嫌难于安排,若再加上一个千难万难的读经,又怎样办?挖补自儿童的身体呢?挖补自儿童的近代知识呢?

第二,经过明末以来朴学之进步,我们今日应该充分感觉六经之难读。汉儒之师说既不可恃,宋儒的臆想又不可凭,在今日只有妄人才敢说诗书全能了解,有声音、文字、训诂训练的人是深知"多见阙疑"、"不知为不知"之重要性的。那么,今日学校读经,无异拿些教师自己半懂半不懂的东西给学生。若是教师自己说实话,"不懂",或说"尚无人真正懂得",诚不足以服受教者之心;若自欺欺人,强作解事,无论根据汉儒、宋儒或杜撰,岂不是以学校为行诈之练习所,以读经为售欺之妙法门?凡常与欧、美人接触的,或者如我一样,不免觉得,我们这大国民有个精神上的不了之局,就是不求深解,浑沌混过;又有个可耻之事,就是信口乱说,空话连篇。西洋人并不比中国人聪明,只比我们认真。六经虽在专门家手中也是半懂半不懂的东西,一旦拿来给儿童,教者不是浑沌混过,便要自欺欺人,这样的效用究竟是有益于儿童的理智呢,或是他们的人格?

以上第一件说明中小学课程中"排不下"这门功课,第二件说明"教不成"它。我想,这也很够反对这件事的"充足原理"了。至于六经中的社会不同于近代,因而六经中若干立义不适用于民国,整个用它训练青年,不定出什么怪样子,更是不消说的了。以世界之大,近代文明之富,偏觉得人文之精华萃于中国先秦,真正陋极了!

至于感觉目下中小学国文及历史教材之浅陋荒谬,我却与若干时贤同意见,这是必须赶快想法的。政府或书店还应编些嘉言集、故事集、模范人格的传记以作教训,以为启发。国文、公民及历史的教材中,也当充实以此等有用的材料。这些材料不必以中国的为限,其中国的自不妨一部分取资于六经中之可懂的、有启发性的、不违时代的材料,这就很够了。

(原载1935年4月7日《大公报》星期论文,
又载1935年4月14日《独立评论》第一四六号)

闲谈历史教科书

颇不幸,我没有作过中学历史教员,也没有在大学教过中国通史或西洋通史,所以我不曾受到这种极有价值的经验的好处。现在谈历史教科书,或者有时不免是悬想,这要请本文读者体察并原谅。

一 历史教科书和各种自然科学教科书之不同处

编历史教科书,在一点上与编算学、物理等教科书有绝不同之处,我们要看明白,才可以谈编历史教科书的宗旨。算学与物理科学是可以拿大原则概括无限的引申事实的。这个凭藉,在地质、生物各种科学已难,在历史几不适用。庞加赉(Henri Poincaé)说:"最有趣的事实是那些不止一次可用的,是那些有机会再出现的。幸而我们生在一个富于这样事实的世界内。姑假设说,我们这世界中不止六十元素(按,此数是三十年前的话)而有六千万元素,而众多的他们,又不是这些极稀少,那些非常多,而是平均的分配着。那么,我们每次检起一块石子便得到一个新元素的机会,是很多的。我们知道别的石子的成分,不足以助我们知道这个新捡起来的。在遇到每一件新物体时,我们只好像一个婴儿一般,顺从我们一时的兴致与需要而行动。在这样一个世界中,科学是不会有的,也许思想与生命都是不可能的,因为照这样情形,天演不能发展出自身保存的本能来。多谢上帝,事实并不如此,但这个福气,也同其他我们常有的福气一样,并未引人注意。生物学家也要同样的受窘,假如世上只有个体,没有种类,而遗传性不足以使儿子像父亲的话。"(*Science et Méthode*, P.11)

物质科学只和百来种元素办交涉,社会科学乃须和无限数的元素办交涉,算学家解决不了三体问题,难道治史学者能解决三十体?若史学家不安于此一个庞氏所谓"天命"。而以简单公式概括古今史实,那么是史论不是史学,是一家言不是客观知识了。在一人著书时,作史论,成一家言,本无不可,然而写起历史教科书来,若这样办,却是大罪过,因为这是以"我"替代史实了。

物质科学中,设立一个命题,可以概括(Mach 所谓述状)无限度的引申命题,所以编物理以及理论化学教科书,虽不必如 Hertz 的办法,把机力学变做一个几何原本,总可以拿原则概括事实,拿大命题统率小命题;所以编这些门类的教科书,大约有三个领导的原则。第一项,列定概括命题,以包涵甚多引申的命题与无限的事实。第二项,举切近于读者的例,以喻命题之意义。第三项,在应用上着想。这些情形,一想到历史教科书上,几乎全不适用。第一项固不必说,历史学中没有这东西。第二项也不相干,历史上件件事都是单体的,本无所谓则与例。第三项,历史知识之应用,也是和物质知识之应用全然不同的。

我们没有九等人品微分方程式,所以人物只得一个一个的叙说。我们没有百行的原素表,所以行动只得一件一件的叙说。我们没有两件相同的史事,历史中异样石子之数,何止六千万,所以归纳是说不来,因果是谈不定的。因果二词,既非近代物理学所用,亦不适用于任何客观事实之解释,其由来本自神学思想出。现在用此一名词,只当作一个"方便名词",叙说先后关系而已,并无深意。照这样说,历史教科书怎样写呢?

我想,我们对历史事件,虽不能作抽象的概括命题,却可以根据某种观点,作严密的选择。古今中外的历史事件多得无数,既不容归纳,只得选择了。至于选择的原则,又如何呢?

二 选择历史事件之原则

想回答这个问题,必须先问,我们为甚么应在中学中设历史一科(据二十一年课程标准,小学历史虽并入社会科内,但历史仍为社会科的中心)。中学中设这一科,本有它的历史背景,中国、西洋没有大不同。中国人之读史习惯,在当年为的是科场、作文及一般知识。当年学问本以经史为大端,并没有自然科学,当年知识本以人文为贵重,物质知识是为人不看重的。西洋教育系统中,历史之占一位置,也是沿袭文艺复兴以来的习惯。所谓 liberal education 者,本舍不了历史。历史是供给士人以修饰及谈资的,没有这层装点,算是野人。到了现在,这话仿佛不该这样说了。物质界、生命界的知识无数,这在智慧上是无量价值。工艺界经济的知识无数,这在人生上是无量福利。以中小学生之时光精力,应付此等切身的知识,尚虑不及,还要谈历史吗?设若历史只是士人的装饰品、谈吐的资料、文艺的辅佐,胡思乱想所取材,还值得成一学校科目吗?

我以为历史仍应保存在中小学中,而其目的,应该与自文艺复兴以来的士人教育用意不同,因而作用不同。所有装饰性的、士流阶级性的、记诵性的,皆不与近代生活相干,所以可以一齐不采。只有三个意义,我们似当充分看重。

第一是对于"人类"(Mensch heit)及"人性"(Menschlichkeit)之了解,把历史知识当作"人学"。若能实现这一个意思,历史当然不比动物学次要。人性是难于抽象解释的,尤其是人的团体行动。如借历史说明生命界最近一段的进化论,当然是与我们现在生活有关的。

第二是国民的训练。把历史教科做成一种公民教科,借历史事件做榜样,启发爱国心、民族向上心、民族不屈性、前进的启示、公德的要求、建国的榜样;借历史形容比借空话形容切实动听得多。"托诸空言,不如见诸行事之深切著明也"。

第三是文化演进之阶段,民族形态之述状;在中国史更应注重政治、社会、文物三事之相互影响。

这三个要求既树立,其余一切物事,可以少论,"不食马肝,不为不知味",中学生不知历代皇帝与年数,不为愚!

这三义在下文中再详说,现在另转到别一点上讨论。

三　教育部设定之标准

说到教育部颁布的历史课程标准,我当时看了,颇不敢恭维。现在手中无此物，无法细说，且就我记得的印象写下。此标准之作者，似未见到几个贯串上下的原则，但忙于一代一代的堆积题目，弄得读者觉得颇像一部《策府统宗》一类书的目录。还有一点很要紧，天下的事都不是可以不实验便完美的。此标准之作者，似乎并没有自己试着作一部历史教科书。先自己看看可行不可行，遽然成为定律，强书贾以必遵。书贾奉令承教，急急上市以图利，自然管不了许多。而且所定标准，节目太细，欲充分叙说，则限于字数；欲有所刊落，则不合定程。其中还有假想的节目，无人研究出的阶段，在书贾固只得将就敷衍，在大才也觉得手足束缚。我希望教育部把这种标准放宽些，而对于审查上更用心些，才可算是重其所重，而轻其所轻了。

近来教育部把中学历史分作本国史、外国史，我也莫测其用意。虽然中国与本国两名词不同，只有民国才是严格意义下的本国。但这层毛病还小，不要管它，专想想它所谓外国史。外国史一个科目，以我所见闻，诚不知道除中国外哪一个有这样说法，这样教法。历史当然要有个地方范围。有地方范围，才能叙说人文演进、人事变迁之意义。外国真不成一个历史的体（entity）。以外国为范围，这历史怎样写法呢？这位制法者之心中，必以为外国史如下式：

世界史减去中国史等于外国史。

那么，我们看看这书怎么写。以国别为次，还以时代为次呢？若以国别为次，这样外国史简直成了一部通志的四裔传，显然不像话，也没法教人。无论何人，只要是试着编历史教科书的，当不如此。想来总是以时代为次的。既以时代为次，正在那里谈罗马全盛时代，忽然转到倭奴之耶马台国；正在那里谈罗马法王制服日耳曼族之罗马皇帝，忽然转到突厥之强大，如何可以免于语次无伦之病。诚然，在善于叙述者可以调剂一下，使这样的不使减少，然而文化的统绪、历史的继续性，必受此规定之障碍。须知世界上的国家民族虽多，而文化的统绪并不多。"西洋"一个名词，本来可包括欧、非、西亚，且印度与此系之关连也比与中国稍深些。然则历史尽可照旧分成"中国史"、"西洋史"。如此，既可以明了西方文化因革的脉络，并可以表显中国文化的地位,因为东亚、中亚的历史,大可附见中国史中。他们在文化上本是中国的四裔;在历史上,也仅是中国的卫星而已。若将这些个自中国史中删去而与西洋混入一书,既失自然之位置,又无端减削大汉之地位,诚不可解。

四　编历史教科书的一个基础则律

照常识说,十件事都说不明白,不如一件事说得明白,较为有益。凡一切有头无尾的事,不能启发的事,不能引人生深切印象的事,在教育的价值上都是很有问题的。然则历史一科,若想不使学生生出反感,而收到设此一科的效用,与其多说些事,而说不明白,不如少说些事,而说得明白。现在编教科书者,格于制定标准,有些事,不得不说,其情可原。但因此发生的弊端,总要设法改正才好,无论由教部方面,或编者方面。

我觉得编历史教科书,应该依据上文第三节所说三种选择标准,运用下列一个原则:

在规定之字数及时限内,将历史事件之数减少到最少限度,将每一历史事件之叙述,充分到最大限度。

由此原则,自然要引申出下列几个方式:

一、所含之题目(Subjects)比现存者应大大减少,但字数或者应该增加。

二、人名、地名、官名都减少到最少限度。每一地名,必见于附图。其今不知其地理者,亦应在地图上注明"无考"。每一官名,必注明它的职掌或级品。

三、充分利用年表、系表、沿革表及其他各种图表,容纳纷纭的事实、中学生读来无兴味的材料。如此,则叙述的正文中可以不致如京都江海之赋,只是些私名,学生对之自然要增加兴味了。

四、一件重要事件,叙述上应该不惜详尽,应该把"故事"、"传记"的艺术作用,酌量引到教科书的正文中。

五、若干历史事件,前后相关者,可以据其意义联贯说之。如西汉初年的国内大事,第一段是削平异姓诸王,第二段是除诸吕,第三段是削弱同姓诸王。若把这些事都当作独立的事看去,自然要分节叙述;若把它们看作"汉初皇帝政权之安定化"过程中之三个阶段,由远及近,一步一步的来,至武帝而完成,或者化零为整,读者不嫌破碎了。

五　活的教科书

照上节四五两项所说,我们所要求的是一部活的历史教科书。(一)将散碎的事件,连贯起来,执其要领。历史事件虽多,而一个时代的政治与文化之趋转,在大头绪本不多的,抓住要害,自可应付众多史实。(二)将民族中伟大人物的性格行事,皇帝却不可要或少要,选几个形容出来,将民族兴亡中的若干壮烈的事件选几条叙述清楚,才是把有意义的历史知识供给于学生,不强似说了一朝又一朝,提过一人又一人?(三)将文化演进的阶段,上下连贯起来叙说之;必要时,可以打破朝代的限制。

总而言之,学校中历史科固需辅助读物,教科书本身总当是一部有形体、有神采、能激发人、能锻炼人的书。不当将教科书本身编得难收效果,却把一切推在辅助读物上。

六　辅助书

辅助读物是一事,我今天不谈。教本的辅助书又是一事,我现在说出两种来。

一是读史图像。编历史教科书者,应该搜集一切最有助于了解史的图像,编为一书。例如石刻中的永乐中奴儿干都司碑、锡兰发见之郑和碑;金刻文中如令彝、宗周钟、小盂鼎(大致如郭沫若所释)、虢季子白盘、秦权、莽量等;其他文字品,如重要的汉晋木简、唐皇帝劳问沙州张氏的玺书、正德中在西边建喇嘛寺的诏书、万历中封日本国王的勅书,诸如此类,举不胜举。今人好谈造纸与印刷术,然则何不将自殷、商甲骨文字至当代报纸,一个大演进过程中(一)各种字体;(二)各种书写之材料,自甲骨至机器纸;(三)各种书式,如汉代简书、唐代写本、宋印宋装的《文苑英华》、活字本、明末线装书等等，一齐用图像形容出来？至于生活状态，美术演进，尤靠图像，是不消说的。如此一个辅助书，可以代替十万字的叙述，并且可以增加十倍的兴趣。不过编这书不是容易的事，胡乱剽窃一阵，什么孔子像咧，汉武帝像咧，前者本是后人想像，后者尤不知来历何若，是不信实，且没有作用的。

二是读史地图。这件东西的需要不消说的，可惜现在为学校中之中国史，没有一部适用的。杨惺吾的自然仍旧是最好的，虽然有些也是乱画，不过他的体例是绝不适用于学校教科的。日本图中，我见的有箭内亘者，这书比学校用的中国制造好得多，但错误仍多，且亦不适于中国人用。我随便举一点，以征中国人画此类图之不经意。一个朝代的疆域，前后变迁是很大的，如汉朝文帝时与武帝末年大不同，武帝末年又与《汉志》所载西汉末年颇不同。如画一个汉代疆域图，必须注明适用于何一年，岂可注明大约年数？不记年数的一代疆域图，是简直不通的。制读史地图，实在是一件极难作的事。然若没有一部好图，教科书如失左右臂一般，而教授上又必感受极大麻烦。

我希望编历史教科书者，同时编这两件东西。

七　编西洋史教科书时应注意的几个大题目

依上文第三节所举三个标准编西洋史，可以省略许多西洋人的西洋史中题目。本来我们既接受西洋文化，自应注重西洋历史。然而这是专门科目，中国人虽然绝不当自暴自弃，以为做不成西洋史学家，但我们学校的西洋史当然要和英、美人不同。即就欧洲论，各国的历史教本内外出入也不同。自西欧言之，五世纪以后的东罗马帝国，关系甚少，故教科书记载极略，每每的但在记十字军、记土耳其时带着一笔。然近代希腊与保加利亚、罗马尼亚等国之观点，当然与此不同。以此为例，封建的德意志中若干事件与我们什么相干？西罗马一代一代的皇帝世谱，与我们有何关涉？照抄西欧各国学校中的历史教科书，借用 Robinson 与 Breasted，似都不是办法。

照我们国家教育的立场言，学校用的西洋史，或者可以下列诸事

为纲领:

远古史:说明各地远古文明之起源及演进之阶段,以为希腊、罗马、波斯、大食诸史之基石。

古代史:希腊、罗马之政治的、社会的演进、文化之总积及其遗留于后来西欧、东欧、西亚、北非之人文的传袭(Legacy)。

中代史:旧文明族与新武力族之渐混合及其混合之效果;西方文物与东方(近东)宗教之接触;近代文明最基本层之建立。

近代史:(1)欧洲民族之稳定(言未为大食蒙古所践踏);(2)精神的解放;(3)物质的扩张;(4)科学思想之发展;(5)近代民族之长成;(6)人权思想与经济思想;(7)世界之缩小;(8)最近代文明之不安定形态。

这是我今夕所想到的一个纲领,不敢说无毛病。然中国学校的西洋史,总当是举大遗细的西洋史,并且是为中国用的西洋史,似乎是没有问题的。

八 民族主义与历史教材

本国史之教育的价值,本来一大部分在启发民族意识上,即外国史也可用"借喻"的方法,启发民族意识。历史一科与民族主义之密切关系,本是不待讨论的。当前的问题,只在用何方法使历史教育有效的、有益的启发民族思想。我觉得下列几条似乎人人都知道采用,如用得小心,也并无毛病。

(1)说明中国人对世界文化上的贡献。
(2)亲切的叙述历代与外夷奋斗之艰难。
(3)亲切的叙述国衰、国亡时之耻辱与人民死亡。
(4)详述民族英雄之生平。
(5)详述兴隆时代之远略。

不过,若是说过了火,既害真实,亦失作用。对青年是不应该欺骗的,治史学是绝不当说谎的。譬如造纸、印刷诸事,诚当大书特书,然若以为价值与发明蒸汽机相等,则近于妄。又如张衡的测地震器,固是一段佳话,然若与盖理律之发明并论,尤近于诬。好在中国历史本有其大光荣,爱国者不必言过其实,只说实话,即足以达到它的目的,又何苦在那里无中生有,说些不相干,培养国民的夸大狂呢?我们应该借历史锻炼国民的自重心(不是自大心),启发强大的民族意识,以便准备为国家之独立与自由而奋斗。同时我们也应该借历史陶冶文化大同思想,使中国人为世界文化之继承者、促进者。如此乃是泱泱大国之风,不为岛夷,不为索虏。

  容纳民族思想于历史教材中,但当以事实启发,不当以言辞耳提面命。历史之用,本在借喻于行事,又何必于其中"托诸空言"。常常有很足以启发民族意识的事,或为教历史一科者所忽略。姑举几例。靳准、冉闵之品格本不足道,然其屠戮胡虏之行为,极足以形容西晋亡后胡晋相仇之情景,晋人民族意识之深刻化。作高中教科书者,对此等事皆一字不提。此犹可曰事属微细,请言其较大者。晋南渡后,自桓氏起,几以做皇帝为规复中原之酬劳品,而刘裕之功烈,实不在东罗马帝茹斯丁下。当时士人心中此一极重要之思想(规复中原),我一时所查到之教科书中似皆未充分叙述出来。此犹可曰其中支节太多,请言其更大者。明祖建国,本附韩宋。韩宋建国,虽托弥勒佛,终以恢复宋统为最大口号。虽世人皆知其非赵氏之裔,然建号承统,人心归附,本是一场民族革命。此中意义,绝不在道咸中天德太平一派人运动之下。而且,韩宋兵力所及,亦有可观,在大都未下时,先打破了上京(多伦)。这一派是不当与张士诚、方国珍齐看的。郭子兴、明太祖都是此一派中的将领,明太祖奉其朔十余年,虽王业已隆,犹于其国中发号施令时,用"皇帝圣旨吴王令旨"之公式。及韩氏沉于瓜步,朱氏仍吴王之称,未建国号,"事等于监国",其曰吴元年者,犹是"古者诸侯各于其国称元年"之义。元之二臣降朱氏者,始教以不拜军中所设宋帝御位,以后此等二臣,恰是明初年立制修史之人,乃尽泯此民族革命的踪迹,而朱氏亦渐忘其革命的立场,自居于胡元之继承人矣。然此等事迹,实民族奋斗史中第一等重要材料,决不在太平天国革命之意义以下。今之作历史教科书者,竟于此一字不提,远袭元二臣降明者之自损尊荣,近取清人著述之帝胡寇汉。王鸿绪曰:"元为正统,明为龙兴",未免缺少认识。

九　结语

我答应了叶溯中先生写此一文,一月中非甚忙即小病,直到最后的今日,才赶两夕的工夫成此一篇闲谈,聊以塞责,决不敢以为定论。此题目中我要说者,写出不及一半,其余只好将来在别处写了。

最后一句话:编历史教科书,大体上等于修史,才、学、识三难皆在此需用,决不是随便的事。以榜样论,司马涑水的《通鉴》,本是一部教科书,是一部造诣到绝顶的教科书。不过那部书是为"资治"用的,今之教科为训练国民用,目的不同;那部书为皇帝大臣士大夫立言,今之教科对青年说话,对象不同而已。遵原则以选择史事,尽考索以折衷至当,正是作教科书者所当追步。"高山仰止,景行行之",幸作教科书者留心焉!

(原载1935年10月1日《教与学》第一卷第四期,正中书局出版)

台湾大学选课制度之商榷

在台北市的这个大学随台湾光复而剧变,前身在日本时代的台北帝国大学,是一个形态,现在另是一个形态,或者说现在尚不成一个形态,应该待将来的努力。台北帝大,有它的长处,也有它的短处,现在,当年的长处未必有,而当年的短处,现在未必没有。我们国家接收了这个大学,已经三年半,却并未曾把它建设成一个合乎理想的学术机构,这是要等待将来全校同仁及社会上赞助的人士共同努力的。

大学的任务,本来是三项:一是教育的,二是学术研究的,三是事业建设的,三者有不可分性。但我现在这一篇文,仍以第一项任务为限,因为必须把这一个观念弄清楚,才可以谈到此外二项。

欲谈这个问题,一方面不能不谈到中国的大学近五十年之历史的演进,一方面不能不谈到本校过去之历史。中国的大学,创设在清朝末季,当时管学大臣所"奏定"的《学堂章程》,有"分科大学"一项,这里面包括经、法、文、理、医、工、农、商等科,这个制度可以说大体是抄自日本的,而日本的制度,又大体是抄欧洲大陆的,尤其是普鲁士。北京大学,就是照这个章程办的一个大学,也是当时仅有的一个国立大学,不过当时客观的条件,并不具备,所以办得不伦不类,这是清朝光绪末年的话。到民国初年,美国影响来了,自南而北,即自所谓江苏省教育会发动,教育制度从大学到小学,一齐受这影响,因而生了很大的变化。不过,原来的轮廓并未改变,只是德日的躯壳之内加上了一个美国的肉体,所以中国大学不能不说是中国的产物,非常特别,不过这个特别性实在是一团乱糟糟而已。现成举例,证明中国大学是欧洲大陆派与美国派混合之一说。

一、全国大学，用一种章程。而章程定得非常细，这完全是欧洲大陆派，绝对不是美国派，其结果坏的大学不一定为这个办法提高标准，而好的大学受它许多无谓的限制。

二、功课以学分计算，又有所谓年级，一年到头考试，这完全是美国派，法国人、德国人一定要笑话的。

三、功课标准相当高，而又办不到。结果"眼高手低"，学的功课似懂不懂，教的先生亦常常如此。

四、学美国人，弄些五花八门的戏法，弄些五花八门的功课，弄得不知所云。又在大学添许多中学的课程，这非但未能以补救中国中学教育之坏，反而增加紊乱。大学的毕业标准，仍旧似乎提得很高，结果是"办不到"。

所以大学制度应该怎么样，有根本考虑之必要。不过，这不是一个大学所能办的。我们只能承认现在所行的大学教育制度，在这个制度范围内想一个最好的办法，而且我相信在这个范围内也可以找出一个较好的办法来。

论到台湾大学的历史，最先要认清当年日本的讲座是什么，当年的台北帝大，与其说是一个大学，毋宁说是几十个讲座的联合体。我到台湾大学前两三个月，不甚了解，因为我在与一个有日本历史的大学接触以前，我心中的想像，日本大学的制度，大体是抄自德国的，到此地一看，却不尽然。拿几个日本帝大的概要一看，更觉其不然，同几位日本教授谈谈，方才了解。我对于这件事，现在还不能自信的说，因为我的接触尚少，但是下列两个意思，似乎可以说出来。

一、日本制之讲座。至少台北帝大的讲座，是等于一个德国大学的正教授，加上他所属的一个研究室 Institute。Similar, 不过似乎作得太过火了。德国正教授有的并不附带研究室，有的一个研究室有不止一位的正教授，而且全校或全院的总图书馆在他们是很了不起的。因为至少一院是一个有机体，不是部落的集合。若看台湾大学的总图书馆，可就太不像样了。我们常常有几部相同的科学期刊，分存各研究室，这样子"阔气"，在美国也做不到；这样的"独立"，在德国也没有这个事。这样子的结果，我们才没有一个大的化学馆，一个大的物理馆，一个像样子的总图书馆，等等，仿佛当时的讲座是"老死不相往来"的。这已经太过火了，偏偏光复以后我们又没有照着一个理想改变。所谓讲座，名实俱亡。名亡者，因学校现在已无此名；实亡者，教授之人选，同日本时代的标准不同。这一项关系最重要，因为讲座制度之所以能有成就，在乎担任讲座者之能力如何。如果担任讲座者不是这一行的权威，或近于权威的人，而把讲座的制度交给他，这在学术上是不易有重要贡献的，在教育的目的上是无多意义的。假如今天有人在台湾大学慨叹讲座制度之崩溃，这个责任不在我，而在光复以后何以不维持讲座人选之标准。假如光复以后，台湾大学只缩小不扩张，现在这个大学要好得多，也好办得多，可惜是质量的一退一进，事增于前，力减于旧。

二、接办了这一个大学，似乎没有一个固定的理想。三年半的光阴，似乎是随波逐流，过一天算一天，不过还有几个很好的习惯，至今保存着，例如教员之经常在研究室或实验室，教员一般的心中总想到研究之重要，不像国内的三等大学，根本不想到研究是怎么一回事。

中国大学之历史的演进既然如此，台湾大学的历史的背景又如此，我们认清了，方可以讨论台湾大学的教育制度的方案，不过还有几件事也要同时认清楚，分说如下：

一、中国现在中学程度之太坏。这个情形是现在办大学的最大困难，也是从大学当局看来无法克服的困难。房子不能建设在沙滩上，好的大学不能建设在现在的中学之上，这是极明显的道理。当然，我们有一个法子，我们可以把学生的人数减之又减，选择精之又精。但这样办法，决不是现在社会所能容许的，也是逆着潮流走的，教育家也不能如此忍心。大学取学生当然要有一个标准，这个标准不能不顾到中学的情形，这个标准不能太滥，同时也不能太主观，就是说，根本不看中学是什么样子。如此说来，真太悲观了。然而不然，因为中学虽坏，中学的学生的天资，并不算坏，只要天资中等，程度差得不太厉害，到大学里头，未必没有挽救的办法，若是又笨又不念书，那当然没有办法了。奉劝"生儿愚且鲁"的诸公,还是另想一个法子,为他这个子弟找一条出路,也许可以"无灾无难到公卿"吧!

二、大学的制度,从法令的方面说,这两年来颇有进步。这本是很多人吵闹了十多年的结果,我也是其中吵闹之一人。前任教育部长朱家骅先生,对于此点,颇有贡献,因为他的大学教育理想就是欧洲大陆式的,几年的极端美国化(这专学美国制度的弱点,不学他的好处),颇有所纠正。例如现在的《大学法》,比以前的《大学法》很有些进步之处(也有退步之处),而新的大学规程又没有依据《大学法》颁布出来,旧的大学规程既然与《大学法》抵触,其效力自然在若有若无之间。大学科目表又经改定,必修的钟点比从前少了,排课的弹性比从前大了,这都给用理想办大学者一个方便。

三、把中国大学办坏,应该负责任的人,虽不属一类,但所谓教育专家所负的责任并不在少。外国所谓教育学家,是指小学的教育、中学的教育而言。大学是学术机关,它的教育的作用,是从学术的立点出发,不是掉转过来;它的学术的作用是从教育的立点出发。换句话说,大学是以学术为中心,而用这中心发挥教育的力量,不是以教育为中心,而从这中心发挥学术的力量。我们那些所谓教育专家,在外国学习些教育学或教授法,回来照样办大学,这是大学之小学化,请看美国的教师学院 Teachers College,不都是些中学、小学教员在那里"进修"吗?这与大学教育有什么相干?尤其与大学的教育理想有什么相关?读者看到我说这些话一定要怀疑问我,你不是正要谈台大的教育制度吗?怎么又这样的把教育看作第二义呢?我答:我不是把教育看作第二义,教育当然是人生第一义,但是大学的教育,是从学术的立点出发的,所以大学的教育,与中学的教育不同,并与职业教育不同,而且与专科学校的教育不同,而且应该与号称大学或独立学院的教育而以职业为目的者不同。

四、人才之缺乏,是好的大学这些年来深切体验的事实,偏偏这十几年来的教育当局,只想扩张,根本不顾及中国有多少师资,弄得大学教育冲得极淡。大学教育的师资,原来很不容易养成,他要有学术上的造诣,有教育的兴趣,孔子说:"学而不厌,诲人不倦",这真是大学教授的一个理想标准。这两种条件都有了,若是一连作上多少年的事,亦每每有妨害,当然这是不可以一概而论的。今年请教员,我真感觉到辛苦,许多要请的,我想尽方法,请不了来,大约文、法两学院还容易办,理、工、农非常困难,这当然由于目前的时局,更由于交通的阻滞,然而事实确实如此,所以我们尽管要凭理想办大学,在最近两年中恐怕我们台湾大学大体上还不能脱难了教书机关 Teaching Institution 的地位。一方面我们不忘了我们的立点,就是学术的立点,同时也不可以忽略了目前的能力,就是说教书的地位。

综合以上所说:(一)以现在的大学法令为根基,在其中间选择一个最好的花样。(二)大学的教育是学术的教育。(三)大学教育要兼办中学的补习教育。(四)尽量找先生,然而也只能在找到的先生上想出一个好的布置。

根据以上的考虑,我提出下列的一个具体方案来:

一、台大的六个学院,在教育的方法上,各就其性质,分别办理。

理由:所谓教与学的自由,这是欧洲大学的传统,但文、法学院可以充分实行,理、农两学院次之,工学院又次之,医学院最不容易。举例来说,文学院国文系,先读杜甫后读苏东坡,或先读苏东坡后读杜甫;英文系先读莎士比亚后读近代戏曲,或先读近代戏曲后读莎士比亚;哲学系先读柏拉图后读康德,或先读康德后读柏拉图;史学系先读近代史后读古史,或先读古史后读近代史;法学院经济系先读经济理论后读经济专题,或先读经济专题后读经济理论,有何不可?甚而至于一个显然是浅近的科目,如哲学概论,假如教这一课的先生在那里发挥他"一家之言",则留至第四年,又有何不可?(德国大学的"概论课"Einleitungen 常常是一个先生发挥他自己的心得。)学术性的大学,是应该如此的。在理学院的情形便有些两样,假如未读定性分析者不能读定量分析,未读微积分者不能读理论物理等等,但仍旧有很多的选课自由,例如光学、热学、电磁学,哪个在前,哪个在后,有什么关系?在工学院则情形大不同了,常常后一科目必须前一科目修完,读之方有益,这正是德国大学始终不把工科放进去而使其成为独立的工科大学理由之一(不过,近三十年来,德国的工科大学与大学之一般标准,并无分别,这可以叫做工科大学之大学化,我们近来却把理学院作到一个大学教育之专科学校化)。至于医学院,因为近代医学发达之迅速,弄得必修科目太多了,而每门的分量又太重了,必修科习完已经不容易,选课的自由,是无从谈的。根据这些理由,所以六个学院对于课程的安排上,不能用一个原则办。

二、五个学院在第一、第二年级中,把大学必修科目表中所列合于这两年级的必修科目列入,务求其每一科必须为基础训练之所必需,务求其每一科必充分发挥其教学之效用(换言之,如所定之学分不够,增加其学分)。务求其在此两年中能把学生所受之中学教育的缺点补上(例如国文、英文、数学、物理、化学、通史等,部定的学分似乎不够,可以增加)。但是,补这个缺点,并不是用高中的教材,仍旧是用大学的教材,请学校中最有经验之教授,得之于心而应之于手,用深入浅出的方法,为学生打根基,这个办法,颇像英国大学之 Intermediate year。在这个阶段,并没有选课的自由,必须有严整的训练,平日成绩,学期考试,一齐认真的办。所有规定必修科目表中属于这两年,然与基础训练无涉,只是学美国的杂耍戏的(例如文学院生之必须学自然科学一种,理学院生之必须学社会科学一种,)酌量放到三四年级补习,不必在学生正打根基的时候给他打岔。在这个阶段,没有选课的自由。

理由:德国的大学之所以那样办,靠他的中学高班办的严整;日本的大学之所以那样办,靠他的高等学校。我们大学的第一年课,几乎全在日本的高等学校,二年级也有一部分。我们没有那样的中学作底子,只好在大学里设法补救。当然,学生的年龄,已经是大学的年龄,所以大学的教法,应该与高中的教法不同,尽管科目一样的名称。这个办法,可以说是大学与中学之混合,不过这个混合,不是混杂,是以中学的训练为训练,大学的学术为学术。

院中各系第一年级未必应该一个样。即如农学院之农业化学系,似乎第一年应该与理学院化学系无大分别,农业经济系似乎应该另是一套办法，农业工程系似乎第一年应该与工学院差不多，植物病虫害系似乎第一年应该与动物系或植物系无大分别，畜牧系似乎第一年应该与动物系无大分别。农学院之性质似为多元的，第一年未必应该一致。

三、文、法两学院三四年级充分采用选课制度，这个办法如下：

（一）部定必修科目中之必修科，在一二年级未习完者，均列入此两年级。

（二）部定本系必修科学分之最小限度，自当采用，但并不分别学年学期，将必修课之年级打通，在此等必修科目之外，一凭学生自由选择，如得系主任同意可以选到别系、别院去。科目尽量使其依学期为单位。

（三）每学期之选课，有最小限度，否则四年毕不了业；亦有最大限度，否则三个学期用两个学期来学，一定学得荒唐，这是要规定的。至于要读什么，只要不违部章之总数，倒不必限制。

（四）每一学生，在每一学期或学年中，学习的课目不可多，而每一课目的分量要重，要充实，断不可轻描淡写，便成一课。

（五）繁多的考试，在此阶段可以减少，但学期考试，决不能减。

理由：这样的办法，乃是真正的大学办法。现在的办法，实在是不像中学、不像大学的办法。学生在受基础训练时，他没有选课的自由，这个地方如果有选择，是在选择教师上，这是系主任的责任。至于基础训练以外的科目，可以听凭学生选，因为若是总是勉强他听他不要听的课，是得不到太多好处的。有人问：这样办法，一定有好多先生没人选他的课，怎么办？我答：没有人选课，并不证明这个先生不行，他还可以研究，要是既无人选课，又不能研究，那才真正不行。又问：这样办法必有不行的教员，用宽记分数的办法招揽学生来听他的课。我想，这是不会的，如其有之，倒是一个严重的问题。

四、既行选课制，将来恐怕要实行教育部规定的总考的办法。这样的总考，万不可太难，亦不可虚应故事。

五、理、农两学院在三四年级不能如文、法两学院选课之自由，但亦可参酌这个选课的精神,变更现在的"中学排课法"。

六、工学院三四年级选课之自由更少,然而不是没有。又现在工学院选课钟点之多,似可加以改变,多吃了是消化不了的。

七、医学院因为必修的科目太多了,除去"中医史"一类的选课(这个课,医学院的人可不选,倒是史学系的不妨尝试)以外,恐怕每年级的功课都要排得固定的,医学院一二年级,今名医预科,在理学院,此与日本制度相合(日本之医预科在高等学校)。亦与国内好的医学院制度相合。

总而言之,大学必须有基础的训练,既以补救中学教育之缺点,又以建立大学教育之基础,然亦必须在可能范围内有选课择师之自由,否则不成其为大学。

这个办法,并与教育部现行法令无所冲突,实在是在教育部现在法令中变出的花样,所以实行这个办法,没有毕不了业的危险。大学也必须有大学的样子,包括精神与形式。这个精神,很多靠选课制度之发展。

这个方案有四个好处:(一)不悖法令;(二)、补救中学缺点;(三)发挥大学精神;(四)促进学术空气。

敬以此意,贡献于同事诸先生及社会人士,幸有以教之。

(作于1949年8月15日,原载1949年8月15日《台湾大学校刊》第三十七期)

台湾大学与学术研究

（初步检讨台湾大学过去之讲座制度，并论如何实现学术研究之初步准备。）

台湾大学在日据时代，和其他日本大学一样，也和欧洲大学的制度相近，是用讲座制度的。我到台湾将近 8 个月，过去的事，我知道的有限，我只能拿我对于欧洲大学的认识来说，也许有很多事实的错误。这一篇文章不是在作历史的叙述，是在检讨将来的方向。如有错误，乞读者指正。

所谓讲座制度者，有若干必要的含义，有若干引申的含义，现在分节来说。

一、讲座制度，顾名思义，包含内外两个意思。内的含义是：一个担任讲座的教授，有很大的独立性，除去事情关系全校者外，他自己是可以决定的，而关于全校的事情的集中性，也要减之又减。外的含义是：一个大学是若干讲座的集合体。在此原则上建立大学的制度。

大学的主体当然在教授，为教育、为学术的研究，这都是当然的。假如教授受行政人的干预太多了，流弊极大，可以弄到学术研究根本难得进行。所谓"教与学的自由"只有在这个制度之下可能尽量发展，而"教与学的自由"，又是学术进步的必要条件，所以一个教授若跟一个现在中学中之教员一样，大学便不成其为大学。我想，凡是相信欧洲大学制度是正统的大学制度者，对于大学中之讲座制度，原则上要赞许的。

二、由上一说引申，既有讲座之制度，则现在系的制度便很要修正。诚然，系是一个教育的单位，讲座是一个学术的单位，可以并行不悖,在英、美大学中常常如此,但这终究是一个迁就的办法,互相调整上颇不容易,其结果每每不是讲座制度不像欧洲大陆那个样子,便是系等于虚设。德国大学中,凡是一位正教授(Ordinarius),他的位置叫做一个讲座 Lehrstuhl(日本称讲座,即是直译德文),他就可以考试学生,给学位,不过他不能独裁,要会议决定,而这个会并不是我们的系务会议或院务会议或校务会议。严格的讲座制度很大的一种运用在此,所以与系的制度是不容易配合的。

三、又引申一义。既有这样的讲座,则学分制度亦不易存在,学分制度,是美国制度,是系的制度之下的产物。若用讲座制度,则是一个总考而已。诚然,系也可以总考,讲座也可以总考,但讲座制度之下,很难用学分制。

四、又一引申,假如行这样不折不扣的讲座制度,则院长、系主任(假如还有系的话)势必走于由讲座教授共选之趋势,或者校长之产生亦在此。至多可以选两个或三个,由上层择定一个而已。

假如大学是一个"智慧的贵族制度"(intellectual aristocracy),则以上的办法都是当然的。

不过,这制度在现在决不能实行,无论你如何仰慕他。主要的理由可以这样说,讲座制度在欧洲虽是一个古老的事情,而其发达为近代的学制,却在19世纪之下半叶,当时的环境跟现在大不相同,当时学术发展的阶段,现在却是很难了,当时一个人兼顾教学两方面,还比较容易,现在却两样了。

18世纪的大学教授,大体是教书匠,学会甚少,学术的刊物甚少,教员升官,不是靠研究的,所以当时大学教员之研究,可以说是"行有余力"的工作。用句现代的话,就是"业余工作"。自从普鲁士的教育当局洪博鲁特(Hnmboldt)提倡大学教授要研究,要"教学相长",风气为之一变,柏林大学也就是这个风气的开山。诚然,前此的大学教授,何尝不研究,例如康德,一生写了那么些书。但看看康德的生平,可就惨极了,哲学课目之外,算学、力学、化学、天文学、人类学、地理学、气象学……他都要教,在他的闲暇写了那些书,但他也没有很多的闲暇仔细的写,所以才把多年的稿子五个月积成一部大书,就是那部《纯理评判》,读者的压倒多数认为是越看越糊涂。我们固然不要忘记牛顿的《自然哲学原理》是在大学里写的,但也不要忘记戴嘉斯宾诺萨、来卜尼次、休谟等大哲学家,亚丹斯密、利加多、门得尔等科学家,都与大学无甚关系。17、18世纪多数的实验科学家,也多不是在大学作实验的。自从普鲁士提倡新制度以后,研究的风气,自大学之外进到大学之内,在19世纪下半叶,大学几乎把学术的研究独占了。这中间诚然也有例外,如穆勒,如达尔文;也有不幸的例外……所以假如我们能跟物理学家一样,一切根据一个统计数,把特称肯定作为全称肯定,我们便可以说18世纪及以前学术研究是在大学之外,19世纪到现在是在大学之内。

学术的研究既然到了大学之内,运用的好,自然有益于大学的教育。照现在国际的情形看,教员升官,是靠他在专科杂志论文发表的多少的;教员的名望,是靠他在学术上的权威的,于是乎教育成了第二义,大学成了研究院。诚然,不能研究的教授很难是好教授,不能"苟日新,又日新,日日新"的教书匠,是很难启发学生的,但一心一意在研究的自我主义者,时常忽略了他的教育任务。我在欧洲的经验是这样子:柏林大学始终保持这个"教学相长"的传统,所以多数的第一流学者是第一流的教书者,但也不个个如此。如世界出名的爱因斯坦,便是一个自我主义。对学生不大发生兴趣的人,当时欧洲两个最大的与汉学有关系的东方学家,一个是德国的米勒(F. W. K. Mueller),对学生极热心;一个是法国的伯希和(Paul Pelliot),全是自我主义。由此看来,教与学合为一事,就是研究与教书合为一事,理想上必然如此,事实上并非个个办到。所以讲座教授变为研究单位的话,能不能还尽教育的责任,未可一概而论,尤其是在第二流的人物中。因为他研究已经很吃力了,既要研究的结果"多",又要教得"好",好不容易的。

归纳以上的说法,"教学相长"是理想,教学相仿也是常有的事实,尤其在不是大师而是在摹仿家的手中,要小心这个流弊。研究如何有益于教书,而不害于教书,是我们讨论讲座制度时第一要注意的事。

或者说:有些讲座教授即不妨以研究为唯一之目的,能促进学术研究,便很够好了。我说:这话是对的,但也要加一条件。最近三十年来之学术发达,在文、史、政、法、算学等科目,虽然大多还离不开大学,但在若干实验的科学,离开大学的趋势,颇为增加。专门的研究院所,不与大学相关系的,日益增多。在欧洲多是国立,在美洲多是工厂立。这因为实验科学要设备,设备常常不是一个大学所能担负。又因为学术发展的门类极端繁细,不是专家,不能称为学者;一为专家,便容易成为钻牛角尖者。设备与专门两样的限制,又使得大学"教学相长"的意义大受影响。

认清现在学术发展的阶段,过于专门的学术如何能拿讲座制度来运用,是我们讨论讲座制度第二件要注意的事。

这一项,还有一个附带的含义。大学的讲座制度,需要很大的自由,这不待说。所谓自由者就是自我作主,就是只凭自身的计划,外来的方案减少到最低限度之谓。偏偏现在学术发展到一个阶段,尤其是在实验的科目,需要计划,需要方案,那么如何能以学术自由的方案来运用呢?这要仔细想想了。

以上两项,还是就理想谈理想。假如没有脱去了时间,至少脱去了空间,已经有些难题了,若就现在的事实来说,更有以下好几层困难:

第一,现在的大学制度,是教育部依立法程序定的,其中自然有很大的伸缩性,然而我们却不能把他推翻。我们可以拿我们的原则去适应,却不能拿我们的主意去改变。学期、学分和考试制,这都是固定的了,我们不能完全另来一套。

第二,集讲座为大学之一种制度,必须有两个先决条件:一、选拔学生要严谨,这在现在这个潮流中不太容许。二、中学要好,这在五年、十年之内办不到。

以上两项,还是一般的来说,现在索性专谈台湾大学。讲座不讲座,如果标准高,不用讲座制度,也可以达到讲座制度的相等效率,虽然比较麻烦些。用讲座制度而标准低,恐怕比不用讲座制度还糟。因为一切事推进(尤其关于改革的)更不容易了。我近来很叹惜三年半来的台湾大学的经历,尤其是在接收的时候和去年夏天。接办的时候,在台湾省人对于祖国的热诚下是容易把这个大学办好的,恰恰那时候的地方长官不予协助,使得一位有见解的校长,一怒而去。去年夏天,内地已经相当动乱,用大气力拉人,是比较容易的,偏偏出了一阵事,到今天,拉人的地方不如当年十分之一;拉人的凭藉,更不待谈,这当然是我的能力有限。不过,事实如此,大家也都知道的。我这一些话,丝毫没有对本校同人有不敬之意,我以为我们这个大学,以全国的标准论,第一流虽然还待努力,第二流还说得上,其中确有甚多在国内属于第一流的学者。而且我们学校有许多好的风气,是很宝贵的,如对于公务之热心、常在研究室等等,比起那些三流的大学(三流的大学在全国国立大学中占半数以上)真正好得多了。所以我们这个大学,即使不能说好,至少可以说很有希望。那么,我这些感慨是何所谓呢?我说:我这个感慨专为讲座一个问题耳。假如办一个教书的大学,这些话大半是多余的;假如办一个讲座的大学,或学术性的大学,就是说研究的大学,问题就来了。

所谓研究,尤其是在大学的研究,我们必须先检讨一番,才可以谈讲座这个问题。

研究的凭藉,就个人论,靠天资,靠学力,靠意志。就环境论,靠设备,靠经费,靠安定的环境。中国的研究事业,因为科目不同,发达的程度也不同。文史学在中国本有一个很久的传统,这个传统比欧洲文史学的传统长久,所以在战前的一二十年中,可以说盛极一时,虽然说高峰不过几个,但方面之宽广,产量之繁多(假如"产量"两个字可以用的话)颇有"乾嘉之盛"。这中间有的是纯粹中国的传统,但多数是接受西洋文史学的刺激。也有些是纯粹欧洲的传统……这中间当然有许多无聊的,至少可以说坏的比好的多多了,但我们现在看"乾嘉之盛",也还不是无聊的多于有聊的呢?两部《皇清经解》,经过时代的剥蚀,其中有永久价值者并不算多,这两部书之于汉学所可保存的,未必如《通志堂经解》之于宋学所可保存的多。文史学以外,在自然科学中最发达的是地质学及其接近的科学,这因为有一个好的学校,北京大学地质学;有一个好的研究机关,地质调查所;有一个粹然学者,李四光先生;有一个事业领导的人物,丁文江先生。此外,一切有地域性的科学,比较发达;一切无地域性的科学,比较在后,这也不可一概而论,但统计的约数是如此。这道理很容易解释,地域性的科学,中国人有特殊的凭藉,非地域性的科学,则是在世界的总市场中比较,如果要出人头地,格外地难,这中间又有一个分别,不需要实验的又比需要实验的容易发达。例如算学,近年出了几位卓然的算学家,有国际的声誉。这道理也容易解释,算学的研究,只要有书,书可以带着走,可是实验的研究要实验室,实验室不能带着走。中国人的天资本是很高的,吃苦耐劳性平均不如日本人,偏又这样不安定,七七以前,可以说是中国学术界的黄金时代,一旦刀兵齐举,斯文扫地。抗战时期在大后方的研究,虽说简陋,然而在那种环境之下,还能作些工作,很博得外国学人的称赞(看 Nedham, *Science Out post*)。……

七七以前,中国的研究事业,本是在进步中,因其在进步中,也就在动变中;因其是自然的进步,所以标准确不一致。有些是伟大的贡献,虽然数量不能算多;有些是独立的研究;有些是勉强要作的独立研究;有些是非独立的研究。在我们讨论讲座制度之先,应该说清楚何为独立的研究,何为非独立的研究。

所谓独立的研究与非独立的研究,本是相对的。学术在落后的阶段中,非独立的研究可以有独立研究的像貌。例如我们把别人的题目拿来重新试验一遍,结果是"证实"(Confirmed)了。学术在进步的阶段中,独立的研究有时可有非独立研究的像貌,例如一个大名家可以同一个更前辈的大名家合起来作一个实验,合起来作一本书。细密的说起来,独立的研究,有其非独立性,因为假如某一处一科之中聚集好几位同一路线的专家,可因互相切磋之故,彼此影响,各成名作。非独立的研究,有其独立性,因为这个被领导的研究者,总要有若干自发性,否则便成为我们学校值两个学分的论文(这个制度是一件笑话,所以行之,无非部章有此规定而已)。所以假如要我们分类,哪些是独立研究,哪些不是,哪些人能独立研究,哪些人不能,是办不到的事。

这样分类虽然办不到,但有个相对的观念,却是必要的。所谓相对者,因一科发达之程度而相对,因台湾的环境而相对。台湾大学的教授,假如采用讲座制度的意义(不必用形式),总要能相当的独立研究,就是说有作他的研究的基础,而且心中有题目,而且在进行中能步步检讨他的工作,这可谓独立的研究了。这个"独立",就是说,不另有一位先生在面前随时帮忙。这话说来,仿佛是低调,但也并不很容易。我们有许多研究是很好的,恐怕也有些研究未必尽然。在这个岛上,切磋的人少了,若不与当代文献接触,没有通信讨论的人,一个人在家里或研究室里,虽然用功得很,闹个笑话,也未可知。譬如说,一个问题我们正在用心研究,研究的结果,这个问题在三十年前已有人解决了(这是假设的话)。这在外国也不是没有的事。所以台湾大学要想振作研究的风气,必须办到下列几件事:

一、当代的文献相当齐全。

二、讨论的环境相当良好。

三、有朋友通信。

这还是自身以外的。自身以内的是作研究工作者以前的训练,即是作为研究凭藉的训练。

日本人在台湾大学留下一个研究的欲望,至于研究的凭藉,是否充实,当然不一致,所以也只有分别办理。

以上所说是研究的人力。至于物力,我们学校之内或学校之外,有一种误会的传说,不可不辨。我们学校之内,常常有人以我们的设备好而自豪,外面人也说"台大设备好"。诚然,我们的设备以数量论不算少,但在使用上却有下列两大毛病:

一、最近的文献缺乏之至。这是一个最大的困难,假如不能补上,旧的作用很少。旧的文献,诚然是很好,但必须有新的,才能显其用处。科学进步太快了,既然说研究,不要在人背后作,虽然不妨选其简单方便的去做。

二、仪器设备。虽然有很多很精妙的仪器,但常常缺这个,短那个,或者生锈不适用。研究一个问题需要一套,若在这一套中缺少一段不能代替的,其他仪器尽管美妙,也失其用处。

要想补救以上两项事,用钱之数目自不必说出来,因为说出来除骇人之外,没有其他意义。办大学,作研究,本来是极费钱的事,我这一套话,并不是拿美国的标准作标准,那是我们担负不起的,当然有许多问题非用美国标准的设备不可,但是还有更多的问题不需要美国设备的标准也能做出。三十年来欧洲大陆科学之进步,就在挑选这种题目,这些题目常常也有很基础的,这话说来,有个很有趣的现象,就是说,设备越差,越需要天资高明的真才。

台北帝大在日本时代,学术的地位怎样呢?我想两件事可以说:(一)工作非常刻苦,这是日本人的一种天性,美国人工作也努力,但是又要舒服。日本人可以一面极不舒服,一面努力。(二)一般的水准比现在一般的水准平均说来高得多。至于台北帝大究竟在学术上有多少贡献,我不敢说。有原来的先生向我说,多半是第二流的学者才肯从日本内地到台湾来。又有人说,台北帝大专是一个政治的工具,目的在于开发台湾、南进拓殖,为学术而研究的空气并不好……这些,我因为没有经验,都不敢说。不过,我的确觉得有三项:(一)开发的意义确实大,也确有贡献。(二)纯学术的空气确实比较少,似乎日本人不敢或无力在台湾充分提倡纯学术,例如原子物理、数学、汉学、文史学等等,在日本本土的擅长处,不是台北帝大所能望。我心中理想的大学是柏林,所以跑到此地来,翻出旧来的刊物,常常感觉到不对路,不过这也是一个不情之比较罢了。(三)他们确实留下了此古老的研究题目,例如研究罗定酸,以为肺结核病的研究工作。我们现在已把这个机构取消了。

在抗战之前,日本的科学进步,确在中国之上,尤其是应用科学。这由于日本国家安定,日本人努力,并不由于日本人比中国人更有特殊的天才。假如中国最近五十年来有日本那样安定,我相信我们的科学研究,会光辉灿烂的。台湾在日本时,尽管有一个好的大学,而台湾自身是殖民地,故此大学不能不有其特殊景象。……我们这个大学对于将来关系实在太大了。日本人当时八个帝国大学似乎成一环,各自发达其所长,中国各地的大学本来也当如此的。学术之发达,须有自给自足性。因此,台湾大学各科目之发达,不能更以致用为第一义,而必须从学术的基本上着眼。因此,我们的任务更为艰难。

照现在困难环境说,实在很难容许我们有一个一步一步的计划,今年发展这一系,明年发展那一系;今年充实这一院,明年充实那一院。只好有机会便干,没有机会的时候,则除去基本的教课外,只好宁缺勿滥。这样子,也许在两年之后,渐渐的人才更集中,研究更多,讲座的形态或精神就有希望了。

何以说要两年之后呢?就是说,我们最乐观的看法,我们也需要两年才可以更多的集合人才,在未曾更多的集合人才之前,讲座制度或者是其他的制度,都谈不到。天下无论作哪一样,都要人才充实。在行政的事项,一件事人才半充实,也许可以作到四分之三充实的成绩;在学术事业,则一分人才一分成绩,半分人才,半分成绩,毫不含糊。校长坏了,固然可以把学校弄得很糟;校长不坏,也没有法子把学校弄得格外的好。学校的好不好,糟不糟,只是一句话:人才集中不集中。

读者读到此地,或者觉得我这篇文章太刹风景,向我说:你开头说要讨论讲座制度,现在说了许多别的话,而讲座制度似乎说到爪哇国去了,这真合乎老子的说法:"损之又损,以至于无。"岂不太泄气?我说:我的意思并不如此。我对于讲座制度,心中实在憧憬着,只是我确切认定目前台湾大学做不到,必须先用两年的功夫,集中人才,再谈这个理想的教育制度。我这个话并不是说台湾大学目前没有人才,台湾大学目前有的人才确实不少,但在我们想办一个理想的大学标准上,讨论一个理想的制度,还有若干部分隔着一个大阶段。至于问:你既然认为讲座制度或其精神,在现在无法实行,何不一语说破,而说这些费话呢?我说:现在说这些话,未必是费话,因为将来有一个远景,才可以有现在的做法,若放弃了这个将来的远景,可能在集中人才时只集中了些中学人才、专科学校人才。

问:将来有一个远景,才可以有现在的做法,请问是何做法?

答:这个远景就是学术空气极端浓厚的远景,然后此时集中人才,不以人之声望、功名为计较,而以人之学术造诣,尤其是他将来之造诣,为集中人才之标准。

有所谓"名教授"、"老教授"者,这应该分别说。"名"而有实,自然很好;如果"名"只是报纸上多见,各种职员录上多见,还是不名的好。"老"而造就出好些好学生,自然好,若老字的解释只是教育部或教育厅的20年或25年之说法,或者3年一迁地方,则不老也好。我心中预备着集中的人才,在学问上已经有建树的,固然很要紧,而学问上已经有萌芽,前途大有希望的、年轻力壮,尤其要多多注意。我现在的想法是,国外的青年学人,此时老不肯回来,稍待一时期,他们肯回来的时候,尽量的拉,此一法也。学校的青年同事,特别是台湾籍的,有机会出去一趟,可因多所接触引起心中研究的问题,此二法也。一旦打回老家去,光复一群人来,此又一妙法也。我心中这样打算,所以才说最少两年。

等待人才更多集中了,自然因人成制。仔细的节目,现在不必预揣,但附带说下列几件事:

一、系的制度,在中国情形之下,不能废。系的制度,本是一个教育的单位,也本是一个美国的制度,美国称做 Deparment,我们叫做系,大体如此,也不尽然。像德国大学那样的讲座制度,是跟他的中学制度有联系的。中国的社会环境,不能有德国制的高中,即不能有德国大学那样的制度。要想多数的、大量的学生得到大学的利益,系还应该存在。

二、学分制度,是一个不折不扣的美国制度,在中国颇为"恰合国情"。学分制度,本是一个极其低能的办法,而德国讲座制度则是高能办法,这个分别仿佛唐朝的取士制度,一科叫做"明经",考试时以"七经墨义"为主,只是在那里考人默写,"高头讲章",这是低能的,这是学分制度。一科叫做"进士",考试时考人的诗文才气,这是高能的,这是讲座制度。结果,世上重"进士"而轻"明经",然而,"进士"中的确出了些佞幸小人,"明经"中亦不乏"经明行修"之士。世上的人既然高能者少低能者多,则高能的制度,益人者少,害人者多,在这个所谓"民主时代",高能的办法,常常被人呼为"贵族的","不前进的",所以我们与其怕"鸡犬同升",毋宁戒惧着"画虎不成反类狗"。

在学分制度、系制度之上,未尝不可采用讲座之精神,例如现在几个美国的第一流大学。只要我们达到大学以学术为本位一个目的,制度之小节上要随国情、人情建立的。

我想有一个办法,虽然不全盘采取德国式的讲座制度,却能达到德国式的讲座制度的好处,这办法如下:

一、在教授之中,设置若干有科名的教授。现在台湾大学的教授,聘书上都写"某学院某系教授",并没有说某一科的教授。假如等到人才更集中之后,将若干有权威的教授,可以兼顾研究和教书的责任的,定名为某一科的教授,例如中国近代史教授、理论物理学教授等,这便无形之中在教授内分作两级了。当然,这个人选要很认真的。北京大学当年曾一度有"研究教授"之设,我看这个名词不好,因为专作研究不负教育责任的,实在不应叫作教授。这个办法如果认真办,事实上即等于讲座。假如尝试这个办法,必须在人才更集中之后。在实行时可能遭遇很大之困难,因为中国人的脾气,是"一字并肩王"的民主,就是梁山伯的好汉一齐坐交椅。椅与座在英文都是 Chair,实在是一件东西,若现在办这件事,徒增纠纷。

二、人才充实了,便去设研究所。教育部对于大学研究所之设置,注重在研究生,就是美国的 Graduate School,德国则无所谓研究生。我想只要我们学校的先生们,在某一科成了权威,便可设研究所,不必问研究生之有无。

以上都是在现行教育制度之轮廓下如何采用讲座制度之精神,此是后话,暂且不表。

最后说一件事,就是我们如何集中人才。这个责任在校长身上者少,在院长、系主任身上者多。《尚书·秦誓》上有一段话,我一生服膺,现在抄在下面:

> 昧昧我思之,如有一介臣,断断猗无他技,其心休休焉,其如有容。人之有技,若己有之;人之彦圣,其心好之,不啻如自其口出,是能容之。以保我子孙黎民,亦职有利哉!人之有技,冒疾以恶之;人之彦圣,而违之俾不迭,是不能客。以不能保我子孙黎民,亦曰殆哉!

把这段文章翻成现代的话是这样:

> 我心中刻苦的想:如果有一个人,断断然并没有别的技能,只是他的心境很平善,而且有容人之量,别人有的技能像他自己有的,别人有的辩才和聪明,他满心欢喜,跟从他自己的口里出来一样,很能包容他们。这样才能保我的子孙人民,是很有利的!别人有技能,忌妒的恨他,别人的辩才和聪明,堵着他,使他不能表出,并不能容他。这样子不能保我的子孙人民,那就危险了。

方才说了"高头讲章",现在果然就写了一段"高头讲章",训诂家一定要找几个错,我想大意是不错的。这话说来虽然"封建气味"太重,但道理还自真实。我们这一个缺乏人才的国家,假如破除一切个人的关系,求人的标准惟贤与能,还有办法。若果不然,那真没有办法了。

我相信我们在校负集中人才责任的诸位先生们,都是"其心休休焉,其如有容",所以我对于我们学校的前途,大有希望。

等到人才集中,我们再去作法立制,也许到那时候教育部可以容许我们更多立制之自由了。

(作于1949年10月1日,随1949年10月24日
《台湾大学校刊》第四十一期附送)

"国立"①台湾大学第四次校庆演说词

今天是"国立"台湾大学第四次校庆,我因为到校还不满10个月,最初也不知这个校庆的日子是如何定的,后来才打听到这是民国三十四年接收前日本台北帝国大学的那一天。我当时就想:拿这个日子作校庆,对吗?经过一番考虑,我的结论是:这个日子应该作我们的校庆。

诚然,我们现在这个大学的建设,绝大部分是在日本时代成就的,而且在日本时代这个大学也有些学术的成就。偏偏不幸的很,这四年来我们这个大学的进步不能算快,所以我们今天拿接收的日子作校庆,心中不无惭愧!但仔细想起来,日本时代这个大学的办法,有他的特殊目的,就是和他的殖民政策配合的,又是他南进政策的工具。我们接收以后,是纯粹的办大学,是纯粹的为办大学而办大学,没有他的那个政策,也不许把大学作为任何学术外的目的的工具。如果问办大学是为什么?我要说:办大学为的是学术,为的是青年,为的是中国和世界的文化,这中间不包括工具主义,所以大学才有它的自尊性。这中间是专求真理,不包括利用大学作为人挤人的工具。由日本的台北帝大变为中国的台湾大学,虽然物质上进步很少,但精神的改变,意义重大。台湾省既然回到祖国的怀抱,则台湾大学应该以寻求真理为目的,以人类尊严为人格,以扩充知识、利用天然、增厚民生为工作的目标。所以这个大学在物质建设上虽然是二十多年了,在精神上却只有四年,自然应该拿今天作我们的校庆。

---

① 编者注:凡1949年10月1日以后出现国立台湾大学字样,双引号均系编者所加。

国家在这一年中，非常辛苦，而且可以说是非常悲惨，我们也就在这个悲惨中度过一年。但将来是大有希望的，真理必定战败魔术，爱国必定战败卖国者。中国民族五千年文化，必定不会泯灭，我们的大学一定要在这个中间尽它应尽的责任。

诸位教职员先生，你们又在生活困苦中过了一年，但随时教导着这些勤学上进的青年，诸位必然感觉着安慰的，我借这个机会向诸位致敬，最高之敬意！

诸位同学，我们全校没有一个共同集合的场所，我同诸位同学共同谈话的机会很少，以今天借机会贡献几个意见，也可以说这是我对于诸位的一种希望或要求。

诸位应该作到的第一件事，是敦品。敦品又可以说为"敦厚品行"。一个社会里品行好的人多，自然这个社会健全；好的人少，自然这个社会危险。青年是领导下一时代的，他们的品行在下一个时代的影响必然很大。大凡人与人相处，许多事情，与其责备人家，毋宁责备自己，责备自己的第一件事是自己是不是守信。在政治上，立信是第一要义，在个人也是如此。说话不算话，必然得不到好结果。这一个时代，真是邪说横流的时代，各种宣传每每以骗人为目的，宣传者不过是想用宣传达到他的目的，但是若一个人养成说瞎话的习惯，可就不得了。人与人之间，因为说瞎话不能放心，团体与团体之间，因为说瞎话不能放心，社会上这个风气如果厉害了，社会就不上轨道。在我们这个大学里，这个观念尤其重要，因为不能立信，决不能求真理。外国有一句习语，叫做"Intellectual honesty"，可以翻译作"知识的诚实"，就是说，我们一旦觉得我们做错了，我们要承认，我们作个实验有毛病，自己不能转过来说他很好，要没有这个精神，学问是不能进步的，发明是没有的。所以立信是做人、做学问一切的根本，也是组织社会、组织国家一切的根本。我今年虽是五十多岁的人，但是岂能无过，大过且有，何况小过，所以很希望跟诸位共同努力。假如我有说话靠不住的地方，开空头支票的地方，务盼诸位向我说明，如果中间出于误会，我当解释明白；如果我有失信的地方，我必立即改正。

第二件希望诸位的是力学。诸位要想一想,在这个苦难的时候能有这样一个环境,已经算很有福气了!这个遭遇,这个环境,是万万不可辜负的。在我这样年龄,一年就是一年,在诸位这样年龄,一年有十年之用,将来一辈子靠着在大学的这几年,这是万万不可把它放松过的。这些年来,大学里最坏的风气,是把拿到大学毕业证书当作第一件重要的事,其实在大学里得到学问乃是最重要的事,得到证书乃是很次要的事。假如一班30个人毕业,30年后,各人情形不同,这是靠他的证书吗?虽然说,社会的情形复杂,然而成功或失败,终究有不少地方靠他的学业。诸位现在或者不感觉到现在在大学的时光如何宝贵,离了大学,在社会上作了几年事,便会觉得,也许到那时候觉得晚了。现在在我们学校的同学有3 100多人,国家为你们花的钱实在不能算少,这是不可以辜负的,诸位先生教书指导的辛苦,又是不可以辜负的。诸位将来的前途,更是不可以忽略的。诸位由学术的培养达到人格的培养,尤其是不可以忽略的。须知人格不是一个空的名词,乃是一个积累的东西。积累人格,需要学问和思想的成分很多。

第三件我希望诸位的是爱国。这一点本来不必说,大家的本能如此。但是到了重要关头,更应该看得清楚,我们这民族在世界上有一个特殊现象,现在世界上的民族中,没有一个文化像我们这样久远而中间不断的,埃及比我们的文明古,但现在的埃及和古代的埃及并不是一个民族。印度的文明同时发达,但印度经过很多的民族的和文化的变化。现在世界上一脉相承的文明古国,只有中国了。我们不可以辜负我们这个文明先觉者的地位。还有一件,现在世界上的文明和政权,实在可以说操在白种人手里。在亚洲,印度人虽然黑面孔,但他在语言上、种族上,仍然是白种人,所以中国现在实在是非白种人的文化担负者。我们这一百年来,受尽各种帝国主义的折磨。小的不必说,大的如英国帝国主义、日本帝国主义。……我们现在要看清我们的面孔,想到我们的祖先,怀念我们的文化,在今天是决不能屈服的。

第四件希望是爱人。爱国有时不够,还须爱人。爱国有时失于空洞,虽然并不一定如此。至于爱人,却是步步着实,天天可行的。在青年人培植爱人的观念是很容易的，在大街上看到受苦的人我们要助他，在学校里看到有困难的人，我们要帮他，从这一种行为作起，便可以把爱人的观念扩大到极度。孟子说，"无恻隐之心非人也"，爱人的观念本是从这个心理基础上起的。每天都有实行我们爱人的例子，每一件事都有实行我们爱的原则的机会。克服自私心，克服自己的利害心，便可走上爱人的大路。只要立志走上这个人道的大路，无论一个人的资质怎么样，每人都有作到释迦牟尼或耶稣基督或林肯或国父孙中山先生的机会，至少分到他们的精神。

以上所说的四件事，敦品、力学、爱国、爱人，或者有人觉得不过是老生常谈，但老生常谈有何不好？只看你能做到几分。

附带向诸位说一件事：一个大学必须大家要办好，才能办好，便可以办的好，决不是校长要办好的。我所谓大家者包括全校教职员、学生、工友在内。诸位同学们勤学好善，先生们自然感觉到鼓励，先生们学而不厌，诲人不倦，诸位也自然得到启发，大家一齐向学术进步上走，这个大学自然成为第一流的大学；大家若是马马虎虎的过日子，这个学校绝对没有希望。我希望我们全校有一个意志，这个意志就是：使学校进步。在这个意志上我希望全校合作，我尤其希望诸位同学对于学校一切事情随时告诉我，学校当局可以做到的一定去做，做不到的或不应做的也应当向诸位说明白。诸位对学校有意见，都可以随时找我，诸位有什么难处可以随时找我，我们彼此的心理上应该是一家人，没有话不可谈的，目的是使得我们的学校一天一天进步，诸位在学校里一天比一天有意义。这样才可以使得我们的大学成为宇宙间的一个有意义的分子。

最后借用斯宾诺沙的一句格言：我们贡献这个大学于宇宙的精神。

(原载1949年11月21日《台湾大学校刊》第四十五期)

台湾大学国文选拟议

目的：

（一）为大一国文之用；

（二）为国文系课程一部分之用；

（三）为他系二年级以上愿习国文者之用；

（四）以此为学生读书之津梁并资作文之流畅。

选法：

（一）学校教书，应以学生应读而先生能教者为限。若先生与学生在同等地位者，大可不必再教，故诙谐言之。写情书一事，先生年约四五十，学生则二十上下，同等考试，先生恐考不过学生，故不必教，不必学。此非谓情书中无至理也。又如考订家聚讼之经典文字，一人一义，十人十义，此可为高级学生绞脑汁之用。张香涛所谓："误尽才人到白头"者，亦不必于大一大二教之学之也。总言之，学生不必学、不待学者，不必教；先生不能教者，不必学。如是则必先生可教学生可学者，方可列入也。

（二）中国文辞，自商周骨刻、金刻及周书以降，约有三千数百年之历史，其中变化大矣，如各取一脔，必不成味。中国人好吃杂碎，宴席必备海陆之珍，听戏必有七八出，故享受之余，未能神明开朗。西洋人则食不过三味，戏不过一出，精神贯注，故享受之余，历久不忘。今试以炒菜喻选文，如炒一盘酱丁，其中具备肉丁、鱼丁、虾丁、萝卜丁、咸菜丁、花生米、豆腐干……而加之以酱，其资料之不调合，在此五方之丁，而选法与注解，即酱之用也。如此饱餐三次，必生肠胃病无疑矣。然多年来各大学之选文，皆此类也。拉丁文有其二千年之历史，然大学读拉丁文,自以经典作家为限,并不下及土拉丁、腐败拉丁、教会拉丁等。希腊文亦有其二千数百年之历史,然大学读希腊文,亦以经典作家为限,不下及后期希腊、东都希腊、正教希腊以及现代之希腊文也。奈何我国操选业者,必欲上下三千年,如此或当为马二先生所笑矣。

(三)前代选文选诗,多为练习一种文体或标揭一种文派之用,真西山之文章正宗,乃为考试而作也。储同人至姚惜抱之选文,亦为练习唐宋古文体,兼为八股之用也。今如将《古文辞类纂》与方望溪之《钦定四书文》合观,则知二书之作用同矣。又如明代诗家,前后七子、竟陵、公安,有一派必有一诗选,以逞其说,而高自位置。下及王阮亭之选、唐贤三昧,亦所以征其自己之诗说。今日固不练习唐宋古文,更不练习八股,亦无暇及于选学桐城,或古今体诗,则所有前此之操选业者之目尽不存在矣。然则今日之目的为何?质言之,在修习国文,用以了解中国文化之渊源与精萃;习作国文,用以锻炼语义及文法;先读选本,用以更读更多之书耳。如将此义认定,则多少事不待详说矣。

今试将文选及诗选列为十四种,举目并说明之。

(一)经子选文。此为经传及周汉诸子中篇章之选,所选之标准,约为四事:(1)思想特别重要者;(2)对于后代影响特别大者;(3)文体特别重要者;(4)句读易通者。所选篇章,集中若干书,不求每书具选,而一书中可选甚多。

(二)四史选文。《史记》、《汉书》为多,《后汉书》次之。《三国志》以正文论,恐只须选《诸葛亮传》,然《裴注》亦颇有佳文,或可选二三篇。所选标准:(1)叙事明畅者;(2)内容含义最多者;(3)影响后代甚大者;(4)极有风趣者。举例言之,司马迁本为今史家而非古史家,故巧于楚汉,拙于先秦。今所选当以楚汉为主,而《大宛传》、《匈奴传》,实千古之杰作,读此一篇,胜于看报十年。又如《汉书》,班孟坚学究气甚重,叙事尚及前人之典型,而议论则可取者少也。四史中所含之文,亦可酌量补充之,以为下编,不必全选也。

(三)唐宋选文。自不当以八家为限,然应为古文一宗,选文不必拘于三篇,即举欧阳一家为例,《〈唐书藩镇传〉序》、《集〈古练〉跋尾》等应选入;若则赠答之序,则应从严;谀墓之文,尤可不必。南宋文如陈同甫、叶水心,有夸诞之词,无内容之富;然如朱子文章之渊粹,同其学问,此可选者也。方正学诗云:"前宋文章配晚周,盛时诗律亦无俦",信言也。

(四)六代选文。六代文章走入俪体,此在文学上不得不谓之为畸形的发展,然因中国语言既有其特殊之结构,故此一发展,亦势所必至。今日选学虽死,然六代文自有其不可泯灭者。惟此不可在大一用之耳。

(五)明清选文。明清文佳者多,然以中国文学之总体论,所谓牛后也。此一项容再思之。

(六)思想选文。自魏晋至明清之际,如船山、梨洲诸人,颇有开思想界之新方面者,惟此极不易选耳。

(七)考证选文。因考证之学发达,而文突变,自宋至于当代,可为一集,惟此不易选耳。

(八)话本选文。自宋至清,巨著短篇,佳文甚多,虽曰白话,实非今日之白话,正白话中之古典文学。

(九)当代选文(白话为限)。此为最不易选者,至个人之好恶,事所难免,要当选其文从字顺,而文词无雕凿古怪者。

以上选文,经子、四史、唐宋、话本,可为大一之用。当代文选,可为大一课外读物。若六代、明清、思想、考证等,不当与大一相涉。经子、四史、唐宋三者,可为一大半年至一年之用,当任先生与学生自由选读耳。

(十)古诗选。不取辞藻而尚性灵,故曹子建应少选,陶诗则可大半列入。各家选本,皆无可取,恐须同人自为之耳。

(十一)唐诗选。现成选本,最通行而最劣者,为沈归愚之别裁,如一时选不出来,似不妨即以《唐诗三百首》为课本,以杜诗、白诗补充之。前者自为中国诗之正宗,后者亦青年所爱好。《唐诗三百首》之选者,署衡塘退士,不知何许人也。十年前流寓昆明,犹于市上买一本,觉其所择，实超越众家也。然此书太偏辞藻，而略气力，如韩诗佳者甚多，何必选其《南岳篇》？李义山诗辞藻艳丽者多入选，而如王介甫所举之句："雪岭未归天外使，松州犹驻殿前军"、"永忆江湖归白发，欲回天地入扁舟"，皆不在内，此当是康雍乾间人一时尚为之也。然总其大体，自为佳选耳。

今竟举出《唐诗三百首》，见者笑吾俚乎？雅正与通俗，实非相互矛盾之义。周兴嗣之《千字文》、王伯厚之《三字经》，千年传诵，而《千字文》尤有绝佳之句，此在西洋治汉学者可以为题而写出多少博士论文矣。《古文观止》、《古文释义》两书，亦因流寓昆明，无书可看，买而读之，觉其选者实在乱糟糟。然曾国藩之《经史百家杂钞》，世未尝以为俚书也。其实此书即是将《古文释义》之精神，加入《古文辞类纂》之上耳。曾氏盛名之下，胆大非凡，并有古文四家之选，吴挚甫遂传其学，故一书之佳否，只有论其佳与不佳，不当论其通俗与不通俗。又如《文选》，段玉裁以为应列入经，而苏东坡认为齐梁间小儿强作解事。以为经者，以此书有李善注，多存古训也。以为强作解事者，苏长公之辩也。杜诗云："王杨卢骆当时体，轻薄为文哂未休。"昭明所选，自是当时体，长公有其才识，故虽哂之未休，不可以为轻薄耳。设如神州陆沈，穷乡僻壤有《古文释义》一书，焉知千年之后，不又有人提议以为经乎？

（十二）宋诗选。宋诗无可用之选本，而宋诗又多，世云："读天下书未遍，不敢乱下雌黄。"若姑试为之，似可将王阮亭之《古诗选》、惜抱轩之《近体诗钞》、曾涤生之《十八家诗钞》，取其公约数，下至山谷、后山、放翁而止，最后殿以文。文山《指南录》中若干篇，或亦暂时之一法也。

（十三）词选。张皋文所选太苛，或即用朱孝臧之《宋词三百首》，补以唐五代词耳。以上古诗、唐诗，可为大一之用。

随意写下，以就正于同事诸先生。

（1950年春间写成，尚未修正。收入《傅斯年全集》
第6册，台湾联经出版公司1980年9月版）

中国学校制度之批评

追忆在北京大学代理校长任内,事实和理想刺激我的思想,我很想写七八篇论大学的文字。卸任后,事忙,又连生病,除去一篇的大意以外,所有的意思忘得光光……

到台湾大学校长任内已一年又十个月,开始即想写一小册,叙说我的大学理想,一直没有工夫,虽然也有几个意思在杂文里偶然提到,却并无系统的推论。每天为现实逼迫着,我怕久而久之,理想忘了,须知现实每每是消灭理想的。所以我在三个学期中始终不曾教书,虽然每学期开始前总想教一门课,在大学不教书是不过瘾的。然而教书不可不预备,一课两小时,也要至少预备一天或两夜,便分去做校长的时间不少。本学期仍未教书,正为想写《大学理想》。我希望这学年可以写成这本小书,但也不必赶。因为台湾大学校长之事多,是不能想像的,其生活不是可以羡慕的,半年内写成与否,还要看出的事多不多。

在写《大学理想》时,我不是专论台湾大学。专论台湾大学不必写书,办事好了。我要"跑野马",上下古今论大学制度,或者超于时空,这样才有理想。在写《大学理想》之前,觉得有写一篇泛论中国学校制度之必要,因为大学是不能独自生存的,它是学校系统中之一部,乃至可说社会之一部。大学要尽量成一"乌托邦",说的硬些,与社会脱离,庶可以不受旧社会的影响,而去创造新社会,但这话终是写意的笔法。大学不能脱离学校系统,脱离社会,犹之乎一人不能脱离了人群。我去年在师范学院曾说过,台大要办好,必须师范学院先办好,因为台大的学生出自中学,中学的教员出自师范学院。师范学院好了,然后中学教师好了,中学教师好了,大学的学生才好。这是真话,不是笑谈。

认清学校制度之一体性,所以写这一篇,作为《大学理想》第一序文。

我不是教育部长,所以敢写这一篇文,假如我是教育部长,便不敢写了,因为我现在"不在其位",所说的话只是我个人的话,无关实行,至多也不过是一个对教育有些经验、有些理想的人一时的想法,所以敢大胆去说。若我在负责任的地位说这话,人家或者误会我想作王安石,天翻地覆,那就不得了了。究竟这一篇文章的意思有无是处,要待社会批评;有无可取,要待当局考虑。即使可取,也不可造次?也应在讨论之后,扼要的"说服"之后。我以为政府改革一事,应先做"说服"的工作。当年在大陆上,若干机关常常以"下上谕"为第一着,所以行不通,或者行而不行。最好读者忘了本文作者现在台大任内,因而误以为可有影响,姑以为不过一篇普通报纸上文字好了。但是,我是经过深思的,有人为这题目深思一下,我便感激了。

一、史的略述

中国的历史上是有学校制度的,文明古国,这是当然。当年有私学,有官学。所谓私学,自宋以来,多为科举。所谓官学,唐、宋两代,尚有科别。近代的制度,则始于明太祖,一切一元化,设立的目的是在训练公务员,"敷施教化",结果只是科举的附带品,无论中央的国子监,或府厅州县的官学,实在无多补益于学术,无多贡献于教化,反而不如书院。倒是四译馆、钦天监等等官署,用以训练专才的机构,有点专门训练的性质,然亦无一般教育的意义。

近代学校之设,始于北京政府的同文馆(训练译员)和南北洋的各种学堂,有文有武,全是为吸收欧洲物质文明的,这是应时代的需要而生,零零碎碎,全数也小的很。庚子以后,始普立近代学校制度,由管学大臣设计,出来所谓《奏定学堂章程》。这些章程简直可以说是翻译日本的,日本又是抄袭欧洲大陆的,尤其是普鲁士。尽管普鲁士是个军国主义、封建主义的国家,普鲁士的学校制度却是未可厚非的:第一,普鲁士人办事认真,学校的办法及标准,实事求是,为世界标准之冠。第二,普鲁士的学校制度是在19世纪初年全部崭新计划出来的,不像英国那样一味因袭,从来没有"合理化"过。第三,最重要的,是这一套新计划是接受18世纪开明主义Aufklaerungszeitalter的影响,贯彻这一套主义而制定的。其开始的人如Wilhelm Von Humboldt,便是一个伟大的人文学者。尽管一面充分发挥军国主义,一面也充分发挥在学术上追求理智的精神,柏林大学便是在他手中建立。而柏林大学便为世上近代大学之模范,其中研究与教授相互为用。日本抄了这个制度,很有帮助他在学术事业上的速进。

中国人又从日本抄来,是很困难的,就是人才不够。这在明治维新初期,日本也是如此的。中国新制行了十多年,不无效果,当时官定教科书比后来的高明多(以后真是每况愈下),各省的高等学堂(即同于日本的高等学校)很有成果。自1911年起,改起来,一步一步,到十年而大改。这些改动,可以一句话归纳,就是说,受美国影响,学习美国。美国影响之来源有三:一、美国退还庚子赔款,派了大批留学生,又创立了清华学校,清华学校便是一个典型式的美国High School或Junior College。二、教会各设学校,功课比较认真,而且遍及东西南北中,这自然很有影响。三、留美学教育的回国,尤其是哥伦比亚教师学院的,大提倡美国制。当时的江苏省教育会便"把握时机",大大鼓吹改制。这一段,我不在,不曾亲身体会,等我归来,听一位教育专家高谈"三三制"。我便问:什么是"三三制"?我以为他说的出奇,他以为我问的出奇,犹如Galsworthy小说中一段,一个年轻人说"O. K.",一个老太婆问他"什么是O. K."?

我以为学外国是要选择着学的,看看我们的背景,看看他们的背景。当然,定一种制度也和定民法、刑法一样,完全求合于当前的环境,便不能促成进步,完全是理想,便无法实行,当然混合一下才好。即如在学校制度上学外国,要考察一下他们,检讨一下自己。欧洲大陆的学校制度,有很多的长处,然而我们没法全学,因为欧洲大陆(德、法等国)一般学术水准甚高,人才可以说是过剩,所以学校的标准,可以高之又高,如中国学这个标准,全国至多办三五个大学。德、法等国,学校官办,这极容易引起极权主义,然社会中的自由开明力量又限制着它。英国的学校,也有它的特长,即如牛津、剑桥,生活第一,学问次之,也未尝无它的道理,但中国是阶级性少的——至少应该如此——照英国式办学校,有些办不到,也不应办到。至于认真而又实践,节用而又收效,则是可学的。又如美国,新的规模、生动的气魄,是当学的,然而他的花钱法是我们做不到的。偏偏中国学生,一学外国,每先学其短处,这也因为短处容易学。学德国,先学其粗横;学法国,先学其颓唐;学英国,先学其架子;学美国,先学其花钱;学日本,先学其小气。

那么,自从民国十年前后,学校"美化"改制以后,便一直下去吗?这又不然。每一任教育部长必有新猷,亦必因其所留学国所学之科不同,而有崭新的见解。上任稍久,发展其抱负,便有一番作为,原来的固不便改动,新加的却无人阻碍,这也不限于教育部长。凡能影响教育部长的,也有此效力。于是一层之上,又加一层,旧的不去,新的又来,于是而中学课程之繁重,天下所无;于是而中学课本之艰难,并世少有;于是而大学之课程多的离奇;于是而中小学生之身心,大受妨碍。这是学外国吗?外国无一国如此。这是达一种理想吗?也不曾说出是何理想。加以中国文字之比较困难,外国文之应该早学(中国科学书不足之故),公民一科之标准奇高,小学常识竟比美国College常识还要高得多,等等,于是乎一切都成了具文,就是说,章程上高矣美矣,事实上是做不到——这一点倒深合中国国情!

所以1949年前的学校制度,是抄袭的,而不可说是模仿的,因为模仿要用深心,抄袭则随随便便。只可说是杂揉的,而不可说是偏见的,因为杂揉是莫名其妙中的产品,偏见尚有自己的逻辑。只可说是幻想的,而不可说是主观的,因为幻想只是凭兴之所至,主观还可自成一系,并模仿。偏见、主观还有些谈不到,便是中国学校制度。

其实我这话也说的过了火,因为做了将近两年的台大校长,深感苦痛,才有这些话,纵不无道理,也近于偏激。假如中国社会上轨道,就是现在的制度也不为大累赘。即如美国学校制度,毛病何尝不多,然而成就所以好者,因为社会不同于中国社会。但是教育制度不曾促成了社会上轨道,也是事实。

……教育确不曾弄好,教育界的人也未曾尽其最大之责任,这话是对的。若说一切祸害都出于教育界,是不能服人之心的。教育影响政治,远不如政治影响教育,历史告诉我们如此。抗战十年,兵疲民敝……教育界的千不是万不是,是在一个懒字,假如学会日本人之努力,40年中,译成有影响于思想文化的大作千部,作成百部,最不济,打个对扣,高文典册,藏之名山的,不能计入,那么文化教育界也不至于如当代之真空状态。

二、针对现局设立五个原则

当前的教育局势可以这样简括的说:制度因积累而不免零乱,办理的时候又不顾及现实,或以官样文章出之,于是教育颇有不小一部分成为无结果的教育,此种无结果之结果,便是增加社会的混乱。

针对现局中之弊病,作为改革的原则五项,如下:

第一,现在是层层过渡的教育,应当改为每种学校都自身有一目的。

进国民学校为的是什么?当然是为升入初中了。进初中为的是什么?当然为的是进高中了。进高中为的是什么?当然为的是进大学了。进大学又为的是什么?当然是为一张大学文凭作为资格了。假如研究院设的多,还要用政府公费进研究院,不达不止。一句话,一切学校都是过渡学校,今天过渡到大学毕业为满足,不然不满足,将来还要过渡到研究院毕业为满足,不然不满足。其不幸的,乃走师范、职业、专科几条路,仿佛像五贡岁举,各种杂流,心绪也够烦恼了。这能怪学生吗?不能,他们当然不肯无故居人下。这能怪家长吗?不能,"既见其生,实欲其可",谁顾自己的儿子是个"监生","未入流"!况且许多习惯,许多法令,只是官样的编资格,不是认真的问能力。这在国外,可有些不然。即如美国,作技术事业的非 College 毕业不可,目下且非有 Ph. D. 不可之势。至于社会上一般事业,可并不如此,有能力,自有出头之日。即如杜鲁门总统,他不曾在 College 中读过书,况且美国的 College 在大学与高中标准之间，他竟作了世界第一强国的总统。一切这个大王，那个大王，那个不是穷光蛋出身，连"国学士"都未曾混上（"国学士"是台湾朋友告诉我的一个妙名词，指国民学校毕业生而言）。偏偏中国的社会过重形式，加以科举思想至今仍深入人心，像美国那样海阔天空的凭努力创造一生，原来不容易。

但是，虽说如此，若一直下去，社会是不会健康的；教育成了变相的科举，是不能建近代型的国家的。

这个事实，使得一切办学校的感觉困难，学生在校以升学为目的，不以求学为目的，于是应做的事，不易做通，不必做的事，须做许多。这在大学尤其不了。即以两年中台大招生论，台大已尽其最大努力，而标准已经降到无法办。大致情形是这样：去年新生招考录取 803 人，正标准四门主课加起来达 200 分；今年招考录取 866 人，正标准是四门主课加起达 165 分，因为今年算学题难些，国文亦略难些，故降低 35 分。此外尚有补充标准，所以补救一科有特长者。招进来的学生是这样：以今年论，录取八百余人中至少有 150 人英文奇劣，又有很多人算学零分。英文之劣，劣到不如好的初中毕业生的达百数十人（或者尚不止），准备给他读两年英文。然而第一年数、理、化、动、植等科课本都是英文的，因为中文的没有，有也买不到。这怎么办？真够伤脑筋了！再以中学毕业升入大学、学院、专科之人数论，据教育厅统计毕业生升学者约为二分之一强，这样高的比例，在国内是没有的，在美国则是只有四分之一入大学的。有这两样情形，可以说，升学不算一件大不满人意的事了，然而不然，我为此事便成众矢之的。至于大学内的感觉，可就完全不同了，好些先生经常叫苦，以为收了这么多学生，实验难，改练习也不易，尤其是不少成分学力太差的学生拖的程度好的学生颇难前进。想一个办法，不行，再想一个办法，又不通。累年淘汰吗？学校不能不淘汰不进步的学生，好比人之不洗澡，是不能维持健康的，然若大量淘汰，又是纠纷。自我到台大以来，学生人数激增，转学生去年两次收了五百多，今年收了将近二百多，不知苦求了各系多少次，作揖打躬。以全部学生数目论，已增加百分之四十以上。这总算努力了罢,而批评的正是相反!假如以为入大学是在混资格,不在读书,自然好办,但这是我绝不能接受的;假如政府当局有此方针,我只有走开。假如办大学是为读书的,大学不是混资格的,这本来不成问题的,然而困难就来了。目下收学生,在教学上已经问题百出,有的已经解决了,有的还在伤脑筋!

然而我不能怨批评的人,因为一切学校是过渡学校,过渡到大学然后止,不到不止。当年生员、举人、贡生,还可以老死,现在是非得到所谓某种学士不止。可叹的很,光绪戊戌年,已经谈到废科举,庚子后,真废了,改学校,然而国民思想还是如此。现在各级学校的办法,又是助成这一条"本位文化"的。

为改变这个风气,必须每一种学校有它自身的目的,毕业后,就业而不升学者应为多数,升学而不就业者应为少数。每一种学校既有它自身的目的,则在课程上,训练上,应该明明表现出来,必须使其多数学生毕业后不至于不能就业,才算成功,若专为升学,岂不全变了预备学校?清朝的制度只有高等学校或大学预科是预备学校,现在几乎一切都是了。

第二,现在是游民教育,应当改为能力教育。

因为一切学校成了过渡学校,一切教育成了资格教育(即当年之所谓"功名"),自然所造出来的人,游民多而生产者少了。经济学家的传统学说,称一切不直接生产的人为非生产的人,当然,在文明社会中,不能如许行之道,每人躬耕而食,但无其必要而不能生产,坐食的人,实在多不得,因为他们多了,便是游民多了。唐朝的韩愈辟佛,专从社会问题出发,当时的和尚、道士、尼姑、道姑,是逃避兵役,逃避租税,逃避劳动的人,弄得遍天下都是,于是韩公大叫苦,"古之为民者四(士、农、工、商),今之为民者六(加上释、道)。……农之家一,而食粟之家六;工之家一,而用器之家六;贾之家一,而资焉之家六,奈之何民不穷且盗也!"他忘了一件,"士"也太多,也是消耗他人生产的。晚周思想发达,游宦也发达,寄生虫在一个豪家,便是"食客三千",偏又不安分坐食,到处闹事,六国之衰耗与此大有关系。韩非《五蠹》之论,虽然偏激，也不是无谓而发的。

历史上的科举制度造出了些游民，为数究竟还少，然而在都邑也够奔走权门，在乡土也够鱼肉乡里的了。学校承袭科举制造游民，效能更大，学校越多，游民越多，毕业之后，眼高手低，高不成，低不就，只有过其斯文的游民生活，而怨天怨地。有些制造"高等华人"的大学，在抗战中，其贡献不与其名望相称，倒是有的比较实际的，在抗战中颇有效能了。举一例，同济的工科，是德国高工型(Technikum)，而不是工科大学型(Technische Hochschule)，后来虽有改变，然原有的底子仍在，是注重实际与实习的。抗战时，兵工厂大增，他们就很受欢迎。那些高自位置的，可就无所用之。

游民在社会中原是寄生虫。假如仅仅是装饰品，还可。做了寄生虫，被寄生的主人就是国家，可受不了！今天的寄生虫何止儒、释、道而已，各种各类，不生产而又享受，不能作社会上有用的人而作农民工人的担负。有时偌大的一个机构几乎80%以上是社会中寄生份子。……

而且中国教育还有一个功能，就是制造"高等华人"。"高等华人"就是外国人。一个人和社会的下层脱了节，大众所感觉、所苦痛的，自己不能亲身了解，便成了"外国人"。这样"外国人"，尽管有的心意很好，是在空中楼阁中过日子的。我出身于士族的贫家，因为极穷，所以知道生民艰苦，然我所受的教育是中产以上的，是由于亲戚的帮忙。在中国、英国、德国的大学中，震于近代文明的烂灿，心中有不少象牙宝塔，对于大学的观念，百分之八九十是德国型，所以民国十五年回来以后，一切思路以欧洲开明主义时代以后的理想为理想，同情农民，而不了解农民。等到日本人打来，直跑到川藏边界上，和乡下老百姓住在一起，方才了解他们怎么样，他们需要什么。他们需要的是达到他们生活的生产力，他们最不需要的是游手好闲阶级，偏偏我们的教育不帮助他生产，而大批造成些剥削他的人。请问大学毕业，下乡的有几分之几，中学毕业肯作木工、铁工的有几分之几？

所谓游民，有的是因为无能力而游，有的是因为"不甘居下"而游。

痛改这个毛病,是学校的严重课题。针对这个毛病,学生在各级学校,应该受到能力的训练。所谓能力的训练,就是生产的训练,和文明社会必要的技术的训练,而且还不要养成他高自位置的心情。在大学应该有些别样情形,此意后来再说。

第三,现在的学校是资格教育,应该改为求学教育。

读者或者觉得我这一条原则说得奇怪,现在的学校难道不是为的求学吗?当然,无论如何坏的学校,总有一部分学生在求学,然而整个的看看,这样的课本,艰难不通,能达到求学的很大目的吗?这样的教法,能达到求学的大目的吗(这当然不能一概而论)?所以入学校第一件事是在升级毕业,先生不好无所谓,设备不好更无所谓,只有毕业文凭乃真是要紧的,这究竟目的在学业还在资格,便很清楚了。假如中国人重视学业,轻视资格,或者重视学业过于重视资格,有好些学校是不会办下去的。

记得30年前吴稚晖先生有个妙比喻,就是"麦筋学生,油锅学堂"。学生的质料本只那么大,然一入某一种学堂,一"炸"之后,变得奇大,外表很有可观,内容空空洞洞。现在还是这个样子,只要资格,就是说,炸得块头大大的,然而国家实在不应该老是开油锅的。

第四,现在的学校是阶级教育,应该改为机会均等教育。

所谓一切人一齐平等,本是做不到的,因为天生来在资质上便不平等的。但因为贫富的差别,或者既得利益的关系,使能升学的不能升,不能升学的反而升了,确是不公道,而且在近代社会中必是乱源。因此,社会上的待遇,虽无法求其绝对平等,然机会均等却应为政治的理想。所谓机会均等,并须先有教育机会均等为根本。

我以为待遇绝对平等,是做不到的。也许经过二三百年后,人类进化——各尽所能,各取所需,或是做得到的,现在还远得很。早期的理想主义者,原有平等待遇的说法,但自19世纪下半叶以后,再没有这样学说。相当接近是应该的,绝对平均是有大害处的。目下资本主义的国家,不消说,即如自称为社会主义的国家,也并不如此,且其薪水差别转比美国为甚(如苏联)。自从19世纪末期,连无政府主义者都放弃了同薪同酬的说法。现在世界上只有我们从抗战以来实行"许子之道",大鞋、小鞋、新鞋、旧鞋、好鞋、坏鞋,卖一样价钱①。这事的结果,必然造成技术落伍,生产萎缩,等等无以自存的现象。此意后来再说。

但教育均等,却是在中学以上必须做到的。做到的办法大略如下:

一、国民教育必须做到宪法上的要求,凡是适龄儿童,除非因残废疾病,必须受到国民教育,这是国家在教育上第一件当努力的。在台湾省,初中四年,也应于十年内变为义务教育。

二、在初中四年毕业后的层层升学,可要看他们的天赋和学力了。应该一步一步加紧。一面各地方各团体广大的创设辅助升学的名额,专给贫穷人家的子弟,远比办烂学校好得多,一面各级学校总要多多少少维持一个适宜的入学标准。由上一说,穷人而值得升学的,可以升学;由下一说,有钱有势的人的子弟,不值得升学的,不可升学。此外,各公立学校中尽量设置竞争式的奖学金,一切的努力在乎使贫富不同人家的子弟得到教育机会的均等。在资本主义的国家,钱为第一,即如大英帝国,在它"日之方中"时,一切人的价值似乎都以钱量它。19世纪末老张伯伦便曾作过类此的一个"名言"②。在资本主义未甚发达之落伍国家,另有些除金钱以外的怪势力,支配着社会,所以我们现在必须把"有钱有势"作为一谈。其实"有钱有势"的人的子女,无论如何,总要得到些便宜。例如,在家不必操作,更有教师补课,等等,所以绝对的平等如"化学纯净"一件事,是做不到的,然而大原则的平等却是我们必须祈求的。

这一点我们还要打一个折扣,否则又成幻想者。这个折扣是这样,国民学校毕业后,如果"升学",仍大体是受家庭环境的影响,无法

---

① 孟子"巨屦小屦同贾,人岂为之哉?从许子之道,相率而为伪也!恶能治国家?"

② 在朝党为筹党费,可以出卖爵号,众议院质问,何以某人原是贩卖南非人口劣行昭彰的人而得男爵,于是张伯伦回答:大英帝国,凡人能致大富,即值得政府考虑(大意如此,原文不尽记)。

以才学判别。中国人大多数是农人，城市中大多数为工人（至少应为工人），农家工人的子弟在国民学校毕业后，我们要设法拔擢特别好的，辅助他"升学"，但这数目是有限的。多数如果继续读书，总要走职业学校一条路，但职业学校出身而有天才者也应该给他一条"进修"的道路，说法详见下章。至于中等学校以上，可就必须以天资学力为就学之原则，其他一切减之又减，以符教育均等的原则。

第五，现在的学校颇有幻想成分，我们应当改为现实教育。

幻想不是理想，尽管理想中可以包括幻想，也是时常包括着。理想者，有一个高标准，而不与现状相同，如何并能否由现状达到理想，便决定这个理想的价值。幻想者，妄作聪明，学而不思，思而不学，以至做梦，多半并无目的。假如说我们的学校制度不含幻想成分，我请以下列问题回答。

一、我们这一套学校，照他的性质，照他的数目比例，为的是什么？

二、我们这一套学校，抗战以来，越来越多，可曾于创办之前想到师资从哪里出来否？

三、我们这一套学校，学生毕业之后，究竟能有多少就业？就业后效果如何？可以不为社会之累赘否？

四、我们办这一套学校，曾用何种方法使他一校有一校之作用，而不是仅仅挂牌子发文凭？

五、我们国家的人力物力，能办多少？办了后，能否增进人力物力，以便再去办！

这些问题，不过举例而已。假如对这些问题不能作一自信的答案，那么其中含有幻想的成分，大约不免罢！

以上的五个原则，第四项的方案本段中已举大意，第五项在下文"基本条件"中说，所有第一、二、三、五项，综合制为方案如下，这个方案也只是大略。

三、方案

（一）正名。中国人的思想中，"惟名主义"太发达，这是根深蒂固的。偏偏我们抄日本制度的时候,抄了些大、中、小、高、初等名词来,使得人心更为不宁,谁肯安于初?谁肯安于中?在其内者已如此,社会也一样看待,这真是助成一切学校为过渡学校的、大学专科为"油锅学校"的。看看西洋,名词中甚少大、中、小、高、初,各有其名,原自古语。即如 college 一词,在今天,最高的如罗马教庭之 College of Cardinal 是选举教皇的枢机主教集体,美国之 College of electors 是选举总统的各州代选人集体,可谓高了。然在美、英,有初中程度也称为 college 的。又如 academy 一词,最高者如各国之国家学院,最低者如美国私立之 military academy, naval academy,连国民学校五六年级都可在内,更等而下之。侦探跳舞学校,马戏班子,也如此"涣汗大号"。又如 lyceum 一词在法国专为女中用,在他国兼用在男中上。又如 gymnasium 在德国是高小、初高中、大一的混合体,然在美国、英国则为健身房之用。school 的用法更广。这些名词皆源于希腊拉丁,用之久,大乱特乱。

中国的公私学校原来也有很多名称,学、校、庠、序、泮、塾、监、辟雍、书院、精舍,多着呢。当然太古老的名词不能再用,然若把现在的名词改上一套也不是没办法,在"惟名主义"的中国,这办法也不是一定不能减少过渡观念的,犹之乎当年的贡生,也是可以安慰人们自居于同"同进士出身"的。我的正名的提议如下:

国民学校。一国之中,莫大于国民,这名字好极了,不可改。

初级中学。改称"通科学校",增为四年。通科者,普通之谓,若毕业者自以为通人,也好。

高级中学。这是现在学校系统中最麻烦的一点。我以为将来或者附于大学而称"预备学校"(只有这个名词不够高),或单独设立而称"书院",或与初中联合一起,亦得称为"书院"。

初级职业学校。改称"术科学校",此为类名。在每一学校名称中,不必加上,如加上,太啰嗦。①

高级职业学校。改称"艺科学校",此为类名。在每一学校名称中,不必加上,如加上,太啰嗦。

专科学校。仍旧。与通科学校相对,典雅得很!而且专才通人,谁上谁下,谁也不知道!法国的数学考试有 mathematiques speciales 及 mathematiques generales,照名词看,应该前者浅、后者深,事实正相反。

大学。大学本是学院之集合体,故改称"联合学院"亦无不可,然此似是多余的。

"名者实之宾也",我们不能以改名称为满足,然改名称也许与我提的新制更配合些,以下即用此一套新名。

(二)每一种学校都有它自身的目的。这就是说,它在每一种学业,便得到了在那一种学校的智能与训练,便自成一个阶段。升学,要看情形,不升学,入那所曾毕业的学校也不为白费。一切种学校如不能每种都有其自身的目的,则必使一切学校成为过渡学校。

国民学校当然有它自身的目的,就是教育幼年人成为国民,凡未入国民学校的,很难尽他做国民的本分与力量。国民学校办得好的,便能使其毕业生成为能在社会上做有用的国民。这中间,包含6—12岁儿童身体之发达,诚实爱人意识之发达,在大轮廓上了解人与人的关系,人与物的关系。学科的意义必须充实,而学科的程度,万不可高。高了,无效果,且妨碍身心。

等到国民财富大有进步之后,我们可以希望一齐进入通科学校(初中加一年),即以国民学校及通科学校为义务教育,共10年。但这一句话10年20年内说不上,所以义务教育只能以国民教育为限。国

---

① 按外国所谓中等学校是类名(Secondary Schools),一校之名称中并不加上,职业学校亦是类名(Vocational Schools),一校之名称中并不加上。所以会计学校便应称为会计学校,不必加上"初级……职业"等字样。台大医院设护士学校,依法应称为"国立台湾大学医学院附设医院附设高级护士职业学校"23字,我擅自删去"医学院附设"五字,其实"高级……职业"四字照样可删也。

民学校毕业了,到哪里去?在这时候,援用教育机会均等之原则,是不行的,一切家庭,地域,财力不均等,那么在这一段上,只能受家庭及其所在的环境支配了。尽管国民学校特别优秀的学生可以地方及团体之公费升入通科学校(即初中加一年)。

在这一段,有两条路可循,一入通科学校,一入术科学校(初级职业学校),两条路皆不简单。通科呢,又是国民学校的继续,通科之后又如何呢?术科呢?此等学校以性质论,大多数与此时之学生年龄不合。

所以通科学校的制度(即初中)应当有些改革,以应此一阶段的需要。现制初中3年,高中3年,号称进一步,然大体是重复,不引人发生兴趣,且初中3年,实在太短,倏忽而过,颇为白费。我提议的改变如下:

改初中为通科学校,分为两个阶段。前一个阶段两年,后一阶段两年,其中科目,约有四类:

(一)语文科。汉文、英文,由浅入深,万万不可以求高相竞,必一步一步的实实在在的求进益。

(二)陶冶科。公民(或曰修身)、音乐、美术等。

(三)体育科。

以上三项,四年一贯。逐步为之。

(四)知识科。此中必须分为两段,如下:

前段。包括数学(含算术、浅近代数)、几何(先作图画)、地理(自然及人文二年)、博物,二年。

后段。包括数学(含代数至二次方程基本式,平面几何,勾股等名之定义及施用),历史与社会,二年。化学一年,物理一年。

前段所以接触外界,后段则是用心思之事,两段亦各自成一段落,第一段落圆满结束时,未尝不可另就术科学校省去一年。如此则第一段落实为国民学校之继续,若干国民学校有设备及成绩者,可以增设此两年于其中,称之为"进修科"。

通科学校中知识科各项,凡以后不须此类科目者,即不须重学,故科目须减少，而材料及教法必须切实。

我所谓术科、艺科（即初职、高职），大体可分为两类：一类是社会上一般需要的，如打字、速记、簿记、会计（浅近的）、开车（包括修车）、烹调、家事，等等，多得很，无法事前规定，只能因社会之需要而随时定立，这是少数。又一类是要附着在工厂、农厂、林厂、船厂、渔厂、铁路、矿山、医院等等机构而设立的，便拿他所在的机构为实习厂所，也因他所在的机构而定科目，这是多数。这多数的一类，应该以附着在事业机关为原则，这样才能有效，才能学了得到职业。这样的学校很难定何者为初级，何者为高级，当因其入学前之程度（例如国民学校毕业入学，或通科学校毕业然后入学），并因其所学之年数，而定差别。其中并须附带着一部分普通教育，此等普通教育须与学生的年龄配合，以使之成为更有用之国民。

这是一个"商品陈列馆"、"博览会"，五花八门，然而也有一个基本原则。这就是：一面必须真正得到技能，一面仍附着一部分普通教育，使得他后来可以发展。这一类是没有法子定一个简单规则的。科目决定他的年限，年龄决定他的教法。20年来，政府几乎禁止事业机构办学校，这是不对的。……我们必须以普通教育助其发达身心。

以前的职业教育，有些可笑的事情。所谓职业，有时社会并不需要，因而学了无以为生，即如造肥皂，在今天是大工厂的余业，单人学了不能自行生产，即等于白费，这是要在工业机关中办的。又如社会上一般中等而下的自由职业，假如社会不需要，或不多需要，学了又是白费，这是应当针对社会而办理的。

职业学校（我所谓术科、艺科）最大的困难，在乎年龄与学科不配合，12、13岁以上几年的一个阶段实在是无法学职业的。因为家贫，无法入通科学校，然后入此，因而更要办得好才可以，将来还须为他们设备补习学校之类。这一套计划，本文中不能详说，我也未曾细想。在台湾，因为人民已有80%是国民学校毕业者，似乎可以定一个十年计划，使义务教育逐步延长四年，即至通科学校为止。

职业学校既然有这些困难，我们要在这困难中选择出最难解决的困难,先克服之。我以为最大的困难在乎职业一义与12~16岁的年龄不相应。既名职业,当然真是职业,12~16岁的学童,连学作工匠、农夫的年龄都不相合。那么,是不是可以办一种"普通"的职业学校呢?假如这样办,这样学校可以名之为"实科学校",也是四年,与通科学校相当,课程上格外注重心手相应的技能,语文科减少,知识科中人文部分也减少,数学及自然科则增加,毕业后可入两年的职业学校(我所谓艺科),不能升入高等教育(专科、大学)。现在姑举大意,我还不敢说这样办法一定好。

通科学校毕业后又怎么办呢?在这一关有四条路:第一条路是就业。第二条路是入大学,这要先进预备学校。第三条路是进专科学校。第四条路是入师范学校。师范学校制度我尚未细想,暂不说。

预备学校在年龄上相当于今之高中,然性质大不相同。第一、高中是自身无目的的,预备学校则专以入大学为目的。第二、高中是不分科的,预备学校至少须分文、理二科。第三、高中毕业,不能考入大学者,与其说是失学,毋宁说是失业,预备学校则不然。

既然如此,预备学校的人数大体应如大学的人数,或者更少,因为大学还可收专科学校毕业生、师范学校毕业生,预备学校则除入大学外,更无第二法门。因此之故,我以为预备学校最好附设于大学,果如此办,可请今天的大学教授教预备学校,两得其便。但这也不可一概而论,因为三年前在大陆上可有几个大学校长或教务长操心他的一年级课程(一年级本有预科性质),何况预备学校?所以我主张附属大学和独立设置,应两制并存。然而有一必要的条件,就是他的入学标准、毕业标准,必须取决于大学,而不能取决于自身。不然的话,你给我预备的,我不要,殊属不成办法。

预备学校中必须分文、理两路,这样,大学的课程才有办法。我的这一个理想,大体是日本的高等学校制度,这制度是使日本大学上轨道的必要条件。我以为民国十年的改制,是很可惜的。

预备学校之入学,必以材质为准,无钱而有此材质的,国家帮助他;有钱而无此材质的,无论如何说,不可以。至于既无钱又无资质的，更不必来打岔请国家养他作闲人了。

我想，读者必有多人以为我这一套"最反动"，在今天"民主"的时代，如何这样做呢？如何做得通呢？我说，如不如此，大学决办不好；如此，决不杜绝有资质的人进大学之路，只是不由预备学校一条路而已。

美国的 High School 在美国，是有道理的，社会很容许他在毕业后就业，中国的高中在中国，是没有道理的，社会不太容许他在毕业后就业，至少他要每人自觉如此。所以高中在中国，其作用已是预备学校，偏又不办成预备学校，一旦毕业之后，高不成、低不干，文不成、武不就，如何办呢？美国的 High School 毕业者大多数不要入 college，中国则不然。所以在心理上高中已是大学预备科，在事实上偏不然。今天教育是这样：国民学校，一大套普通，初级中学又是这一大套普通，高级中学又是这一大套普通，大学一年级又是这一大套普通，到二年级突然改变。三年中要成"专门名家"，这是办不到的。美国学校也是这样一套一套的大普通，但社会与出版界供给他些浅而有用的专门知识，所以可行。中国无此社会，无此出版界，所以不可行。

通科学校毕业入预备学校，应该是少数，大多数应该入专科学校。

专科学校应以职业为对象，但也有学术的意义，犹之乎大学应以学术为对象，然而在今天却也脱不了职业的意义。专科学校与大学之截然不同，有下列几点：

（一）大学必经预备学校，专科则不然，所以在年龄上预备学校与专科是平行的，预备学校期限 2 年，专科学校则大体为 4 年。在较高的科目，尤其是工、农的应用科，可以到 5 年。

（二）大学以每一种科学的中央训练（多为理论的）为主，专科则以每一种科目的应用为主。

（三）大学生在入学之始，至少在第一年级以后，即须流畅的看外国专门书报，专科则求毕业时能达此目的，所以专科的用书应编译。

（四）大学的实验，每每是解决问题的实验，不多是练习手技的训练，因为在预备学校练习成物理、化学、生物切片、看镜子等等技巧了；

在专科则一切实验除了解原理的少数以外,以练习工作技巧为原则。

专科既与大学如此相对,如何又在年龄上一部分与大学平行呢?预备学校之一切为的是大学预备;专科则是一开头便实践在它的本行。

有些科目,在年龄上必须取专科制,如音乐、美术等,大凡有绘画、音乐以及数学的天才的人,常常要在 15 岁以前流露。现在的高中制,简直是耽误他的青春,障碍他的成功。

大学的工、农各系,皆可成为专科学校,而专科学校不止于此。凡以职业为对象的,皆可取专科制。

那么高等教育不是显有上下床之别吗?上下床之别,在学术上原是不可免的,同为大学,同一大学,也是如此。但目下大家的注意只是资格,并不关心学业。假如考试法规及政府若干法规规定得大学与专科同等待遇,也就可以减少此阶级意识了。民国初年,正是如此。高等学校大学预科无投考高考的资格,大学与专科则同样有的。这是应当的,大学与专科只差两年,有的科目或只差一年而已。

况且专科不是全不能进大学的,虽然这是少数。凡在专科毕业,而大学又有同样或极接近之学系,他可以投考。这考试当然要严格的。

或者问,不经 2 年的预备学校,经 4 年的专科学校,去考大学,不是浪费吗?这不然。在专科,他已学到专门的技术,原可不入大学,资格也一样。其入大学,只是为理论或原理上的深造,是为学问而学问。

或者又问,预备学校的课程,是为大学准备的,专科则不然。专科毕业,不经预备学校,能进大学,有益吗?这是一个合理的问题,但专科中与大学相同的科目,其中课程自然也有一部分是为打基础的,虽然浅一些。所以这样的进大学,有些吃亏。但同时大学同科的课程,也学了不少,从深的方面再学一遍,也有省力的地方。吃亏处,便宜处,合起来算,虽然这一路不是最短的距离,也是可以行得通的,这当然是对资质特别好的而言。先打理论的基础,后作专门的训练,是一条大道,先习专门的技能,后作学术的深造,也不失为一条旁道。《中庸》说:"自诚明,谓之性;自明诚,谓之教。明则诚矣,诚则明矣。"

第一次世界大战前,德国大学入学,非 symnasium 毕业者不可,大战后对 Realgymnasium 及 Oberrealschule 毕业者,亦开了门。当时(约在1920以后几年中)大多数人不以为然,然久而安之,亦无大不了。这一段历史,可以参考。

师范学校毕业生在服务期限中补习,然后去考严格的大学入学考试,也与上说的有同样情形。这叫做"条条大路通罗马"。

大学入学,当然以预备学校毕业者为主体。专科及师范,也不是"此路不通",当然也断不能畅通。科举时代,乡举礼部试之后,决于朝考,这是正途。同时五贡也可得到朝考的机会,这也是一途。正途、同正途,都是可以做县官的。我这说法意思也正如此。

大学的办法,我将来再论,现在只举出几点要义:

(一)大学万万不可糅杂职业学校的用意。

(二)大学是以学术为本位,专科是以应用为本位。

(三)大学的教学必然与专科学校大不同。这些年中国的专科好摹仿大学,这是无益的。同时多数大学的多数部门也不过是专科的程度,偏又不能作到专科学校的实践性。

(四)大学的资格除在大学或研究机关外,不应优于专科。

综括以上之说明,列为3表,以醒眉目。

第一表:各种学校之特征

国民学校	普及性
通科学校、实科学校	充实性
术科、艺科学校	能力性
师范学校	选择性
专科学校	实践性
预备学校	限制性
学院及大学	学术性

第二表:各种学校之联贯(表示升学道路。横线表示可以不升学)

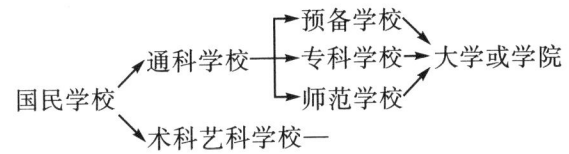

第三表：年龄与学校

6	7	8	9	10	11	12	13	14	15	16	17	18	19	20	21	22	23	24
国	民	学	校															
国	民	学	校			通	科	学	校									
国	民	学	校			术科艺科学校												
国	民	学	校			通	科	学	校	专科学校								
国	民	学	校			通	科	学	校	预备学校		大		学				
国	民	学	校			通	科	学	校	专科学校			大			学		

每行之下作双线‖者，表示可不升学。

虚线⋮表示毕业年限可因科别不同，在虚线阶段中已有若干科别已达毕业年限，但大学医科之延长年限未绘入。

表中年岁，表示其最低限，其最高限无法定，30岁大学毕业亦无不可。

师范系统尚未细想，故不列入。

四、相对与均衡

读者读完我前半篇，或者觉得我是一个无保留的"计划教育"者，果然如此。我必须声明，一定是我的文章不曾写好，所以引起这个误会。我以为计划教育万万不可做的太过，太过了，使得学校无自由发展的机会，学校是不会好的。计划与不计划，必须适中，然后收效最大，毛病最少。其实适中的要求，何止在这一事上，许多事应求其适中。所谓适中者，并不是一半一半糁杂着，乃是两个相反的原则协调起来，成为一个有效的进步的步骤。关于学校制度者，我提出下列几项相反的意义，而应该求其均衡的。

(一)计划教育与自由发展。

所谓计划教育者,先定方案,再按着方案逐步实施。这样方案,当然有几个先决的问题:第一,你究竟是打什么主意,或者说,用什么主意?第二,你所认识的事实是怎样?你用的资料是怎样?第三,你的方案是不是行得通的,尤其要紧的,是不是可以容易变为形式主义、官样文章的?假如经过这些考虑,大致不差,也就是说,你的原则由何处出发,手段如何运用,困难如何克服,目的如何达到,一切想好了,然后制成方案,这方案才不是胡闹的方案,实行以前先把命运注定了。

无疑的,我们今天的教育方案必须是针对着今天我们的"穷"、"愚"、"不合作"而作的,不应是助长"穷"、"愚"、"不合作"而作的。不过,若干社会上对于学校的要求,恰恰不是这样的。现在有很多有力的人提倡民生主义教育,这个口号是对的,若果这个口号下的方案切中时弊,可以实行,那是最好不过的。

不过,一切全在计划之中,计划得如盖房子的蓝图一样,也是很不好的。因为教育是个有机体,造机器、建房子,不是有机体。凡有机体必须有自由发展的机会,若果没有,一定流为形式主义,生命力是要窒息的。我们这十五年来一切设施所以计划不成,也许因为计划得太细,所以整齐不成;也许因为整齐得太过,所以统一的不成;也许因为统一的太死板,天下有许多事,是整齐不来,统一不来的,假如仅仅总持大体,也许更能整齐统一些。

无疑的,我们今天的学校制度必须有个计划,如其不然,便是无目的的,是浪费的,是无效果的,乃至是增加社会紊乱的。然而这样计划,只能是一个大纲,如果不留自由发展的余地,或者留的不够,一定不能得到好结果。一个人的成就,尤其是有特殊成就的,大多是自由发展出来的,一个学校也正如此。若果一切用刻板文章限制,毛病未必能够一一校正,然而长处却显不出来。须知自由发展是学校办得成功的最基本原则。凡在定章程时,不特不要限制得太多,而且应该鼓励他自动的应付环境,克服困难。这样,教育才有生命,学校才有朝气。

根据以上的说法,我认为下列各项应该予以肯定:

①学校分层推进的道路不必只是一条(我在方案中所拟,比起现制来,似乎现制单纯,我的提案错综得多)。

②同样的学校,不必只许有一个形态。

③都市和乡村的学校,不必用同样的章程。

④异地的学校,不必取一致的办法。

那么,大问题又来了,既然规程只综持大体,你如何保证办学的人不来胡闹,不至于每况愈下呢?我说,这在乎视学的制度。国民政府设立在南京二三年后,教育部的督学向上海一"督",结果弄得大学都关了门——真是一件德政。又往北平一"督",结果好些不上轨道的大学只好"黾勉如之"。到后来,督学多了,反而"督"得少了,这作何解释呢?或者督学之额既多,选才因而不易,不免为人谋事,于是分量小了。所督不过是看看曾否奉行大学规程、专科学校规程,更看看是否与他自己所想的"国策"相合,如此而已。果然这样,是没法解决坏学校的。

我现在提议,教育部或教育厅应该加重视学的任务。在部里,视学的地位要相当高,略等于司长;在厅里亦然,略等于科长,以专门名家有见解和经验者为之,并且延聘各地学校之优秀人才。请其参加,或者作为委员会,必要时,由所视察之学校特别好的推选若干人参加。看到有问题,提出来共同讨论,不视其形式,而视其实质。少督其无过,多督其有功。主管的官署有人才,社会的专家有贡献,所督的学校也有自身说出其经验之机会——这样的机构才可补足法令之不备,才可助成学校之发展,才可肯定不同的办法而不致出了紊乱的结果。

有法,有人,法持大体,人用心思,这样才可把一件事办得好。好的法,不是不妥的人的代替品,好的人也不是不妥的法的代替品。说到这里,中国"治人"、"治法"的传统问题又来了,荀子说:"有治人而后有治法;"黄梨洲说:"有治法而后有治人。"我看这历史的争辩很像西洋的一句笑话:母鸡和鸡蛋谁在先呢?这真是"学院问题"。只知道法要紧的,一定弄得法令细如牛毛,结果仍是行不通;只知道人要紧的,一定弄得"万事在于一心",结果是不上轨道的,我们不必辩母鸡和鸡蛋谁在先吧!不过,说到这里,牵入整个政治理论了,姑且不谈。

(二)理想与现实。

这又是相反而必须协调的。假如一切根据现实定学校制度,便不含着进步的要求;假如全凭理想,又不能实行,所以我们的学校方案必须又有理想,又合现实。我们的学校理想是什么?这当然各级各类学校应有不同的理想,然而综合来说,大原则是使得人像人,人能生活,人能生产,人能思想,人人助社会,社会助人人。不要以为我这个理想是低调,高得很呢!……

我说这是高调,请把我这话分析一下,这样的目的,绝对与士大夫的教育不合,于是便与传统冲突,人人助社会、社会助人人之一说,又须对现在社会上普遍的为我自私一切习惯奋斗。这可不是容易的一件事。

我们现在的现实是什么?这可就惨极了。第一件是穷。原来中国人就穷得要命……在这样经济情形之下办教育,本是很困难的。惟其如此,办教育更是需要聪明和毅力的。把穷克服了的本钱是更多的智慧,更多的毅力。像美国那样的国家,"安步当车",便可办很多的事,在中国可就不然了。在我们这样的物质环境之下,我们万不可学美国人的用钱法,而必须学日本人的吃苦法。我们要想出各种心思来,用最小的代价得最大的收获,所以中等学校不能一格,不一格然后可以应付实际的需要,大学也不能一个型。有甲种大学,参加国际学术的进步;有乙种大学,制造专科教师和技术人员。一切国民学校要以精力补救简陋,不是因陋而就简的。

现实的第二件是愚。中国人的天赋,固然在今天赶不上战国时候人平均智力之高,然在今天列国之中也不算不如人。抗战以来所表现,精力甚强,智力不差,弄得结果不好是由于不上轨道,并不由于天资——即生来的禀赋——不如人。我们常觉到乡下人不如城市人聪明,这是习染之故。又如抗战初期初到云南,觉得那里的工人,五个人不敌一个上海工人之用,也是由于习染之故。都市生活,近代生活,是需要用脑筋、用手艺的,农村生活中,需要脑筋是少的。久而久之,便给你一个差别的印象,以为乡村人愚蠢的多。中国人在天生的禀赋上说,并不愚蠢,这正因为几千年天然淘汰之故,然在后天的习染上说,可就甚为愚蠢,这因为近代的科学技术生活,太落后了。上海的工人好得多,西南的工人差的多,正因为这个原故。内地人生了病,每每先考虑"中医"、"西医",台湾人甚少如此,也正因为这个原故。又如中国现在一般机关办事,多数实在看不出聪明来,许多近代常识,办事常识,根本没有。这也难怪。中国机关所谓办事,不是抄字,便是等因奉此,向他的长官看齐罢。他的长官之所以为长官,也必由于智能,而且多不专心,久而久之,脑筋焉能不成刻版官样文章?要克服这些困难,第一是灌输科学与技能的知识,第二是练习用脑筋。这便是整个教育最大目的之一。

　　这一节所谓协调,与上一节不同,上一节大致可说中庸之道,这一节的协调,是认清困难而克服之。

　　(三)传统与改革。

　　传统是不死的,在生活方式未改变前,尤其不死,尽管外国人来征服,也是无用的。但若生产方式改了,则生活方式必然改;生活方式既改,传统也要大受折磨。中国的生产方式是非改不可的,无论你愿意不愿意,时代需要如此,不然的话,便无以自存。所以我们一方面必须承认传统的有效性,同时也不能不预为传统受影响而预作适应之计。现代社会的要求有两大项:(一)工业化。(二)大众化。中国非工业文明的教育意义是必须改正的,中国传统文明之忽视大众是必须修正的①,我所谓修正,并不是抹杀之谓,乃是扩充之谓。……因为传统是不死的,所以也并抹杀不了,俄国沙皇的无限权力,无限享受,和帝国主义,在今天的俄国更甚,只有把帝俄时代根基薄弱的小资产阶级算

---

① 《礼记·曲礼》:"礼不下庶人,刑不上大夫。"这两句话充分表现儒家文化之阶级性。因为"礼不下庶人",所以庶人心中如何想,生活如何作心理上的安顿,是不管的,于是庶人自有一种趋势,每每因邪教之流传而发作。……佛教、道教之流行,也由于此,这是儒家文化最不安定的一个成分。为矫正这个基本错误,文化(即古所谓礼)是要推及大众的。

是抹杀了,这真可谓"不彻底的革命"了!与其残酷万状,作出些不可想像的事情,使得人类退化,其结果仍是"复古",更确切些是"反革命",何如承认文明是积累的,不必矫枉过正,也就不至于复古反动了。

中国的传统文化,尽管他的缺欠已经成为第二天性,抹杀是不可能的。然而必须拿现代的事实衡量一番,其中应改的东西,不惜彻底的改;应扩充的东西,不惜彻底的扩充。战前有"本位文化"之说,是极其不通的,天下事不可有二本,本位是传统,便无法吸收近代文明,这仍是"中学为体西学为用"的说法。牛之体不为马之用,欲有马之用,当先有马之体。这实在是一种国粹论,是一种反时代的学说。与之相反便有"全盘西化"之说,这又不通之至,一个民族在语言未经改变之前,全盘化成别人是不可能的。前者一说是拒绝认识新时代,后者一说原不能自完其说。

教育要认清中国文化传统的力量,因而要认定它是完全抹杀不了的,同时也要认定它与时代的脱节,因而要做彻底的修正。

我所谓抹杀不了,并且不应抹杀的,就是人与人中间的关系;中国人的脾气,在和易,近人情,争中有让,富于人道性,等等地方,属于这一类。至于读书人之阶级观,对于外物之不注意,思想上之不求逻辑,是必须矫正的。为前者须要把文化推广到一切人,再不可以"礼不下庶人";为后者须要纠正中国人用脑不用手的习惯和对物马马糊糊的观念。假如走这一路,是用力少而成功多的。我在这里仅说大意,其办法在本文中不能详写。

(四)技能与通材。

教育既为训练技能,也为陶冶通材。所谓通材①,并不如当年所谓"通人",而是指在他的技能之外有一般常识,能在生活所遭逢的事物上用思想的。我三年前到美国一看,觉得美国和中国最大的差别,也就是美国和欧洲的最大差别,不在它上层智慧之高低。而在他下层

---

① 我在此文中用"通材"二字不用"通才"。材与才字在语文学上本是无别的,但现在人用来,才字多为才智之义,材字则为材料之义。我在此一段中,意义属于后者,故用"通材"二字。

大众知识之差别,有时中国的上层人物比同样美国的上层人物智力高得多,这自然不是一般如此,至于大众可就不能比了。譬如在东海岸上任何一城市的加油站,和它的油夫谈谈,多能谈几句国事、天下事,纽约市的租车夫也是如此,这在中国20年内是不可能的。至于它的上层人呢,可就常常有不可想像的愚蠢……美国人只知道美国人的想法,以为天下人都只有(至少应当只有)那一种想法。话虽如此,美国人常识之发达,尤其是生活技能之发达,在历史上算是空前,所以致此,我想,与它的"大普通"的教育大有关系,一层一层"大普通"上去,加上一般出版物标准之好,所以普通知识如此发达。它的大学college也是大普通,到了研究院,才开始专门。这中间虽然有许多浪费,然也有很多好处:第一,身体不会被教育弄坏。第二,暮气不会随早晨带来。第三,年龄与科目不合的不会因学习而遭精神打击。今天美国的college比起欧洲来,一面职业意义过发达,却也一面通才教育(Liberal Education)的意味更多。不过,这是中国不能学的,因为中国穷,中国办不到十四年的"大普通"教育;又因为中国社会上一般科学知识水准太低,如不靠学校灌输,而求补救于社会,是办不到的。

在中国,为克服困穷,为增加生产,技能的教育不能不在先。不过,技能是随时进步的,人是不应成为木头人的。若一切教育都是为了技能,所造出的人将是些死板不能自己长进的机器,则不久之后,技能随时代进步,便要落伍了,人成废物了。所以"通材"一个观念,在教育上是不与技术平等重视的。

在教育上如何均衡技术训练与通材训练,是一个很大的课题。

(五)教堂与商场。

学校是教堂吗?教堂有教条,自由社会的学校里,虽然做人及服务的大道理是必须成为教育的第一项任务,然并无其他教条,所以不应回答一个"是"字。学校不是教堂吗?至少在近五十年的社会中,学校的作用比教堂为大,教堂既因工业革命而成为"音乐银行"①。于是

---

① 此是Samuel Butler所作Education一书中之名词。

教堂在当年的许多作用,现在由学校代行之,然则我们也不能直截回答一个"不"字。

学校是商场吗?读者或者说,千不该,万不该,你有此一问。然而请看。学生进大学,今日何以工、医最先,经济亦不落后,而纯学术性的科目甚少,这不是为的将来的职业吗?既是为将来的职业,不拿学校看作商场吗?那么这问题也就不简单了。

学校应该是一个近代主义的教堂,使人由此得到安身立命之所,而不应该是一个商场,使人惟利是图,又是一个很大的课题。我在本文中强调技能教育,生产教育,这都不是为的个人赚钱,而是为的大众生产的。

五、编译

辅助学校的第一件要紧的事是编译。中国自清末由学部(今之教育部)办编译以来,成绩总算来不能说好,倒是清末出了几部标准颇高的书。国民政府成立后数年,创立编译馆,第一步是统一名词。这实在是要紧的工作,成就很好,自然也有还可以斟酌之事。今举几个例子:第一,天文名词中将 Issac Newton 从耶稣会士的译法译为奈端,物理名词中从一般教科书的译法译为牛顿。准以"约定俗成"之理,自然应该译为牛顿,而竟并用,这是该独裁而不裁的了。第二,算学与数学二词,明明上一词比下一词为合理,因为许多算学并不用数,而因投票相等,乃决用数学,这又是不该独裁而裁了的。第三,有机化学名词,除极常用的以外,就用原文好了。中国的化学书,也只能横行排印,即不妨汉文中加入拉丁字母。这是无穷无尽,不能译的,偏偏又要译。乃又取制造不见字典的单音字一套清末的办法,这是多事,又不能用。如此之例或者还有,然大体上说这个工作是很要紧而做得很好的。抗战以后,以编译馆容纳后方各大学不曾请的先生,这事可就难办了;到了编"国定本"教科书,可就闹笑话了。官家办事,其所以不容易之一个原因,是七嘴八舌,各有原则的指示。当时主持编"国定本"的陆先生也曾因我批评向我大诉苦,他的处境也实在值得同情。编一册,改

一册,改了后,有人又改;下册未编,上册催着出版,出版之后又要改。国文当然要有字汇、词汇的,不然不成初级中级的教科书,然如一本一本的先出上一本后写下一本,乃至出版再改;如何容许字汇、词汇出来?但那些编的人中至少一部分不算高能,数学、自然等科,编不出来;历史一种,我当时看了几遍(因为教育当局派我看的),可就骇然了。直接的错误,例如年代不对,明朝人作为宋朝人之类,一本总有不少。至于取材之无道理,几乎一件事都未说清楚而成了无解释的人名、地名、字汇,更不待说。

现在教育部重整编译的阵容,一面与书店合作,一面聘专家专业之,这是极好的。所以我趁此机会贡献几个意见。

(一)属于初级中级教育者。

①这一类的教科书,至少要有两三套,以便因竞争而进步,免得因独占而不能进步。这和我主张各级学校不必取一个型态是基于同一的道理。

②这一类的教科书,可以由编译馆自办,或由书店自编,但在编时必须兼有一科之老手,和在所用之学校有良好经验的,前者即所谓专门名家,后者即所谓教育家,此两者缺一不可。如无专家,不知这个学问是什么,必闹笑话,至少不生作用。须知"深入浅出"一义,深入者未必能浅出,而浅出者必须深入,否则只是浅,浅就是不对,无所谓浅出也。如无教育家,也必然是不适用。两者合作,才能出来好教科书。诚然,外国的好教科书常常是中级教员所编,我们可不要忘,他们的中级教员,有些是很有学问的,哲学家如 Hegel 等,算学家如 Weierstrass 等,物理家如 Lorentz 等,都是一生大半在中学的。德国的中学教员有成绩的,其待遇仅略少于大学正教授,而比大学之额外教授高得多。即一般中学教员,也每有 Dr. Phil. 学位,在大学读过几年书,经过一次严整的国家教师考试。法国情形,大致也如此。这在中国是不可比的。

③一种教科书,不必分学期编,凡求审定的,必须全部编好,最好把教授书也编好,这才可以。以往"春秋应时新货"的办法,万万要不

得,要采用,即须先编成一个整的。为保障学生的利益,凡一个学校采用一种审定的教科书之后,不得更换。如更换,学校要赔偿。

④一种教科书,凡中等程度的,无论在何一种学校,如四年中学(我所谓通科)或四年初职(我所谓实科)未尝不可通用。这当然不可一概而论,如语文科、史地科等,是很不容易同一的,但大多科目可以通用。编入的内容多些,教授书中说明某种学校作某种选择,最后仍留不少的地步由教员于其中自选,这才是理想的教科书。我从没有见过一个用我们这样的中学课本办法的国家,每一种学校、每一种科目、每一学期,便是一个小册子!这在国民学校分学期是应该的,在中等学校,应该以一科成一书为原则——不消说,这书要好。

⑤当然,一科的取材要纲是由教育部规定或核准的,但以前教育部所定太仔细了,而且似乎未必有一个一贯的思想。大约以前教育部定这些事,不免犯三个毛病:(一)定者,或有力影响定者,以为应当要,不管如何去编,也不管学童能否领会,便列入,这是主观主义。(二)定的课义单位太多,几乎没有一件可以充分说清楚,结果,每件说得一点也不清楚。其实许多不必要的人文知识,许多在就业后自然会的科学知识,大可不必在内。(三)灌输性的课义多,启发性的课义少。我觉得今天如果部里认为有定此标准纲要之必要,似乎要定得课义单位少些,弹性多些,而在审查一部书时,要注意一部书的所长,不必专求一部书之合适不合适。一句话,给更大的自由于编者,编后再看其有无成就。

⑥至于编法,我认为是要与标准大纲相应的。标准定的好,编者然后可以施展其能力。我对于编法,有几个意思:(一)不可太深,与年龄不合。我的印象,我们的中小学教科书,在小学三年以后,每每高了一年,在高中可以高至一年半,尤以语文科为最混乱。(二)既说一件事物,便要说清楚;若说得单位很多,而每一单位都不清楚,硬是要不得了。我们的教科书,常常像个字汇,而又甚少解释,学童记这些,真如记喇嘛咒一般。(三)每说一事,要说得干干净净,最好能动学童的兴趣,一部书编得能够吸引学生,才算成功;若先加重了排斥性,是要

不得的。我记得我在清朝光绪末年,初习笔算,用的是《笔算数学》,便大有吸引力,虽然那是为中等学校年龄的学生而用的。

⑦学生用的中文、英文字汇,自然常识字汇,其重要性不下于教科书,也是同样应当编纂或鼓励编纂的。

⑧最后说说我的经验吧。不成问题,我的经验很有限,但我的很有限的经验已使得我深感中小学用书之不妙。小学教科书是我教我儿子时用的,我只担任数学。我的印象是与年龄不合,若一本书之用处,非在家里请一个教师或以父母为教师不可。那部书,便不算成功。我妻担任英文,爽性自作了一种。国文呢,我们以《孟子》古文补充,这当然是一个特殊环境使然,不可一般采取的。不过,我觉得我们中等学校的国文,所选之分量每每不够,而文字又失之艰难,是很不好的。

我最用心的是中学历史。抗战前政府一机关找我编中学历史教本(是个军事机关),我就荐贤自代,所荐的是张荫麟先生。张君先自小学编起,成了三分之一部,是非常之好的,可为大学之用!已印出之外,尚有若干稿子似乎到三国或东晋。那半部书的好处,在乎能动人,文章好,而题目不多,说的透彻。我当时有个见解,小学、初中、高中、大学,全是那一套,有何意思?何如以下这样:小学只是故事,略加连串;初中是短传记,略加连串;高中才像一部教科书;大学则是领导人研究的读物。这个意思我现在还不放弃,我以为这样历史才能为学生所吸收。后来为穷,与商务有编高中历史之约,第一困难便是教育部所定的标准,我以为照那样标准绝对写不好的。我就请示了,结果:"大变动恐怕不能审定",我于是便不干了。

这两年为台大入学考试翻检高中历史,我以为一本比一本要不得,都是古人名、古地名字汇,不过也只好照它出题,学生依然多所不知。数学我也看了好些本,我的一般印象是中心思想太少,支节太多,过于拐弯抹角的习题,只可为极少数人用的。

(二)属于高等教育者。

属于高等教育者,即大学与专科,另是一套问题。大学的教本要编译吗?这是一个应有的问题。当然一个国家必须有它自己的教科书,何况大国?当然我们要编译。同时,我们的科学落后,假如一个大学生或专科生不能看英文书,学问实在无所得,天下的书岂能尽译?科学期刊尤其不能译。加以我们近年已与美国定了不能自行翻版或自行翻译之约,自然最好的办法是每一大专学生都能看英文的书,至少属于他本行的,理论是如此,事实可就不然。外边人吵闹台大收的学生太少,其实是收得太多,新生入学八百四十余人中,至少有二百人不能通畅的看英文教本!这真是难办的事,中文教本几等于无,有也买不到,买到也贵得要命,比英文原版贵一二倍。大学断无法自印教本,又不能自行翻印,这真是一件极其矛盾的事。一句话,中学英文太坏了。其所以坏,第一,教师不够。第二,待遇太差。第三,眼高手低。现在台大一年级英文多用高中教本,而高中用大学教本,似乎如此可以夸于人,然是误人子弟。不过,改正这一个事实决非短期所能奏效,那么这个难题至少还要好几年来缠你。为应付事实,我以为最低的要求是:大学一年级完后,应能读英文教科书与专门期刊;专科毕业后,应能读英文教科书与专门期刊。假如这个原则不错,我便作下列建议:

①大学一年级用书,包括二年级所谓"共同科"在内,须得编译。

②专科的共同科及范围较大者须得编译。

③这要由大学和学院自办,而由教育部指导辅助之,如此方可收效。

④可以翻译的还是翻译好,与作者商量,也似乎不必尽出甚大的报酬,但教科书之版权多在书店,或者是难说话的。若果此路不通,只有拿几本书来揉一下。原出版者虽注明引用也要同意,但这样官司在中国是不会打的。其实中国人不得自由翻译、翻印美国书,在美国之文化损失更大。

⑤凡是这一类书,页数不可太多(萨本栋《物理学》是本很好的书,可惜是页数太多,卖得贵了),而须多有征引(References),以便读者参考原书。

⑥大专用书,一部分可以通用,给教师一个在书内选择的方便

好了。

⑦这样的书,必须每种二人以上作,出版前先印讲义试验,并多用征引,万不可用一人随便的稿子拿来卖钱。

大学教书先生本当一面教,一面写书。中国读书人固然懒些,然以前政府也未加以鼓励,若单靠书商的帮助是不能成事的。

(三)属于参考书者。

学校的参考书(Reference books)为师生均不可少,其应编辑,不在教科书教授书之下,目下教师最感觉困难的是这一项。在初级、中级学校,各科均应有参考书。在大学,除中国文史之外目下不是急务,因为可用外国书的。

六、余义

如欲改革学校制度,不可不有新风气。若风气不改,一切事无从改,不止教育而已。

但改成新风气确是不容易的。这一年中,台湾进步不少,改革不少,然应该改的更多。我们在大陆上一般的习惯……一切是官样文章,重视自己的利害;交朋友为的是联络;弄组织,为的是盘踞;居其位则便于享受支配,弄到和人民脱节,不知道老百姓心中想些什么。办事呢,全不以事之办好为对象,消极的以自己能对付下去为主义;积极的以自己飞黄腾达为主义,肯认真办事的有多少人?肯公事公办的有多少人?肯对事用心去想的有多少人?肯克服自己的无知有私的有多少人?吃苦得罪人已经不肯,牺牲更少了。假如这样的风气不彻底改变,则孟子有云:"由今之道,无变今之俗,虽与之天下,不能一朝居也。"今天是在改革中,风气是在转变中,然而尚嫌不够顶快,不够彻底,一切都要洗心革面,是须得马上即来的,不可再等的。假如风气转移了,我相信教育改革必有办法,否则无论你说我说,是与不是,都是一场空而已。

这话实在是教育改革之前提,然若发挥此义,便说到本文题目之外,所说至此以为止。

还有一件,是教师待遇,这也是改革教育的一个基本条件,本文中也不能详说。

我对读者很抱歉,这一篇长文,有好些地方我还未曾细想,有好些我并未说得明白,希望读者原谅。不过,这一篇文是一个自己有理想而又身受苦痛的人写的,我的苦痛也未必以我为限;应付这些苦痛的责任,也不说专归之于教育界。

(原载 1950 年 12 月 15 日、12 月 31 日《大陆杂志》第一卷第十一期、第十二期)

第二辑 时论类

文学革新申义

中国文学之革新,酝酿已十余年。去冬胡适之先生草具其旨,揭于《新青年》,而陈独秀先生和之。时会所演,从风者多矣。蒙以为此个问题,含有两面。其一,对于过去文学之信仰心,加以破坏。其二,对于未来文学之建设加以精密之研究。过去文学,乃历史上之出产品。其不全容于今日,自不待智者而后明。故破坏一端,在今日似成过去,但于建设上讨论而已。然以愚近中所接触者言之,国人于此抱怀疑之念者至多。恶之深者,斥为邪说;稍能容者,亦以为异说高论,而不知其为时势所造成之必然事实。国人狃于习俗,此类恒情,原无足怪。然欲求新说之推行,自必于旧者之不合时宜处,重申详绎,方可奏功。然则破坏一端,尚未完全过去。此篇所说,原无宏旨,不过反复言之,期于共喻而已。

本篇所陈,纷杂无次,综其大旨,不外三端。一、为理论上之研究。就文学性质上以立论,而证其本为不佳者。二、为历史上之研究。泛察中国文学升降之历史,而知变古者恒居上乘,循古者必成文弊。三、为时势上之研究。今日时势,异乎往昔。文学一道,亦应有新陈代谢作用为时势所促,生于兹时也。此外偶有所涉,皆为附属之义。

今试作文学之界说曰,"文学者,群类精神上之出产品,而表以文字者也"。此界说中有"群类精神上出产品"之总(Genus)与"表以文字"之差(Difference)。历以论理形式,尚无舛谬。文学之内情本为精神上之出产品,其寄托之外形本为文字。故就质料言之,此界说亦能成立。既认此界说为成立,则文学之宜革不宜守,不待深思而解矣。文学特精神上出产品之一耳(genus 必为复数)。它若政治、社会、风俗、学术等,皆群类精神上出产品也。以群类精神为总纲,而文学与政治、社会、风俗、学术等为其支流。以群类精神为原因而文学与政治、社会、风俗、学术等为其结果。文学既与政治、社会、风俗、学术等同探本于一源,则文学必与政治、社会、风俗、学术等交互之间有相联之关系。易言之,即政治、社会、风俗、学术等之性质皆为可变者,文学亦应为可变者。政治、社会、风俗、学术等为时势所迫概行变迁,则文学亦应随之以变迁,不容独自保守也。今知政治、社会、风俗、学术等性质本为变迁者,则文学可因旁证以审其必为变迁者。今日中国之政治、社会、风俗、学术等皆为时势所挟大经变化,则文学一物,不容不变。更就具体方面举例言之,中国今日革君主而定共和,则昔日文学中与君主政体有关系之点,若颂扬铺陈之类,理宜废除。中国今日除闭关而取开放,欧洲文化输入东土,则欧洲文学中优点为中土所无者,理宜采纳。中国今日理古的学术已成过去,开后的学术将次发展,则于重记忆的古典文字,理宜洗濯;尚思想的益智文学,理宜挚衍。且文学之用,在所以宣达心意。心意者,一人对于政治、社会、风俗、学术等一切心外景象所起之心识作用也。政治、社会、风俗、学术等一切心外景象俱随时变迁,则今人之心意,自不能与古人同。而以古人之文学达之,其应必至于穷。无可疑者。知政治、社会、风俗、学术等应为今日的而非历史的,则文学亦应为今日的而非历史的。晚周有晚周特有之政俗,遂有晚周特殊之文学。两汉有两汉特殊之政俗,遂有两汉特殊之文学。南朝有南朝特殊之政俗,遂有南朝特殊之文学。降及后代,莫不如此。此理至明也。

且精神上之出产品,不一其类,而皆为可变者。固由其所从出之精神,性质变动,迁流不居。子生于母,自应具其特质。精神生活本有创造之力。故其现于文学而为文学之精神也,则为不居的而非常住的,无尽的而非有止的,创造的而非继续的。今吾党所以深信文学之必趋革新,而又极望其革新者,正所以尊崇吾国之文学,爱护吾国之文学,推本文学之性质,可冀其辉光日新也。或者竟欲保持旧观,以往古之文学,达今日之政俗学问。一闻革新之论,实不能容。揆彼心理,诚谓今日以往之文学，造乎其极，蔑以加矣。夫造乎其极，蔑以加者，止境也，即死境也。口持保存国粹之言，乃竟以文学末日待之。何不肖不祥至于斯也？保存国粹之念，谁则让人。惟其有保存国粹之念，而思所以保存之道，然后有文学革新之谈。犹之欲保存中国，然后扑满清政府而建共和耳。

中夏文学之殷盛，肇自六诗，踵于楚辞（此就屈、宋、景言，不包汉世楚辞）。全本性情，直抒胸臆，不为词限，不因物拘。虽敷陈政教，褒刺有殊，悲时悯身，大小有异，要皆"因情生文"，而情不为文制也。惟其以感慨为主，不牵词句，不矜事类，故能吐辞天成，情意备至。而屈、宋之文，遂能"决乎若翔风之运轻毂，洒乎若元泉之出乎蓬莱而注渤獬"。降及汉世，政教失而学术息，章句兴而性灵蔽。武功方张，吐辞流于夸诞。小学深修，奇字多入赋篇。独夫在上，谀声大作。心灵不起，浮泛成文。故能义贫而词富，情寡而文繁，炫耀博学，夸张声势，大而无当，放而无归，瓠落而无所容。于是六义大国，夷为三仓附庸；抒情之文，变作隶胥之录。相如唱之，扬雄和之，犹然天下从风，斯文敝之始也。东京以还，此道更盛。京都之制，全无性灵。堆积为工，诞夸成性。而性灵亦为文词所拘，末由发展。建安黄初之间，曹、王特出。子建之诗，直追枚、李。仲宣之赋，大革汉风。浮词去而气质尚，上跻乎变风变雅之间，非舍本逐末之赋家所能比拟。诚文学界中一大革新，亦是文学一大进化。无如狂澜方挽，迷途又生。渡江而后，"诗必柱下之旨归，赋乃漆园之义疏"。文学依附玄家，不能自立。谢容易以光景之文，斯足美矣。而乃"启心闲绎，托辞华赡，巧倚迂回"，"晦涩费解"。以贵族之习气，合山林之幽阻，不谓为文弊不可也。则有吟咏性情反贵用事。天才短谢，物类乃崇。"崎岖牵引"，"拘挛补衲"。"惟睹事类，顿失精采"。"大明太始中，文章殆同书案"矣。又如沈约制韵，"使文徒多拘忌，伤其真美"。性灵汨没，不知其几何也。简文变古，淫艳当涂。声色使人目眩，荡情致人心乱。岂仅害于文章，亦大伤于世道。徐庾承其流化，辞重情轻之倒置，积重难返矣。其于六代之中，"前不见古人，后不见来者"，独辟致远之境，不染斫辞之病，起江东之独秀者,则陶潜其人也(以上略本钟嵘、刘勰二家言及五代诸史传论)。隋唐之间,清风乃振。炀帝、太宗皆有变古之才。而开元之间,李、杜挺起,除六朝之文弊,启文囿之封疆,性灵大宏矣。降及元和,微之宫词,妇人能解;香山乐府,全写民情。革险阻而趋平易,舍小己以入群伦。又有昌黎、柳州,作范其间,除人造之俪辞,反天然之散体。论其造诣所及,柳则大启后世小说家刺时之旨(唐代小说本盛,然柳州之旨,却与当时芜滥卑劣者不同),又为持论者示精确之准的。韩则论文论学,皆启有宋一代风化(别有详论)。于骈体横被一世之际,独不惜人之"大怪"。于是开元、元和之间,诗文俱革旧观。言乎文情,靡靡者易为积健,拘文者易为直抒,辞重者易为情重。体渐通俗,市语入文。况述社会,略见端倪。言乎文体,又多有创作。七言长风,至李、杜始成体制,至香山乃能纪事。七律排律虽不始于此时,而创作奇格,实出杜公。太白古乐府,尤复一篇一格,句法长短参差,竟空前而绝后。又汉乐府之遗意,久已乖亡。晋宋以降,庙堂之制,则摹古不通;燕寝之作,则轻艳浮浅。唐世词张而乐离,乐府之为用已不可存。太白、香山独创新声以应之,后世名之曰词,遂成宋、金、元、明新文学之前驱,斯又足贵也。然则开元、元和之间,又为文学界中一大革新,亦是文学一大进化。旷观此千年中,变古者大开风流,循旧者每况愈下。文学不贵师古,不难一言断定也。历观楚汉至今二千年中文学升降之迹,则有因循前修,逐其末流,而变本加厉者。若扬、马之承屈、景,南朝之承魏晋,北宋吴蜀六士之承韩公。皆于古人已具之病,益之使深,终以成文弊。又有不辟新境,全摹古人,若明清二代诸家之复古,极其能事,不过"优孟衣冠",而其自身已无存在之价值,更何论乎性情之发展。别有挟古人之糟粕,当风化之已沫,斫成新体,专刻皮鞟。如樊南之四六,欧王之宋骈,内心疲苶不存,岂有不枯薄者耶?至为曹、王变古,独开宗风。李、杜、韩、柳,俱启新境。宋词、元曲,尤多作之自我。惟其不袭古人,故能独标后代也。凡此四格,因革各异,良劣有殊。宏治嘉靖复古之风,至今未斩。虽所托因人不同,其舍己则一。不以摹拟为门径,竟以摹拟为归宿。纵能希抗古人,亦仅为其奴隶(词、曲本宋元新文学,自明清复古家作之,亦复同流合污),斯乘之最下者也。若夫刻其皮鞸,逐其末流,一则徒辨乎体貌,一则流连而忘归,亦非宏宝之途也。此三者均未脱离古人,其能附骥尾而行以传于后者,幸也。明清复古之文,尤少谈之者。既无特殊之点,更无特殊之位置。而今之惑人犹复以趋古人为名高,岂非大左乎?革新诸家,亦多诡词复古。故太白则曰"圣代复远古,垂衣贵清真"。昌黎则曰"非两汉之书不敢观"。词、曲不袭前人矣,犹装其门,而曰"古乐府之遗"。斯由贵古贱今,华人恒性。语人自作古始,听者将掩耳而走,何如因利乘便,诡辞以为名高乎?且所谓变古者,非继祖龙以肆虐,束文籍而不观。贤者识其大者,不贤者识其小者。尽可取为我用。但能以"我"为本,而用古人,终不为古人所用,则正义几矣。《易》曰"革之时义大矣哉",变动不居,推陈出新。今虽无人提倡文学革命,而时势要求,终不能自已也。

  古典文学所由成立之历史,殊不足观也。周秦诸子动引古人,凡所持论,必谓古之道术有在于是者。此则求征以信人,取喻以足理,庄子所谓重言,与后世之古典文学渺不相涉者也。自西汉景、武以降,辞赋家盛起。虽具瑰玮之才,而乏精密之思。欲为无尽之言,必敷枝叶之辞。义少文多,自当取贵于事类。事类客也,今则变为主。所以足言也,今则言足犹取事类。臃肿不治尾大不掉之病,此其肇端也。又词赋家之意旨,原不剀切。取用于质言,将每至于词穷幸能免于词穷,亦未足以动人。故利用事类之含糊,以为进退伸缩之地;利用事类之炜烨,以为引人入迷之方。此古典文学所由成立之第一因也。两汉章句之儒,博于记诵,贫于性情。发为文章,自必炫其所长,藏其所短。引古人之言以为重,取古人之事以相成,当其能事于事古,其流乃成堆砌之体。斯风流传,久而不沫。于是书案之文,字林之赋,充斥于文苑。京都之作,人且以方物志待之矣,此古典文学所由成立之第二因也。魏晋以降,浮夸流为妄言。禹域未一,而曰"肃慎贡矢,夜郎请职"。克敌未竟,而曰"斩俘部众,以万万计"。但取材于成言,初无顾于事实。则直为古人所用,而不能用古人矣。斯习所被,遂成不作直言,全以古事代替之风。此古典文学所由成立之第三因也。降及齐梁,声律对偶,刻削至严。取事取类,工细已深。概以故事代今事。不容质说。古典文学之体于是大定。自斯而后,众家体制,为古典主义所范者多矣,寻其流弊,则意旨为古典所限,而莫能尽情;文辞为古典所蔽,而莫由得真;发展性灵之力,为古典所夺,而莫能尽性;文以足言之用,全失其效,且反为言害矣。故综此四端,可一言以蔽之,曰舍本逐末而已。今文学所以急待改革者,正求置末务本。于此舍本逐末之古典文学,理宜加以抨击。然用古典能得足志足言之效者,即不可与古典文学同在废置之例。古典原非绝对不可用,所恶于古典文学者,为其专用古典而忘本也。陈仲甫先生曰:"行文本不必禁止用典,惟彼古典主义,乃为典所用,而非用典也,是以薄之耳。"诚深得其情之言也。

欲知今后文言之宜合,当知上古文言何由分判。太古文言,固合而不离也。周诰殷盘,诘屈聱牙,正由以语入文,古今语异,乃不可解耳(今人恶白话以为不古,而中国第一部书即以白话为之。托词名高者,其可以已乎)。古人竹简繁重,流传端赖口耳。欲口耳之易传,必巧饰其词,杂以骈句,润以声节。浸成修整之文,渐远天然之语。不观《尚书》之多韵语、偶辞乎,斯文言分离第一步也。周承二代之后,郁乎其文。大夫行人,多闻博古,自能吐辞温润,动引故言。孔子谓诵《诗》可以专对,专对之尚文可知也。《左传》载行人之语多有雷同者,其刻划可知也。士夫之言日美,遂为文章之宗;农牧之言仍质,乃成市语之体。斯文言分离第二步也。秦汉以还,动多师古,不敢如晚周之世,以当时语言为文章(诸子之中,自荀子等数家外,多用当时通用之语著之竹帛,即《论语》亦然也)。而文言分离之象大定。斯其第三步也。然汉魏六朝之文,内情终不远离于语言。史语《汉书》,多载彼时市语,学者诂经,好引当代方言。二陆往来之书,竟通篇为白话焉。魏晋以降,文章典丽,语言称是。《晋书·博物志》、《世说新语》等所载当时口语,少因笔削,概由直录。齐梁韵学入文,亦入于语。周颙之徒,双声叠韵,铿锵其话言。至于隋唐,此风不替。李密隔河数宇文化及罪,化及不解,曰"何须作书语耶"。化及粗顽,自不解书语,然密既腾诸口说,必彼时上流用之也。循上所言事实以观察之,可得四间。第一,中国语文之分离,强半为贵族政体所造成。贵族之性,端好修饰,吐辞成章,亦复如是。今苟不以高华典贵为文章之正宗,即应多取质言。且贵族之政,学不下庶人,文言分离,无害于事也。今等差已泯,群政艾兴。既有文言通用于土流,复有俗语传行于市民,俗语着之纸墨,别为白话文体。于是一群之中,差异其词。言语文章之用,固所以宣情,今则反为隔阂情意之具。与其樊然淆乱,难知其辨,何若取而齐之,以归于一乎?第二,语文体貌虽异,而性情相关。一代文辞之风气,必随一代语言以为转变。今世有今世之语,自应有今世之文以应之,不容借用古者。与其于今世语言之外,别造今世之文辞,劳而无功,又为普及智慧之阻,何如即以今世语言为本,加以改良,而成文言合一之器乎?第三,《论语》所用虚字,全与《尚书》违。屈、景所用,若"羌"、"些"者,又为他国所无。彼所以勇于作古者,良由声气之宣,非已死虚字所能为。故不以时语为俚,不以方言为狭。惟其用当时之活虚字,乃能曲肖神情,此白话优于文言一巨点也。第四,《史记》、《汉书》以下,何以必杂当代白话,二陆书简,何以必用市语。岂非由白话近真,文言易于失旨乎?《史记》云,诸君必以为便国家,《汉书》易为文言,朵气极矣。且宋人语录,全以白话为之。议者将曰,理学家不重文章也,从事文辞,劳费精神,有妨于研理也,玩物而丧志也。此皆浅言也。文不尽言,言不尽意。言语本为思想之利器,用之以宣达者。无如思想之体,原无涯略,言语之用,时有困穷。自思想转为言语,经一度之翻译,思想之失者,不知其几何矣。文辞本以代言语,其用乃不能恰如言语之情。自言语转为文辞,经二度之翻译,思想之失者,更不知其几何矣。苟以存真为贵,即应以言代文。一转所失犹少,再转所失遂巨也。且唐宋诗人,多用市语,词曲之体,几尽白话,固为其切合人情。以之形容,恰得其宜;以之达意,毕肖心情。今犹有卑视白话者,岂非大惑乎?

今世流行之文派,得失可略得言。桐城家者,最不足观,循其义法,无适而可。言理则但见其庸讷而不畅微旨也;达情则但见其陈死而不移人情也；纪事则故意颠倒天然之次叙，以为波澜，匿其实相，造作虚辞，曰不如是不足以动人也。故析理之文，桐城家不能为，则饰之曰，文学家固有异夫理学也。疏证之文，桐城家不能为，则饰之曰，文章家固有异夫朴学也。抒感之文，桐城家不能为，则饰之曰，古文家固有异夫骈体也。举文学范围内事，皆不能为，而忝颜曰文学家。其所谓文学之价值，可想而知。故学人一经瓣香桐城，富于思想者，思力不可见；博于学问者，学问无由彰；长于情感者，情感无所用；精于条理者，条理不能常。由桐城家之言，则奇思不可为训，学问反足为累。不崇思力，而性灵终归泯灭。不尚学问，而知识日益空疏。托辞曰，"庸言之谨"，实则戕贼性灵以为文章耳。桐城嫡派无论矣，若其别支，则恽子居异才，曾涤生宏才，所成就者如此其微，固由于桎梏拘束，莫由自拔。钱玄同先生以为"谬种"，盖非过情之言也。世有为桐城辨者，谓桐城义法，去泰去甚。明季末流文弊，一括而去之。余则应之曰，桐城遵循矩矱，自非张狂纷乱者所可呵责。然吾不知桐城之矩矱果何矩矱也。其为荡荡平平之矩矱，后人当遵之弗畔。若其为桎梏心灵戕贼性情之矩矱，岂不宜首先斩除乎？

中国本为单音之语文，故独有骈文之出产品。论其外观，修饰华丽，精美绝伦。用为流连光景凭吊物情之具，未尝无独到之长也。然此种文章，实难能而非可贵，又不适用于社会。将来文学趋势大迁，只有退居于"历史上艺术"之地位，等于鼎彝，供人玩好而已。且骈文有一大病根存，即导人伪言是也。模棱之词，含糊之言，以骈文达之，恰充其量。告言之文，多用骈体，利其情之易于伸缩，进退皆可也。今新文学之伟大精神，即在篇篇有明确之思想，句句有明确之义蕴，字字有明确之概念，明确而非含糊，即与骈文根本上不能相容。尚旨而不缛辞，又与骈文性质上渺不相涉。况含糊模棱，无信之词也。专用譬况，遁辞之常也。骈文之于人也，教之矜伐，诲之严饰，启其意气，泯其懿德。学之而情为所移，便将与鸟兽、草木、虫鱼为群，而不与斯人之徒相与。欲其有济于民生，作辅于社会，诚万不可能之事。而况六朝文人，多是薄行，鲜有令终。诵其诗，读其文，与之俱化。上焉者，发为游仙之想；中焉者，流成颓唐之气；下焉者，浸变淫哇之风。今欲崇诚信而益民德，写人生以济群类，将何用此骈体为也？

龚定菴久与汪容甫、魏默深号称三家，今更磅薄海内，寻其独立不羁，自作古始，曷尝不堪服膺？生逢桐城滑泽文学盛行之日，又当试帖四六混合体之骈文家角立之时，独能希抗诸子，高振风骨，可以为难矣。然而佶屈聱牙，不堪入口，既乖"字妖"之条，又违"易造难识"之戒。故为惊众之言，实非高人之论，多施僻隐之字，又岂达者之为？用辞含糊，等于骈体，庞然自大，类然古文。文章本以宣意，何必深其壁垒乎？张皋文等好作难解之文，固可与龚氏齐视。余尝读其《赋钞序》《黄山赋》诸篇，几乎不能句读。穷日夜力以释之，及乎既解，则又卑之无甚高论，果何用此貌似深奥者为也。故龚氏之变当时文体则是矣，惜其所变者未当。彼龚氏者，文学界中不中用之怪杰也。

白汪容甫、李申耆标举三国晋宋之文，创造骈散交错之体，流风所及，于今为盛。章太炎先生其挺出者也。盖汉人制文，每牵于章句。梁后俪体，专务乎雕琢。唐宋不免于粗犷。清代尽附于科举（散文与八比合，骈文与试帖、诗赋合）。以三国晋宋疏通致远之文当之，则皆望风不及。苟非物换时移，以成今日之世代者，虽持而勿坠可也。无若时势之要求，风化之浸变，陈词故谊，将不致用于今日。魏晋持论，固多精审，然以视西土逻辑家言，尚嫌牵滞句文，差有浮辞。其达情之文，专尚"风容色泽放旷精清"，以视西土表象写实之文，更觉舍本务末，不切群情。故论其精神，则"意度格力，固无取焉"。论其体式，则"简慢舒徐，斯为病矣"。况文学本逐风尚为转移，今不能以《世说新语》为今后之风俗史，即不能以三国晋宋文体为今后之正宗，理至显也。

西方学者有言，"科学盛而文学衰"。此所谓文学者，古典文学也。人之精力有限，既用其精力于科学，又焉能分神于古典，故科学盛而文学衰者，势也。今后文学既非古典主义，则不但不与科学作反比例，且可与科学作同一方向之消长焉。写实表象诸派，每利用科学之理，以造其文学，故其精神上之价值有迥非古典文学所能望其肩背者。方今科学输入中国,违反科学之文学,势不能容;利用科学之文学,理必孳育。此则天演公理,非人力所能逆从者矣。

平情论之,纵使今日中国犹在闭关之时,欧土文化犹未输入,民俗未丕变,政体未革新。而乡愿之桐城,淫哇之南社,死灰之闽派,横塞域中。独不当起而剪除,为末流文弊进一解乎!而况文体革迁,已十余年,辛壬之间,风气大变。此蕴酿已久之文学革命主义,一经有人道破,当无有间言。此本时势迫而出之,非空前之发明,非惊天之创作。始为文学革命论者,苟不能制作模范,发为新文,仅至于持论而止,则其本身亦无何等重大价值,而吾辈之闻风斯起者,更无论焉。若于此犹存怀疑,非拘墟于情感,即缺乏于长识。此篇所言,全无妙义,又多盈辞,实已等于赘旒。今后但当从建设的方面有所抒写。至于破坏既往,已成定论,不待烦言矣。

(原载1918年1月15日《新青年》第四卷第一号)

《新潮》发刊旨趣书

《新潮》者,北京大学学生集合同好,撰辑之月刊杂志也。北京大学之生命已历二十一年,而学生之自动刊物,不幸迟至今日然后出版。向者吾校性质虽取法于外国大学,实与历史上所谓"国学"者一贯,未足列于世界大学之林;今日幸能脱弃旧型入于轨道。向者吾校作用虽曰培植学业,而所成就者要不过一般社会服务之人,与学问之发展无与;今日幸能正其目的,以大学之正义为心。又向者吾校风气不能自别于一般社会,凡所培植皆适于今日社会之人也;今日幸能渐入世界潮流,欲为未来中国社会作之先导。本此精神,循此途径,期之以十年,则今日之大学固来日中国一切新学术之策源地;而大学之思潮未必不可普遍中国,影响无量。同人等学业浅陋,逢此转移之会,虽不敢以此弘业妄自负荷,要当竭尽思力,勉为一二分之赞助。一则以吾校真精神喻于国人,二则为将来之真学者鼓动兴趣。同人等深惭不能自致于真学者之列,特发愿为人作前驱而已。名曰《新潮》,其义可知也。

今日出版界之职务,莫先于唤起国人对于本国学术之自觉心。今试问当代思想之潮流如何?中国在此思想潮流中位置如何?国人正复茫然昧然,未辨天之高地之厚也。其敢于自用者竟谓本国学术可以离世界趋势而独立。夫学术原无所谓国别,更不以方土易其质性。今外中国于世界思想潮流,直不啻自绝于人世。既不于现在有所不满,自不能于未来者努力获求。长此因循,何时达旦?寻其所由,皆缘不辨西土文化之美隆如彼,又不察今日中国学术之枯槁如此;于人于己两无所知,因而不自觉其形秽。同人等以为国人所宜最先知者有四事:第一,今日世界文化至于若何阶级?第二,现代思潮本何趣向而行？第三，中国情状去现代思潮辽阔之度如何？第四，以何方术纳中国于思潮之轨？持此四者刻刻在心，然后可云对于本国学术之地位有自觉心，然后可以渐渐导引此"块然独存"之中国同沿于世界文化之流也。此本志之第一责任也。

中国社会形质极为奇异。西人观察者恒谓中国有群众而无社会，又谓中国社会为二千年前之初民宗法社会，不适于今日。寻其实际，此言是矣。盖中国人本无生活可言，更有何社会真义可说？若干恶劣习俗，若干无灵性的人生规律，桎梏行为，宰割心性，以造成所谓蚩蚩之氓；生活意趣，全无从领略。犹之犬羊，于己身生死地位、意义，茫然未知。此真今日之大戚也。同人等深愿为不平之鸣，兼谈所以因革之方。虽学浅不足任此弘业，要不忍弃而弗论也。此本志之第二责任也。

群众对于学术无爱好心，其结果不特学术消沉而已，堕落民德为尤巨。不曾研诣学问之人恒昧于因果之关系，审理不了而后有苟且之行。又，学术者深入其中，自能率意而行，不为情牵。对于学术负责任，则外物不足萦惑，以学业所得为辛劳疾苦莫大之酬，则一切牺牲尽可得精神上之酬偿。试观吾国宋明之季甚多独行之士，虽风俗堕落、政治沦胥，此若干"阿其所好"之人终不以众浊易其常节。又观西洋"Renaissance"与"Reformation"时代，学者奋力与世界魔力战，辛苦而不辞，死之而不悔。若是者岂真好苦恶乐，异夫人之情耶？彼能于真理真知灼见，故不为社会所征服；又以有学业鼓舞其气，故能称心而行，一往不返。中国群德堕落，苟且之行遍于国中。寻其由来：一则原于因果观念不明，不辨何者为可，何者为不可；二则原于缺乏培植"不破性质"之动力，国人不觉何者谓"称心为好"。此二者又皆奉于群众对于学术无爱好心。同人不敏，窃愿鼓动学术上之兴趣。此本志之第三责任也。

本志同人皆今日学生，或两年前曾为学生者，对于今日一般同学，当然怀极厚之同情，挟无量之希望。观察情实，乃觉今日最危险者，无过于青年学生。迩者恶人模型，思想厉鬼，遍于国中，有心人深以为忧。然但能不传谬种，则此辈相将就木之日，即中国进于福利之年。无如若辈专意鼓簧，制造无量恶魔子，子又生孙，孙又生子，长此不匮，真是殷忧。本志发愿协助中等学校之同学，力求精神上脱离此类感化。于修学立身之方法与径途，尽力研求，喻之于众。特辟出版界评、故书新评两栏，商榷读书之谊（此两栏中就书籍本身之价值批评者甚少，借以讨论读书之方法者甚多），其他更有专文论次。总期海内同学去遗传的科学思想，进于现世的科学思想；去主观的武断思想，进于客观的怀疑思想；为未来社会之人，不为现在社会之人；造成战胜社会之人格，不为社会所战胜之人格。同人浅陋，惟有本此希望奋勉而已。此本志第四责任也。

本志主张，以为群众不宜消灭个性。故同人意旨，尽不必一致，但挟同一之希望，遵差近之径途，小节出入，所不能免者。若读者以"自相矛盾"见责，则同人不特不讳言之，且将引为荣幸。又本志以批评为精神，不取乎"庸德之行，庸言之谨"。若读者以"不能持平"腾诮，则同人更所乐闻。

既以批评为精神，自不免有时与人立异，读者或易误会，兹声明其旨。立异之目的若仅在于立异而止，则此立异为无谓。如不以立异为心，而在感化他人，但能本"哀矜勿喜"之情，虽言词快意为之，要亦无伤德义。同人等所以不讳讥评者，诚缘有所感动，不能自已于言，见人迷离，理宜促其自觉之心，以启其向上之路；非敢立异以为高。故凡能以学问为心者莫不推诚相与。苟不至于不可救药，决不为不能容受之诮让。然而世有学问流于左道，而伪言、伪旨足以惑人者，斯惟直发其覆，以免他人重堕迷障。同人等皆是不经阅历之学生，气盛性直，但知"称心为好"，既不愿顾此虑彼，尤恨世人多多顾虑者。读者想能体会兹意，鉴其狂简也。

本志虽曰发挥吾校真精神，然读者若竟以同人言论代表大学学生之思潮，又为过当。大学学生二千人，同人则不逾二十，略含私人集合之性质；所有言论由作者自负之，由社员共同负之。苟有急进之词，自是社中主张，断不可误以大学通身当之。

发刊伊始,诸待匡正,如承读者赐以指教,最所欢迎。将特辟通信一栏,专供社外人批评质询焉。

(原载 1919 年 1 月 1 日《新潮》第一卷第一号)

汪贼与倭寇——一个心理的分解

汪精卫的卖国行动，到了签订《日支新关系调整要纲》而登峰造极，自从前年12月底，汪贼发表了所谓艳电之后，其行动之荒谬，一步赛过一步，全世无不称奇，国人无不觉得可耻。然而总有很多人，以为其中总有几分上当，虽以深恶痛绝他这为人的人，也还在报上预料他要在几个月内死到倭奴手里，盖以为弄来弄去弄到山尽水穷，总还要和日本人扯皮起来，而遭了倭奴的暗算。谁知道虽是深知他痛恶他的人，也料不到他竟能迎合追赶日本人的志愿到这步田地，"虽是日本人，时而觉到汪之允许迁就之容易，大吃一惊"（报载高陶所说）。然则凡以为汪贼之动机，尚有半分上当者，都是错看了他，高抬了他，他是一个彻底的汉奸，甘心的卖国者，只有一个不可一天不做大官的欲望，而不惜断送他的四万万同种人，和他同种人的历史与子孙，以达到他这欲望。

所以汪贼的行动，只有用"罪犯心理"分析他，才能了解；我不是这一行的专家，姑且把我所知道的几点写下来，供心理学家检讨。

在国民革命军北伐的时候，我在广州两三年，颇听说他的家世，尤其是母系的情形，他不是嫡出，而家庭中不是极端的守旧，严父之后，又有严兄。最初便受了一个女儿式的教育，在这样情形下所造成的儿童，自然有正常心理者少，有变态心理者多，或可有聪慧的头脑，不容易有安定的神志，他要作"人上人"的欲望，而不知度量自己的本领，也许就是这样环境造成的罢。那时候，广东闹得如火如荼，血流满街，一多半是由于他，我也在其中几乎送了性命。后来"宁汉分裂"一幕，他又是主角。当时我听到一位前辈老先生说他过去的行动，而归结着说,"精卫在政治上必做不出好事来,因为他从来说话不算话",像有主义,又实无主义。同时我又听一位老先生说:"精卫全无新知识,只学南宋人作诗词,这就是没出息。"当时我游西湖去,他的一个亲戚向我说:"你们觉得汪有聪明吗?他在法国念书的时候,学法文一个字也学不进,活似老牛一样。"这些话,我虽觉得很有意思,然以当时并不识汪,不知其深刻到何程度,只见得一出一出翻云覆雨的戏,觉得其人可怕,其事可痛罢了!

二十六年夏在庐山聚会,汪作谈话会的主席,其言语举动甚不自然,回到南京,几个朋友闲谈,说这真有些不像政治家的样子。但同时还都有点可惜他,说唐有壬那个小子所造成的"心理疙瘩",至今还存在。沪战将开,政府成立了一个国防参议会,汪作主席,我也在里边,每周至少开会一次,有时两次,在这会中,自然常听到汪的妙论,于是使我想到在"北伐"、"宁汉"时代所听到两位老先生对他的批评,觉得深切不过。当时我的印象如下:第一,他决不知政治,一谈政治,有时好听,却全无实质,只可骗初听高论之无辜者,决不能耸动听过两三次以上的人,而且遇事都是滑调,浮着而不进去。第二,他标榜的口号,无一不和他的性格矛盾,譬如他高谈民治而绝无容量,标榜理智而最好动感情,反对复古而自己是一个不良传统的文人,常看到他做着主席发气,却不明其气之对象,气之原因,那么只是些心中的"疙瘩"(Mental Complexes)在那里时时发动罢了。第三,他对于外国事情,莫名其妙之程度,诚可骇人:他每读文电,遇到外国人之名字,连法国人的名字在内,一齐念不出来,总使这会的秘书长代读。然则欧美国家之存在,在他心中,也比在同治年间军机大臣的心中,差不了许多。

这些观察,只可以证明他在政治上之决无希望,尚不足以证明他之必做汉奸,所以他今日之必作汉奸,尚须进一步求之;有人说:他的婆娘所谓"陈璧君者,太糟糕了",这话颇有些不错。她也是专心要做"人上人"的人,做不到便气得了不得。汉光武的时代,彭宠造反,史家说是"其妻刚戾,不堪其夫之为人下",陈璧君何其酷似! 不过,这话虽可说是一个原因,却不能说是主要原因。此等大事,既受妻之影响,自须由其自己负责任;譬如武则天,后来做的事,当然要由唐高宗负其责任。谁要唐高宗宠她信她,何况汪贼之作汉奸是他自己现在做的事。

然则以上所说各项,只是助因,其主因决不在此。主因何在？在他蕴蓄的妾妇怨妒心理,发而为偏要作"人上人"的要求。上文说过,庶孽子弟,有时有他的特别心理组合,我这话并不是说庶孽子多如此。自古以来,庶孽子中,甚有清明高朗之人,可追延陵季子遗世克让之风者。只要母教好些,家庭的环境正常些。不过,以我所闻,汪贼之早年环境,决难说是正常,于是"人上人"之要求,成于个人的心中,害了国家的大事。夫"不度德不量力"而求作"人上人"之要求,在家家乱,在国国乱,《春秋》中所记弑父弑君有几个不是受这个心理所支配。

至于汪贼在政治上偏要做"人上人",应该完全是他家庭环境所造成,而决不是政治活动所造成。何以呢？在中山先生逝世后,他便狂妄的以第二任总理自命,他夫妻两个,从中国到南洋,招摇来招摇去,中山先生当年绝不曾器重他到这样,只是他自己自命如此,是他自己的心理自命他如此。中山先生当年用他,大有分寸,总未交他政治的总则,施设的任务,用他之处,说来好听些,是"书记翩翩",因为他的文章确是漂亮,说来不好听些,便只是使他"吊丧问疾"。因为他那一副对人似乎恳切的面孔,只好如此用,不料他竟妄自想象,以为"仲尼既没,文不在兹乎",于是乎非做中国主人翁不可。当年与胡展堂先生之龃龉,何尝不由他之妄自尊大,由此心理,兴风作浪,十年前已经不恤生民涂炭,今天更不恤民族沦灭。大凡领袖之欲,压人之愿,本为人类所共有,然而用如此不顾一切狠毒到尽头之手段行之,则除具有罪犯心理、凶险疙瘩者,焉能做到这步田地。不晓得他小时在家如何为人看不起,到老时在国如此陷害人。

当年契丹有一个大可汗,把渤海国灭了,封他的大儿子做东丹王,王渤海故地,却把小子立为太子。这东丹王便大怒,当他父亲死了,由辽东渡海逃到登莱,降了中国,并且做了一首诗,诗曰:"小山压大山,大山全无力。羞见故乡人,从此投外国。"汪贼今日之投日本,正是这个投外国的心理,不过,东丹王毕竟是契丹的长子。在封建时代,他这心理还有点根据,在汪精卫之以中国主人翁自命,却全是自己狂妄梦想,毫无根据,那么东丹主的死鬼若有知觉,还要羞见这个后来人。

在妒妇狠毒要做"人上人"之心理上,汪贼倭寇大有相同处,或者这也就是汪贼倭寇可以"合作"之"精神条件"吧。原来日本小鬼也是最富于"卑贱疙瘩"的(Inferiority Complex),看到自己那副猢猴形,更恨得非做"人上人"不可。我想,设若倭奴再长三寸,这疙瘩也许好些,便可少害人些。可惜不然,小鬼之要做"人上人"自古如此,当初识中国文化的时候,认做徐福的后代,误以为徐福是避秦的高人。稍知中国事,又妄称太伯之后,大有与中华世家争正统之姿势。到了唐朝知道中国多了,又造了一段故事,说是在隋炀帝的时候,他的倭王向中国致书,称"日出处天皇致书日没处皇帝"(按,此事虽为欧阳修所采,决非实事,盖如此之文书,隋之边吏难以接受,且天皇之称呼,在唐高宗、武后前,倭奴向何处学来)。在这些时候,一面羡慕中国,先受封,且请乐浪郡守为他判断内部斗争,后又用中国年号(按日本古寺,颇有用唐代年号的遗物),却又一面自大,大得要说是天神下降。直到明朝,他那若有若无的"天皇",虽然还在那里下一诏,称天下四海,他那实际执政的足利氏,便历世向中国求封为日本国王,即如丰臣秀吉,以欲借伐朝鲜而问鼎中原,为日本后世人所敬仰,却也受了中国之封(按,此事日本人不承认,然若未受封,万历之诰命何从留下而宝藏之),这样矛盾心理,譬如以庶孽要为长宗,进退失据,自然全是"卑贱疙瘩"所表现。这样心理,自古已然,于今为烈,一面模仿西洋人,一面要说东亚本位,凭他这样心理发挥起来,好比妒妇之灭人之门,绝嫡之子,一旦得志,是决不使中国民族存在的,岂只国家而已。

日本人二千年中之历史,从部落到帝国,所表显的心理有两面:一面是要学人,一面是要上过人,一面自觉不如人,一面偏爱凭凌人,由他发挥这个性儿,只能有己无人。试看他灭韩的步骤,先上来说是助他解放,后来便是政治经济独霸,俄日战后,还说是保护国,不久便兼并了他,在当年不是高谈日韩亲善,如这些年之高谈"日支亲善"一样吗?他起初不是谈尊重韩国主权,如现在与汪协定前文的滥调一样吗？他不是对朝鲜人说日韩同种吗？

　　日本鬼子的性情，完全的得步进步，他今天订的条件，若是明天可以进一步，便毫不含糊的废弃；他今夜说的话，若是回家一想，还可进一步，明早起来，便立刻不认账。几年前在北平听到现在的一位封疆大吏说，日本人的性情有三点：一多疑，二小气，三性急。这样性情，哪有中间妥协的可能，即以他最近的侵略而论，在"九一八"时，他只说要求条约的权利，照他解释条约的权利，转眼便树立傀儡伪国了。彼时还说，要求不过长城，不过一年，便闹所谓"华北问题"了。"华北问题"他自己还未下妥定义，于是广泛含糊的三原则来了。在上海战事初起时，犹宣言世界曰"不侵华南"，次年便先以厦门作试探，继之以广东登陆了。目下他在中国还是进退两难的时候，已经在与汪贼之协定中布置妥了侵略苏联，吞并整个印度支那半岛，整个南洋的根据了。这样的国家，若不在国外遭受败衄，其侵略必无止境，而且快得很，这完全是小人得志，狠妇称心的把戏，对这种人只有"有你无我，有我无你"两句话。

　　凡是甲乙两国订个中途妥协的条约，必须有两个条件，至少有其中之一：第一，定约的对方要守信义；第二，弱者之一方虽稍弱，总亦要有力量维持这条约，换句话说，如对面破坏了，此方还能抵抗，不这样，决不能维持。试看汪贼所定约之对方，是那样得步进步的，是那样说话不算话的。再看汪贼的本身，有一个姓周的色鬼，姓丁的屠户，虽高宗武亦逃之大吉，有这样的力量，还能对日本说"以此为限"。其实这话仍是泛论，《日汪协定》，已经卖了中国整个的平面，并且卖了上苍天下黄泉之立体，无所不包，即无所谓限，政治经济军事文化乃至思想，无不订明使我永为奴隶。这又是何等条约，比之当年日本与韩国所订的条约，尤有君子小人之分了。然而汪贼的狗党，还在那里骗人，说："委曲求全。"试看这些文件，委曲真到了一万分了，求全却在那里？若必说求全，乃是倭贼求得中国之全体，而非国人求得一息之全生。若是国人中还有觉得他这个代订的卖身契，而可一想希图苟存者，直是晋惠帝之劝人凶年食肉糜，白痴而已！

汪贼有己无人,发了邪火,便欲断卖同种,倭贼有己无人,动了狂念,便欲绝灭人类。二者都是一种罪犯心理,不过一个是孤兽,一个是狼群,有此差别罢了。若是世界上还应该有人类的话,便当快快把这些人类毒素扫荡去。

(原载 1940 年 2 月 25 日《今日评论》第三卷第八期)

盛世危言

《盛世危言》是所谓"同治中兴"后的一部论时政的书,我现在只是借用它这个名字,内容毫不相干。

清朝晚年可称为盛世吗?这在今天看来真是笑话了,要是盛世,何必去革命?这当然是中国传统文人的老调了。不过,为那个时候想想,也未尝没有一个可为盛世的机会:论地方,则二十年的大乱削平,封疆大吏,如曾、左、李者,皆近代之豪俊,他们都把握着积极接受西洋应用科学之要点。论中央,则恭王奕䜣之明识大体,用尽方法节制叶赫那拉氏之胡为,枢臣文祥之忠勤练达,在当时已知上下一心为立国之本,而遗折谓上议院即古所谓谋及卿士,下议院即古所谓谋及庶人,更见其识见之远。论建设,则新海军先日本而成,江南制造之弘规,福州船厂之经营,以及北洋之新政,皆先日本而创始。论事业,则西北戡定,海上无波。论政风,则陋规虽仍旧,大贪污并无所闻。上文所举诸人,仅李氏颇为子孙计,其实尚不如后来的京堂时代的盛宣怀。若其他诸人,则子孙但能作田舍郎吃一碗饭而已。而文祥之廉俭尤有可称道者。他在总理衙门多年,这个衙门在当时乃兼办外交与新政之设计者。一个公使驻北京多年,临行,文祥饯他,他说:"我在贵国供职多年,深佩中堂之人物,很想往贵府拜辞一回。"文祥回答:"实不相瞒,我总算是国之大臣了(按,当时恭王在政治上居第一位,他即居第二位,即代恭王办政事者),而敝寓寒陋实不堪招待外宾。"这个公使肃然起敬,回国后把这事写在回忆录上。由此看来,贾充、杨素之一门极奢,未必即为晋、隋收到"怀庶民,来远人之效";而亡清的最后一个满洲政治家,在中国史上也值得书一笔。论史事是要公平的,闲话少说,言归正传，那"盛世"毕竟盛不起来，其根本的理由是满族实在办不下去了。醒觉的汉人，决无再受特殊阶级统治之理。

今日乃真是盛世，这迥与传统文人所说不同，我们不可因两千年的文化滥用这个名词而不用，因为我想不到一个更好的名词。而且古时所谓盛世者，到了下列所说，乃为极致，这就是民康物阜，海宴河清，弧矢东来（这就是库页岛的石器渔户来进贡），麒麟西至（这就是阿拉伯贡吉拉弗），越裳南归（这就是我们提携中南半岛的文化），俨狁于襄（这就是去了北方的威胁）。然而照盛极必衰的道理，一旦国家承平如此，必含着衰落的因素，例如大唐天宝时代，便是如此。所以历史上的盛世，每为盛之末，今日之盛乃为盛之始。抗战之实力，先世所稀，不平等之条约一朝而废。惟其为盛之始，故真是盛世，亦惟其为真盛世，乃真需要危言，更惟其为真盛世，乃可受危言。孔子曰："邦有道，危言。"韩昌黎曰："惟善人能受尽言，况盛世乎哉！"

"破题"先说了许多，岂不费辞？其故实由于我要说明盛世不可无危言也。至于本旨，实说不胜说，岂止如何者一，如何者二，如何者六而已？今姑以日内所常见于心上者，择要写下来：

其一曰：今日乃真卧薪尝胆剑及屦及之时，而决非事既定功已成之日也。同盟国未来之必然胜利亦即中国未来之必然胜利这是绝无可疑的。我们必在几年内打回到老家，并且看见日本没落到明治维新以前的地步，而受到他应受的一切惩罚。又看见我们的国运远过汉唐明之盛世，而对世界将来之维新的大同的文化上有绝重大之贡献。这都是无问题的。不过，实现的时间有早晚，实现的程度有深浅，这却全靠我们的努力来决定。早一年，好一年；深一层，好一层，这关系今后五百年的命脉。我尝想，我们这次抗战，好比唐僧取经，最后胜利是早经决定了的，一如唐僧取经之前，观音菩萨早在如来佛面前说好了的。但是，为功行之圆满，不得不经八十一难，因为不如此不能证真果，在将来即不能佛法常光，所以我们过了一难又一难。到了今天，长夜漫漫已算过去了，"东方明矣"，佛国在望，然而还有好些难，如火焰山，无底洞等等，仍待我们去拼命，若不拼命而坐待的呵，决无到达佛国之理。宵旰勤劳,乾惕震厉,而为其精诚所感以夙夜从公者,固可各处见到。但是整个的看来,我们今天努力是不是已经到了十成呢?这应该是一切人,尤其是一切在重要的地位者,各个反省一下的。目前的局面,原自显然:有百万的倭寇在我们国土之上,占据着我们的菁华,我们必须把他都赶出去。这件事固然需要盟国的帮助,就海军论,这是盟友的责任,英美,尤其是美国,必须彻底解决日本的海军;就空战论,这也大部分需要西半球盟友的帮忙;即陆军一项配备也有待于盟友之处,这都不消说。然而陆地上的厮打死打,可全是我们的事。这一条上,别人帮不上我们的忙,我们也决不期待别人帮忙,我相信,在日本海军彻底打败之后,盟军能在中国地带得到空军优势之时,日本的军心是会动摇的,人心是要不稳的。但是,这次交战国家的经验,皆远超过上次大战的交战国,胜利之希望既绝之后,其支持之能力是大的,而且以食粮缺乏使日本溃败,是不可能的,所以我们更需准备反攻,提早反攻,长久反攻。这固有关于盟国之接济,也在乎我们的布置,我们的努力,我们的如何用尽力量而不浪费力量。我想,我们应该有一个口号,这口号便是:一切为反攻。既然一切为反攻,则凡与反攻无直接关系者理应从缓办理,而为反攻所需要者,不论事实如何困难,如有缺陷,皆当整顿,不论环境如何难办,如当改正,即须改正。一壮丁必得一壮丁之用,一加仑油必得一加仑油之用,一斤血汗必得一斤血汗之用。从背面说,其与反攻无直接关系者,纵有关于十年大计,百年树人,也不妨从缓。因为失地早收复一年,即等于十年建设之效力。瞻念沦陷区之痛苦,顿想到陆放翁有诗为证:

> 三万里河东入海,八千仞岳上摩天。遗民泪尽胡尘里,南望王师又一年。

其二曰:一代之政风,每造于开国之时,而今日正开国之时造政风之日也。今后百年之气运即决于此时。故今日政风之厚薄,实为百年治乱之所系。就中国近代史论,纯由满洲人办事的一段,不值得说了,只从曾、胡时代说起。曾国藩、罗泽南之办湘军，虽说乡人部曲之观念极重，而且不敢"慨然有澄清天下之志"，究竟把握着儒家传统的要点，"言忠信，行笃敬"，诚而勿欺，慎终于始，所以农夫可以作勇卒，秀才童生可以为大将，此中道理，并无如何开新局面之处，因为曾之为人，本亦是皇甫嵩之伯仲，然而规模典型既在正轨之中，一时天辰颇似有一种清明之气。一到曾之继承人李鸿章手中，风气顿变。李于曾氏，亦曾用心效法，究以天性及少小环境之差别，大不相同了。李为一代之霸才，他的做法却也大杂霸气。我们可以说，曾氏正而不谲，李氏谲而不正。一谲之后，自有如袁世凯者出焉。自曾氏在乡办团算起，到袁世凯余孽消灭为止，约八十年，即自李氏创办淮勇算，也要七十年，然而李鸿章谲而不正之影响，直到北伐统一才算大体结束。由此可见风气造成影响之远，风气转变之亦易亦难。新中国本为国父中山先生所创造，而蒋委员长之创新军，纯为主义之发挥，其弘规亦非罗泽南辈所能想见。两公之创造新局面，民物为之一新，追想清末以及北洋军伐时代之日月，恍如隔着几百年，这诚然是中国史上之一奇迹。然而古人有句话"满招损，谦受益"，我们今日政界的风气是否皆可满意，这是要检讨，要改革，要以理想之局面遗留后人的，今日政界的风气，我一时以为大可以注意者有两件事：第一，如何发动人民的力量。这事可以以苏联近事为比拟，纳粹攻苏开始时，许多人认为苏联必早败，因为正在清党清军之后，斯氏政权是要遭严重试验的，然而事实证明绝不如此。这因为斯氏政权虽未给人民以自由，却曾给人民以平等，在封建势力部族杂压之下之人民得到平等，其忠勇是无量的。我这里并不是说苏联可完全为我们取法，但我们却不可不注意苏联是能发动人民力量的。我作一个小小的建议，我们的官，尤其是大官，可以一律"改善"其生活如平民。他们固已有许多如此了，但愿其全数如此。再进一步，"耕者有其田"，何不早些日子施行？今日政府之力量已甚强，根基已甚固，尽不必太多顾虑。如果官不成为阶级，则中国三千年之弊病一扫而空矣。现在官也要抽壮丁了，大是好消息，但愿一切高官之子弟，男则皆从军上前线，女则皆作军人医院之看护，此风推而广之，此意扩而充之,以至于官吏中无富人,有势者不役人,我们的子孙要几百年享受不尽了。第二件事是如何发动在官者尽职奉公之心。诚然,今日奉公尽职之公教人员实不为少,中央如此,地方亦然。然而这个比例,似乎尚未达到理想之大多数,似乎有时与地位之高低,成反比例。做一录事则尽力抄写,做一科员则日夜办稿,此犹可合于孔子之道,曰会计当而已矣。一为司处之长,则有环境焉,有上司焉,有外面之人须考虑其"敌乎友乎"焉。至于长官,则"人事"之困难更多矣。当年胡林翼在湖北与太平军练兵厮打,有个文官是他顶头上司,他已经善于应付了,而犹不时自怨自叹的说:"七分精神对付官制军,三分精神对付长毛。"今日之司处之长,以及更上层之官,究竟用几分精神来办事,几分精神来对付环境?假如用一番宋儒克己自省的工夫,或且偶有人要觉得胡林翼的比例,还不算太坏罢?或者可美罢?其实此等风气之充实也不算难事,只要有几个,或者十几个"其直如矢"之人,"惟仲山甫,刚亦不吐,柔亦不茹",只是就事办事,不顾环境,不畏上下,社会上之风俗可以立刻醇厚些。这尤在乎在上位者之提倡了。这中间自然也不免要有无故牺牲了自己的,然而当此盛世之始,总要成功的。更有进者,欲人尽职,则必先许人以尽言,假之以礼,而不责其言过,然后一机关之中,首长之与屑从,可上下相通,如"鱼之得水",不仅为主僚关系而已。试看历史上的大朝代,每一个大朝代之安定,总在一个偏于宽放的皇帝手中,例如汉之文帝、唐之太宗、宋之仁宗、明之孝宗,其时发言盈廷,好的坏的都有,有些话,我至今读史尚觉不耐,而当时的皇帝耐之。偏偏这四个皇帝的时代,是四朝中人才最盛的时代,为百年开太平,岂不可怪?昧昧我思之,此中大有道理在。常有人谓,此时人才多,彼时人才少,此皆半是半非不是不非之论。人得际会,得其施展,则为人才,所以邓禹当年所望不过文学,马武所望不过督邮。不得其机会不得其施展,则谁知其为人才?设若诸葛亮遇到明思宗,至多也不过几十个宰执中之一人,或至于断头而后已。然则人才之出,在柔性的时代容易,在刚性的时代艰难,只闻"鱼之得水"为佳话,不闻木之得火为美谈。以上所述四帝,盖以柔弱胜刚强为制造人才之道也。然则今日一部之首,一局之长,似皆可体会以上四帝培养人才之道。大凡中国历史上之治世,每每杂用儒术黄老名法,无儒术无所立心,无黄老无所为纲,无名法无所为用,然则以儒术之忠节为心,以黄老之运用为体,名法之事委之于人,"但持大体而已",乃最便于培养人才之道也。此义又有书为证,《康诰》曰:

> 惟厥丕显考文王,克明德慎罚,不敢侮鳏寡,庸庸,祗祗,畏威,显民,用肇造我区夏。(按,其中有一二字,以金文习语改传本之失。)

此事为文王之事,此言为周公之言,所谓"不敢侮鳏寡",按之《诗经》,乃当时习语,即一视同仁之谓,无关深义。若所谓庸庸祗祗,畏天之威,显民之生,其言何其恻隐而柔胜,不意其出于定功之嗣主,用以述其前王之创业者也。

以上所写姑止于此,若尽性写来,"日上数十简",可为一个不尽的故事。写后自看一遍,顿觉其中但有敝同乡辕固生所称《老子》的话,"此寻常家人言耳"。并无"危言",只见"迂沦"。欲改文题,已来不及,不过,《诗》之教有曰,"言之者无罪,闻之者足以戒"。是耶,非耶,或者不相干耶?

(原载1943年5月2日重庆《大公报》星期论文)

论豪门资本之必须铲除

"大鱼吃小鱼,小鱼吃虾米,虾米吃滋泥",这句俗话正是今天中国的现状。"滋泥"是劳苦大众,虾米是公教人员,小鱼是小生意人,大鱼便是大资本家。

但,大鱼也分好多类,有三尺长的大鱼,不堪鲨鱼一击;有鲨鱼,不堪长鲸一击。今天长鲸有两个,皆凭借政治成就;在生长中的还有几个,要看后来政治是不是落在他手。大有水中一切皆入鲸鱼腹中之势。

"官僚资本"一个名词是抗战时候的产物,还是我的朋友某教授造的,当时的中心对象是孔祥熙,现在大家注意宋子文多些了,但也决不当忘了孔祥熙。现在我解释这名词一下。

现在必须分辨三件东西:第一,国家资本。国家资本的发达是走上计划经济、民生主义、温性的社会主义必由之路,所以如果办得好,我是百分的赞成。这些年国家资本相当发达,但内容和表面大不相同。从表面说,铁路除中长为俄有外,几全是国有(除去宋家与洋人要修的成渝铁路等);航业则招商局,压倒一切民航;航空号称民营,实是国家资本;主要的银行全是政府的(四行二局);又有资源委员会号称办理一切重工业。这样发达的国家资本,我们应该几乎要成社会主义国家了,然而内容大大不然。糟的很多,效能二字谈不到的更多。譬如两路局、资源委员会等,你不能说他贪污。但无能和不合理的现象更普遍。推其原因,各种恶势力支配着(自然不以孔宋为限),豪门把持着,于是乎大体上在紊乱着,荒唐着,僵冻着,腐败着。恶势力支配,便更滋养恶势力,豪门把持,便是发展豪门。循环不已,照道理说,国家必糟。英国现在工党所行的社会主义政纲,好多我们已经实行了,例如铁路、银行、主要工业之国有,我们都做了,然而结果不特愈弄得去社会主义愈远,而且去任何有效政体、像样社会也愈远,其故皆在人事,不在国家资本之基础观念上。

第二,官僚资本。官僚资本在中国真发达极了,上自权门,下至稍稍得意稍能经营的公务员,为数实在不少,这几乎包括中国的资本阶级及上等布尔乔亚。西洋的布尔乔亚总是投资在股票或债券上,中国工业不发达,已有者又破产,谁玩股票?债券是靠国家信用的,今天还说得上吗?中国过去官僚总是投资在田地,今天田地是个大累赘,谁肯?于是乎小官僚资本托庇于大官僚资本,大官僚资本托庇于权门资本。小官僚大官僚资本有些是以"合法"方法聚集的,有些则由于鼠窃狗偷。无论如何,是必须依靠大势力的,尤其是豪门资本。

第三,权门资本。权门资本本是官僚资本之一类,然而其大无比,便应该分别看了。这些权门资本,一方面可以吸收、利用、支配国家资本,一方面可以吸取、保护(因保护而受益)次于他的官僚资本。为所欲为,愈受愈大。用着一批又一批的"机器"(这"机器"在宋氏门下很多是些美国留学生,自以为了解所谓 Sound Business 的,极肤浅的人)、爪牙、人狗(例如战前广东银行经理,已经枪毙了的)、家奴……其效能与注重工业远不如三菱三井,而其支配力过之。

今天的官僚资本当然推孔宋二家,二家以外,有些在滋长中。两家的作风并不尽同。孔氏有些土货样色,号称他家是票号"世家",他也有些票号味道,尤其是胡作非为之处。但"世家"二字,我曾打听他的故人,如严庄监察使,那就真可发一笑了。这一派是雌儿雏儿一齐下手,以政治势力,垄断商务,利则归己,害则归国,有时简直是扒手。我说到这里,我想,他该告我诽谤罪了,我却有事实证明。利则归己,害则归国者,例如某某几个私家银行,在战前不能支持了,由政府入官股维持,两三年前他准许这几家银行退还官股,以当时一元当战前一元!所有这些银行在收到官股后所获的利益都不算了,这简直是拿国家的利益直接的、毫无掩盖的送人;其实并不是送人,而是送己,因为其中某某几个银行他都有支配力。不幸事机不密,为若干参政员所知,于是参政会大闹几阵,"此说作罢",但真正罢了未罢,以后谁来查过?扒手之说,决不冤他,即如中央银行国库局案,人证物证齐全,虽说政治上使其搁着,因为已经"退还"(试问小偷强盗退还赃物,是不是就算了事),法律上并未完结,因为原告并未撤消。所以他如以我为侮辱,必须告我于法院,我很愿对簿公庭。言归正传,我们能知道多少呢?尤其我这与经济无关之人。办这样事,哪有不严密的呢,然而八年参政会已经闹出那些事实来,铁幕也有漏缝之处,然而漏缝之处究竟所窥有限了。其实人既活着,既不留心,也不能无所见,请看扬子公司,进口那样好,他结外汇何以那么容易呢?资产遍中外,是他祖宗的钱吗?若说"久宦必富"(在天津因接收案被枪毙的故海军上校刘乃沂答辩的理由),我看,这些年来久宦,如何可以必富,尤其是满天的富,除非用某些某些办法。

宋氏的作风又是一样,他有时仿佛像是有政策的,战前也曾吸收过若干社会上认为可以有为之人。上海的"高等华人"战前有不少信服他。他的作风是极其蛮横,把天下人分为二类,非奴才即敌人。这还不必多说,问题最重要的,在他的无限制的极狂蛮的支配欲,用他这支配欲,弄得天下一切物事将来都不能知道公的私的了。

国民党整天谈"民生主义"、"节制资本"、"国营"……宋子文做了国民党的沙赫特,尽管他相信他的 Sound business. 也应该稍许有个样儿,然而完全与这些口号相反的。

不谈国有国营则已,要谈则第一件要国有国营的便是公用事业(Public Utilities),偏偏我们要"宋营"。现在全国电气事业,除冀北由资源委员会接收外,其余均非国营,而且走上了集中垄断的路。如戚墅堰电厂(垄断京沪之间)、首都电厂以及武汉之既济水电公司等,均为建设银公司所有之扬子电气公司经营。人人皆知建设银公司姓甚么。

煤矿在原则上亦应由国家经营,因为他是动力的来源。中国煤矿除胜利后在东北及热河接收者外,皆非国营,北方的多为北洋军阀官僚所营,本是国民党北伐时打倒的呼声之一。现在扬子江东区之惟一大煤矿,即淮南煤矿,也是建设银公司所营。最近江西之鄱乐煤矿,又为建银所买到。四川某煤矿,又以另法支配。现在北方局面未平定,一经定了,北洋军阀多已破落倒出去,由谁买,是可想的。

说到这些事,煤矿、电厂,本由张静江先生之建设委员会而来,当时是国营,因为建设委员会是等于政府一部的。由准许私人投股之国营,一下而入于中国银行,又由中国银行而姓了宋,这中间,也许有他的"合法"手续,凡创朝代都是合法的。

再说到建银,由一个美国人来华造计,原为吸收外资的,尤其是美资的,美资并未吸收着,定了一个不利的成渝铁路借款。本来是官股,许私人入股。现在我不知道还有几分官?古人说"化家为国",现在是"化国为家"。以上的这些,政府若对得起人民,该去清算的。

难道宋子文不谈国营吗?他是谈的,现在有他的资源委员会。办资委会的人,确也认真办事,绝不能说贪污,然而赚钱的事业既已"另有办法",看看他的事业单子罢!东北工业,在那样情势中!抚顺毁坏,北票不安。铜、铁、电气材料、机器,无一不是无办法,或非赔钱不可。所以这些国营,这是"国赔"而已。资源委员会也得设法自食其力,于是经营到台湾糖(专利)、自行车、肥皂、蜡烛……资源二字定义如此!

宋也"为国家"营了一件"赚钱"的事,就是中纺公司。那些反对他这事的,本也多是要白接收("抗战工业或非工业家"),又讲流动金的,并不可取,然而他营的成绩如何?号称去年一月一百亿归政府,今年一月三百亿,算是赚钱了罢?然而想想,一百五十万纱锭,全无代价,一切生财,是接收的,美棉用官价结,数目那样大,消耗外汇那样多,如是报效政府仅仅此数,真是得不偿失,这叫赚钱吗?说是平抑纱价吗?又不然,纱布价在生活必需品指数上为先锋。他又说了,中纺只占百分之四十,商家涨了,他无法控制,这真左右前后均不能自完其说了。年底分红那么大,是有益于国?假如当年把这一百五十万锭卖了,不白送人,法币回笼,要比黄金政策多得多,纱价还不是一样高,反正他自己说他不能控制。还有一妙,因为"人民"为此事吵死,他又说,将来发股票卖给人。假如分开卖,有人买的。现在合成一个托拉斯,他捷足先登控制着,谁来买他,买就是捐款给他,这不又是自欺欺人之谈么?

这样说下去,多着呢,今天止于此。现在说结论。

豪门资本这样发达,中国几无国家的形象。三菱三井把日本弄到这样子,太惨了(虽说是日军阀作祸首,然财阀如不发达,军阀无能为力)。他们还是几代(从江户时)辛苦建立的,不像我们的这样"直接",天下人怨怒所集,如何下得去?我们不愿我们的国家成五胡十六国,成外蒙古,我们实在不能欢迎他。

在今天宋氏暴行之下,还有人说,孔比他好,这真全无心肝之论,孔几乎把抗战弄垮,每次盟邦帮助,他总有妙用,并且成了他的续命汤。

在今天宋氏这样失败之下,他必须走开,以谢国人,在位者要负责任的。他的自由买卖,彻底失败了。顶好的说,你总不能用甲思想作反甲思想的事,何况他的思想是由于他的 vested interest?

这还不能算完。今天我们要觉得晋惠帝不愚,因为他听到公园里蛤蟆声,他问是公的私的。今天一切事都引不出公的私的。我们必须清算十年的事物,那些是公而私的,那些是私而公的。总而言之,借用二家财产,远比黄金拢回法币多,可以平衡今年预算。(我在参政会如此说过。有些报纸说我说,二家财产够国人过一年美国人生活水准,那是他们说的,说过与不及一样坏。)所以要征用,最客气的办法是征用十五年,到民国五十一年还他们本息,他们要的是黄金美钞,到那时都可以的。你们饶国家十五年,给一个喘息的机会罢。这办法自须先有立法程序,我想立法院可以压倒多数(如非一致)通过。

有朋友问我,你说孔宋不好,张家璈何如?我说,何止张家璈,连那些"自由计划经济家",无知低能的"民生主义哲学家",等等都是愈弄愈糟的!我对于过去的万忍不住,对于将来,我并是"政治经济病菌学"专家。

这篇文字全由我负责，与编辑无涉，另有在《世纪评论》两文（一卷七期八期）可与此文参看。①

(原载 1947 年 1 月 3 日《观察》第二卷第一期)

---

① 编者按：即《这个样子的宋子文非走开不可》、《宋子文的失败》两文，均为 1947 年 1 月 3 日《观察》第 2 卷第一期"观察文摘"一栏转载。

这个样子的宋子文非走开不可

古今中外有一个公例,凡是一个朝代,一个政权,要垮台,并不由于革命的势力,而由于他自己的崩溃!有时是自身的矛盾、分裂,有时是有些人专心致力,加速自蚀运动,惟恐其不乱。如秦朝"指鹿为马"的赵高,明朝的魏忠贤,真好比一个人身体中的寄生虫,加紧繁殖,使这个人的身体迅速死掉。

国民政府自从广东打出来以后,曾办了二件大事,一、打倒军阀(这也是就大体说);二、抗战胜利。至于说到政治,如果不承认失败,是谁也不相信的。政治的失败不止一事,而用这样的行政院长,前有孔祥熙,后有宋子文,真是不可救药的事。现在社会上若干人士,对于政府的忍耐,实在没有一个人可以忍耐现状,而是由于看到远景,怕更大的混乱,再死上几千万人,彻底的毁产,交通断绝,农业解体,分崩离析,弄出一个五胡十六国的局面,国家更不能有自由独立的希望。然而一般的人总是看现状不看远景的,看当前的政治,不看过去的功劳的,所以美英法政府,今天都不是他们抗战时代的组织。即是能看远景的少数人,久而久之,完全失望,彻底觉得在"魔鬼和大海之间",也只有等死而已。《书》曰,"'为政不于常',道善则得之,不善则失之矣。"①

所以今天能决定中国将来之运命者,必须会悟今天政治的严重性不在党派,不在国际,而在自己。要做的事多极了,而第一件便是请走

---

① 编者按:"《书》曰……"这是引自《礼记·大学》的话,原文如下:"《康诰》曰:'惟命不于常。'道善则得之,不善则失之矣。"《康诰》乃《尚书》篇名。

宋子文，并且要彻底肃清孔宋二家侵蚀国家的势力。否则政府必然垮台，而希望政府不垮台，以免于更大的混乱者，也要坐以待毙，所谓"火炎昆冈，玉石俱焚"，今天良善的人谁无"人间何世"之感？

宋子文第一次总持财政经济，本也看不出他有甚么政治家的风度，而为人所知的毛病实在不少。然而当时总还有人寄望于他。第一，他虽然也有钱的不得了，当时人的心中，还总以为他是用的政治地位，以"资本主义社会共同允许之方式"得来，仿佛像法国官僚，从穷小子到大富翁一样，还不会直接作了扒手，在他手中财政政策改变时，没有先加上一阵混乱，如孔祥熙在改法币时上海金融市场的怪象，弄得中外腾丑。第二，那时候国内企业在自然进步中，上海银行业在发展中，他越借钱（就是公债票等），银行越要借给他（这是资本主义走上坡路时必有之事），挟着政府力量扩大的凭借，一切满意称心。第三，那时候他虽然做到了财政经济的独裁者，如德国的沙赫特（这是说他的权力，不是说他的能耐），还并未作行政院长，"总率百揆"（孔祥熙作寿的话），他的深浅，世人未尽知。

接着，他走了，孔祥熙"十年生聚佐中兴"（这是一个什么人送孔的寿联），几乎把抗战的事业弄垮，而财政界的恶风遂为几百年来所未有（清末奕劻有贪污之名，然比起孔来，真正"寒素"得很，袁世凯时代所用的财政人员，如周自齐、周学熙皆谨慎的官僚，并没有大富），上行下效，谁为祸首罪魁？于是宋氏名声顿起，"饥者易为食，渴者易为饮"，与其说是宋的人望，毋宁说是对孔的憎恨。试想当时宋未上台前两年中重庆的街谈巷议，真正有今昔之感。又看他初次出席参政会，会场中的人，挤得风雨不通，连窗子外门外都挤上千把人，都城人士的心理，对他是怎么样热望的？稍有常识，稍知检点，稍通人情，何至于弄到今天，弄到国人"欲得而食之不厌"，而国家受他这样的摧残，不自爱的人，实在没有过于他的了。他在美国时，国人苦于孔祥熙，所以寄望于他，当时国内的一般人，总认为他对美国有办法，对经济有办法，而当时自美回来的人，颇说他在美国弄得一团糟，对经济不会有好办法，当时的人因为希望太渴了，还多不信，现在久已百分之万的证明了，还不止于此呢！

说他这几年走下坡路的行事（以前也未必走上坡路，只是大家不知道而已），国家人民也随着他走下坡路的损失，真是写不尽，我也不屑写，只把他最荒谬之点分解一下：

一、看他的黄金政策。他上台最初一件事，是给以前买金子者一个六折，这中间，有小公务员，小资本家，也有大商人，官僚资本家。当时《大公报》还是有条件的赞成，我也一样，写了一文，载《大公报》，强调政府在战时可以征用私人的资本，但须用累进的办法，尤其是再想法子找大户。前者的原则是，国家为战争筹款，必须有钱者出钱；后者的原则是，担负不能在穷人身上。现在想起来，真正做到"君子可欺以其方"了。累进办法，在参政会并且屡次提出过，我们强调他更改，财政当局说，大户买时化小户，无法子分，争执不得结果。假如照那时他的说话，已买者尚可收回，未买者如何可以不加管制？近来，有一天抛五吨，经常是每天几千条或几百条，真正做到他的"自由贸易"的原则，然而试问，如果今日如此"自由"，当年何必"充公"？金价的波动，寻常百姓是吃不消的，虽然各处集到上海的游资许多不易查考，然而一买几千条的大户是谁？岂皆不能查出？报载最近风波之掀起是山西帮，传说是孔宋斗法，二公本无好感，何不可查查，自己的人是不是也在中间？是不是因为自己的人，一家同姓，一派下属，一大组合（如美国报所说："SoongCombine""Kung Combine"）而无从下手？如其不然，中央银行卖金子的铁幕何不可以为立法院，监察院，参议会驻会委员会揭开？我们国家是不是一个金子国，取之不尽的？如其不然，是不是还有别的方法吸收游资？是不是能和整个经济政策配合？一旦用得差不多了之后，何以善其后？如果今日之"自由"是，则前年之"充公"非。如果前年之"充公"是，则今日之"自由"非。所以纵然"不是"黑暗重重，也是无办法，无见识，无原则。子子孙孙要还的黄金债，他这样子玩，玩得领导物价，不特不足平抑物价，反而刺激物价，紊乱物价，至少说来，他是彻底失败了。

二、看他的工业政策。抗战胜利，他宣言曰，后方工业，无法保持，这是事实，但总要仔细检点一下，哪些确有设备，哪些只是花玩枪，分别情形，捡好的收买其设备，所以答其赞助抗战自沪迁川之热诚，这也不是太难的事，正所谓"栽者培之，倾者覆之"。然而他一笔抹杀，不问青红皂白。所有收复区敌伪的工业，全部眼光看在变钱上，有利可图者收归"国有"，无利可图者"拍卖"，于是工厂一片停止声。去年一年，上海小工业，停顿者百分之七十五以上，今年上半年恐怕要全部解决，他为政府筹款，办中纺公司之类，只要办得好，是可以的，那些闹的，也是要分赃的，不出代价，又借流动金。然而一般工业在水准上者总须加以维持，不好，改良他，不能坐视其死，更不好，不管他，不能连好带坏一律不问，政府是有责任的。这是失业的问题，即最严重的政治问题。他毫无根本办法，听说新任经济部长，本有一个"收购成品"的计划，如生产局。他置之不理，仅仅贷小款，这是把钱投入大海的；比投大海还糟，他们拿去；好的屯积，坏的又是黄金美钞，捣政府的乱。省小钱于前，花大钱于后，忽开头于前，无所措手于后，治病的办法不做，添紊乱的办法做去。年前年后，一切一跃一倍，最近一跃几倍，还不是更要多发钞票？听说他在做了行政院长后，第一次出席院会，说：计划不必行者，即不付钱，减了还是费钱；计划可行者，不必减他钱。这是神智开朗的话，何以行起来并不如此？为少用法币，抓得紧，是对的，然而要有经济政策，使人不失业，无经济政策之财政政策，是玩不转的，发大票子，专选年关，出口加补助，不看美英法律，前者毫无常识，后者毫无知识，再由他这样下去，三个月后，景象可想，也不忍想……开万国未有之奇，他把他的政府伺候得这样子的，人民不必说了，他心中反正没有人民的。

三、看他的对外信用。美国人有许多话也是乱说的，但严重的话，出于有地位之人，不能不弄个明白，为国家留体面。麦帅的经济顾问，说他如何如何，他愤然"更正"，那个人又说，宋如不承认，我举出事实来，所谓(Soong Combine)如何如何。他便不响了。又如美国纽约《下午报》，说他把联总送中国医院的调节温度器几架搬到自己家里，这几件东西究竟在哪里，他也不弄明白。诸如此类，我实在不忍多说下去。

大凡一个上轨道的国家，原来经商的人一经从政，须摆脱商业，英国制度，不特阁员如此，即一个下院议员（上院是无作用的"辩论会"，故无此限）如其公司与政府签买卖合同，其议员资格自然无效。偏偏孔宋二公行为如此，公私难分。"大凡物不得其平则鸣"，而"以直道使人，虽劳不怨"。国家困难，上海经济难维持，假如自己有清风，仍旧可以有办法的，办人也可以取谅于人的，自己无 vested interest 可以制人的，如自己（包括其一群人）又是当局，又是"人民"，他人不得到意外便宜的，皆要反抗的。我向社会广泛提议，如立法院，如参政会，以及一切人民，都该彻底调查，上海及他地以及国外，所有豪门权族之"企业"是些什么内幕。他们的营业范围如何？他们的外汇得自何处。

四、看看他的办事。他在行政院，把各部长都变成奴隶，或路人。一个主管部的事，他办了，部长不知，看报方知之，真正偏劳得很，各部长建议，置之不理是最客气，碰钉子更寻常。这是他有兴趣的部。如无兴趣的部，则路人相待，反正要钱无钱，说话不理。他可以说，行政院不是由他组织的，这也是事实，然而如由他组织，不知是哪些小鬼呢。他平常办事，总是三几个秘书，在上海，总是三几个亲信，还有他的三几个"智囊团"，行政大事尽于其中矣，国家命运如此决定矣。我看，他心中是把天下人分做两类，其一类为敌人，即现行的敌人和潜伏的敌人（Potential Enemies），其一类为奴隶，中间并无其他，所以他管到哪个机关，哪个机关的长官便是他的奴隶，至于一切其他人。他都不愿见，见亦无可谈，开会不到，立法院参政会请他不来，至于人民请愿，更不待说，见人傲慢而无话，似乎奴隶之外全是他的敌人。这样行政，岂特民国"民主"不容有此，即帝国专制又何尝可以。只有中国是他的私产，他才可以如此做的。

五、当政的人，总要有三分文化，他的中国文化，请化学家把他分解到一公忽，也不见踪影的，至于他的外国文化，尽管英国话流畅，交些个美国人（有美国人说，看他交接的是些什么美国人，便知道他是什么人）是决不登大雅之堂的。至于他的态度，举两件一轻一重的事为例：他大可不请客，既请客，偏无话可说，最客气的待遇，是向你面前夹菜,此之谓喂客,非请客也。胜利后第一次到北平,时常在某家,一日,大宴会,演戏,文武百僚地方绅士毕集,他迟迟而来,来的带着某家之某人,全座骇然,此为胜利后北平人士轻视中央之始,因为当时接收笑话,尚未传遍,这事我只可说到此为止。在高位者,这些是要检点的。

说他不聪明罢,他洋话说得不错,还写一笔不坏的中国字(我只看到报载他的签名),说他聪明罢,他做这些事;难道说神经有毛病吗?

我真愤慨极了,一如当年我在参政会要与孔祥熙在法院见面一样,国家吃不消他了,人民吃不消他了,他真该走了,不走一切垮了。我们要求他快走。

各报载,今日之黄金潮是孔帮与他捣乱,他如退休在上海的"林泉",焉知他的帮不与后任捣乱?后任未必行,即行,四行在几种势力下如何办事,何况另有他法捣乱?所以孔帮宋帮走得远,也许还有办法,因为假如整顿财政经济,必须向这几个最大的"既得利益"进攻的,如其不然,不堪再摘,"流共工于幽州,放驩兜于崇山",是最客气的办法,"摒诸四夷不与同中国",才是最小可能有效的办法。我虔诚希望有此事,不然,一切完了!……国人不忍见此罢?便要不再见宋氏盘踞着!

(原载1947年2月15日《世纪评论》第一卷第七期)

时代与曙光与危机

"时代是一个什么东西"？真是一句很难回答的话。想解决这个答案，不免牵动了许多方面，从形上学的见解，到常识。现在姑且以我这不曾学问的见识——因为我不曾学过社会学——下个解说，权当为这篇文章而作的设想罢了。

一个民族，或一团互相接触而具有大共同生活的若干民族，忽然生活上失了一个大渊源，或得了一个渊源，或由遭变（Mutation）的缘故和遗传下的现状不尽合了，于是知觉界里起了一番对待的了解：这了解先从小小的地方漫漫散延，到了一个时期，便影响到一切上，而发生破坏与建设双扇的影响人生的运动；这个或这些民族所据的时候，就被这个了解染上颜色了，其中自不免还有别的颜色一齐下进染色缸里，不过染成的结果是个虽然夹杂而有一种"主要的"颜色。这个主要的颜色定这个时代。所以我们可以说时代是一种异样的——就是不和以前以后同的——生活所占据的垂直领域。

天地间的事物和道理没有一件是绝对的，是永久的，因为他们都随着时代染颜色，而时代又是不住的，所以为谋一身或一团或一族的生活，第一要认清时代，然后是非有标准可据。

请问现在是什么时代？我再做个不假学问的回答：是在一步一步以理性为根据、要求平等的长时期中的一级。近世史是要求平等的历史。最初一步的宗教改革，是觉悟的宗教信徒，本着理性，向教会要求平等的运动。后来的政治革命，是觉悟的人民，本着理性，向政权的僭窃者要求平等的运动。然而僭窃者何尝专是帝王贵族绅士的高号呢，我们不劳而衣食的人，对于社会牺牲的无产劳动者也是僭窃者。将来他们革我们的命,和我们以前的人革帝王贵族的命是一种运动。所以这以前过了一小点,以后放着一大部的社会改造运动,不过是以往政治革命的补充,其意味没有两样。未来的究竟,仿佛悬着个无治的族。这有始有终的政治社会改造运动,从千年后看来,必然自成一个段落而号一个时代。至于运用这一个时代的精神在那里呢?就是人人以"社会为家"的理解。这句成语是希腊人的遗产。据我分析看来,有几层意思,第一,负社会的责任,拿做当惟一的责任,远在个人的家庭的责任心之上;第二,觉得社会有和家庭同样的恋爱力,不特不能离,且断乎不忍离,为他出力,不专希望成就取得报答,有不止不倦的心境;第四,把家族的亲密诚实无间、无拘无伪的意味推到社会上。有这番理解,然后人的动力可以充量发泄,而换到要求平等的效果。

　　罗马人说得好,"我们罗马人是一家人"。他们觉得罗马城里的事,大大琐琐都极切己,然后起了"朴雷伯之争",然后成就了历史上的一番伟壮事业。希腊人有一种特别彩色,是极有趣味一句话。他们觉得一身的官能所接触的都是极有味的,所以凡事便奈何他一番,结果他们才变成极有趣味的人。他们的趣味是以宇宙的和自然的情绪为渊源,这情绪蕴积生衍的结果是个泛平等观,然后为平等的努力和要求。希腊各城内部的历史,就是这样的历史,把这副精神遗传到近代,才有近代史。近代民族在大体上说,不过是把希腊的和罗马前半的历史重新演一番,虽然近代比古代范围广些,问题复杂些,社会上摆列的次第颇不一样,而物质方面更有深浅的分别,但是其以"以社会为家"的理解为平等的努力和要求,却没有两样。"以'以社会为家'的理解为平等的努力和要求"——这一句话,是使历史的踪迹留得住的。请看东方民族所建的大国家,如成吉思汗的帝国,铁木真的帝国,钦察汗,莫窝儿,何以不留踪迹呢?只因为不是这一幅民族的真精神,所以民族的踪迹留不住。历史上有个很动人注意的现象,就是凡一个亚利安民族,当开化之始必把这一副精神大大的发挥一番,希腊、拉丁、日耳曼各族不消说了,东方的印度族为平等的努力和要求,造成了许多恩物,它那副自然的宇宙的精灵的情绪,几乎比希腊人还深些,更把泛平等观推到超于物质的精神上，虽免不了渺渺冥冥，然更可表出亚利安族精神的伟大。再看近来开化的斯拉夫族——姑以俄罗斯人为代表——那一种和宗教精神一样魄力，而理解相反的郁结的泛爱，恰似希腊方开辟的年代。但历史上的亚利安人发挥这个精神，又和近代和现世有个不一样的现象，历史上的亚利安人最先是如此的，到后来吃饱了、发肥了、快乐了之后，便渐渐的变成个东方民族，就把这副民族的真精神丢掉。近代的亚利安各族和受亚利安化的各族，因为交通带着他们调和文化，使得他们平衡经济的享受和压迫，使得他们循一定的方向，科学使得他们了解群类生活的前因后果，更替他们开了一个奋兴的希望的大统系，所以他们能把这副精神保持住，不因为物质膨胀而丧失，并且推到已经消歇过的民族，使他返老为童，而且推到原不曾有这精神的民族，最后的结果——现在固未尝到——是各民族同赋了这个精神，而且永远保持。所以历史上的文化是一个民族独担的，担不起了，再让给别个。近代的文化是一些民族合伙担的，到后来谁也不许说"担不起了"。这个在文化上民族精神的共活，是近世现在和将来的时代的特征。

历史是记人的动作的。人的动作不外两种方向：一优越的要求，二平等的要求。罗马城内的争是下级对上级平等的要求，罗马城外的争是罗马人对外族人优越的要求。希腊各城内部的争是平等的要求，各城的互争是优越的要求。优越的要求是生物学上的遗传，所谓竞争之后最适者得余生。人却有个超于动物的理性和人的同情心，所以在前一种以上又有平等的要求，这两种要求在近代、古代都有的，不过有消长的关系。在古代，事迹多从优越的要求而出；平等的要求虽然力量和意味极大且长，而所占据的面积非常的小。近代是平等的要求向最大的面积伸张的时代，最后的结果——现在离着尚远——是社会上的"山渊平"，而一切的意味，差不多又和不曾进化的猿人有个共同的根据地，至于精粗的不同是不消说的。所以世界的进化从猿人到未来的究竟不是照着圆圈周而复始的进行，也不是直线的进行，乃是个抛物线。起点终点都在平地上，不过地点不同罢了。

转过来,看看中国现在是个什么时代。第一层,我们要粗略晓得它的前因;第二层,我们看看它的横切面;第三层,我们就民族的质性上,诊断诊断它的意义。就第一层说,我们须得从远处大略说起。凡研究中国社会上任何问题都不要忘现在的中国社会,和运用它的素质,是被二千年的专制历史陶铸成的。从封建跳入新潮流,和从专制跳入新潮流,所得结果当然不同。封建诚然不是一个好制度,却还存着几分少数人自治的精神,不至于把粘土变成沙漠,把生长体变成机械,把社会的发育换作牛马群的训练。顾亭林论封建,几乎要把郡县变作土司一般的制度。这个主张在外表看来仿佛迂得可笑,若就他立论的意思着想,实在是"有感而发",土司还比专制好;土司纵不能帮助社会的滋长,也还不至于把社会变成散沙一般的群众。在专制之下只有个个人,没有什么叫做"公"的,所以在个人的责任心之外,不负个社会的责任心,原是当然。所以中国的社会大半是机械似的,不能自生自长自持自动,一切全由外力。《中庸》上孔丘说"人存政举,人亡政息",这话很可推到中国社会上的现象。我并不是到现在还骂专制,我是因为专制的名字虽然被人唾弃了,而中国社会仍然是专制陶熔的,况且运用专制的质素,还深深的印在社会里人人心中,人人的习惯上,不得不把他指明,免得他瞒混过去,再去演罪恶。请看中国人崇拜政治的心理,可以知道他还不忘专制了。他总希望大人物出来,有所凭藉而去转移社会,仿佛看得改造像运机器一般,而与培植树木发展体力的办法远。我说句卤莽的话,凡相信改造是自上而下的,就是以政治的力量改社会,都不免有几分专制的臭味;凡相信改造是自下而上的,都是以社会的培养促进政治,才算有彻底的觉悟了。至于武人官僚、卖国团、安福俱乐部,都是历史上相传下来的积毒大发作——信机械力的人,其行事的结果必至于大溃决。现象是这样的,内质又是那样的,虽然把他的名字铸成众矢之的了,把他的流毒看作废气了,然而他的质素既已化作习惯,潜着运行而不及觉察,则我们不得不留他的神,以便处置他。我常时有个比喻,现在的中国人远远的望着了曙光,然而身上穿着袁世凯的祭服,要去跳进世界流去,这是中国现在的时代被他的前因支配的大概。

习惯的势力,是不能不承认的。它能使你觉着不是而改不了,或者竟把你的不是瞒蔽着不及察觉,"放下屠刀,立地成佛"——这是说觉悟的强大功能,这话我不能不承认它也有几分理由,然也有不尽然的。在有绝顶坚强意志的人或者可以如此,至于就大多数人而论,觉悟是不可全靠的,觉悟是未必停得住的,觉悟未必能另换一个人格出来,必把所觉悟的养成习惯然后"见诸行事",所以觉悟之后不直接着就是完全的改行,其间免不了这习惯养成的一级。中国人从发明世界以后,这觉悟是一串的。第一层是国力的觉悟;第二层是政治的觉悟;现在是文化的觉悟;将来是社会的觉悟。前两层——过去的——并不曾踏下根,养成习惯,还没有弄出点成绩出来,而已经急转直下了,自甲方面说,进步不可说不快;自乙方面说,觉悟还不曾养成行事的习惯,轻飘飘的,更不曾造出成绩,到现在所得的结果——就是从第二层觉悟入到第三第四层——只是一个精神的大解放,积久的权威能突然坠地,而新建设的活动力不能受前一层觉悟的恩物的帮忙。兼程并进的进取,何尝不是中国此刻所要求的,不过,分别看来,快走则可,隔着个墙跳过去,则不能。我以前很觉得跳墙的进取最便当,现在才知道社会的进化不能不受自然律的管辖,从甲级转到乙级,必须甲阶级试验失败了,试验它的人感觉着不彻底不圆满了,然后进入乙级,乙级的动作方有魄力,否则乙级建立在空中,力量必然薄弱。读者不要误会我的意思:我绝对不主张不要急进要缓进,我是说我们不可不晓得前两层觉悟的无结果,很有些影响于后来的觉悟,这话很容易明白,中国人关于政治的觉悟所办出的成绩,不如理想所期之多,现在转到社会的觉悟上了,就甲方说,社会的改造不能凭藉着政治革命所建立的成绩而厚其力量。就乙方说,政治革命还在葫芦提着,还算不曾做过彻底的试验。所以社会改造在政治改造身上找不到一个明白的目标而行其推翻。请把日本做榜样,日本是在政治改造上有成效的,现在转到社会改造上了,就甲方看,政治上的建设有许多可借社会改造之用,如:因政治的力量、资本的经济大发展而有大工厂,一转就成了社会主义的发祥地——是一个好例。就乙方看,他们的人民眼看着政治改造彻底试验了,国也强了、富了,穷人更要没米吃,于是乎待政治而起的社会改造运动,必有极大的威猛,所以日本将来的社会改造定有力量。我们晓得有这一层道理,那么,既知道社会改造运动的根基薄弱了,更要大家努力将持它,不可使它再随便葫芦题下去。原来中国人既受很长久的专制,逢事葫芦题也是在长久专制的支配之下,当然的现象,再加上中国人每于觉悟之后善于反动,到了现在,社会上真七岔八乱了。自从欧化到中国来,还不曾深深习染,先起了很强烈的反动,学术思想上的反动,可以以章太炎为代表,政治上的反动当然以袁世凯为代表,远远的驼着专制精神的压力。近来又逢着思想政治的大反动,兼以中国人不曾有很强固的魄力搬运新潮流的思想,又极少以行事合着思想的一致精神,所觉悟不过仅在知觉界里放光明。于是乎现在这个时代所受之于历史的支配的显出个浮而紊的状态,浮是无根基,紊是若干头绪若干趋向涌于一时直到了这番的无领袖,不用手段的不计算结果的□□□□,才算真社会运动,才算把处置社会的真方法觉悟了。以后若抱着这个头绪,而以坚强的觉悟做根基,更须加上一番知识的大扩充做下去,便可渡过现状的难关了。

以上是就现在的前因上说,以下转到上文说的第二层,就是现在时代的横切面,说一说。

以前中国社会上有个很奇异的现象,就是上级的社会和下级的社会,差不多可以说是不接触,上级社会的政治法律礼俗等,影响不到下级社会;下级社会有他们自治的方法。现在这现象稍须变了,而另有一个可注意的现象出来,就是大城市和乡村或小邑的生活,在经济上、思想上、生活状况上、组织上、文化阶级上、习俗上……截然不同,两者之间竟很少一些流通的脉络。为这个缘故,现在,定一个改造社会的——这个两截社会的——运动的方针,也竟非双肩不可——就是说办法上不能一致。我们在学校读书的人,每每把社会改造当件容易事;记者这次乡居和劳动者与农民交接了一番,才知道做去颇不容易:城市的劳动者恶习极深;农民的生活倒是很纯洁,其价值远在城市的劳动以上，不过经济上大不发展了，将来伴着他们经济的发展，就是恶习的增加。记者现在主张，对于改造农民生活，尽可"卑之无甚高论"，只要帮助他们维持和发展他们固有的自治的意义，再灌上最小限度的知识，而以发展他们的经济状况为惟一目的，就够了，其他尽可暂缓。一则因为他们的经济状况太低下，所以别的谈不上；二则因为他们固有的自治组织是散开而几乎不相接触。若老子所期望的，既没有集中的团结，则社会改造运动不得其口而入。所以此后改造社会的主义，当然是对着一般城市社会的状况而发的。农民社会的情形和这不同，当然要另具一副法子，然而暂不能兼顾，只好暂且放在一边。不过使城市社会和农民生活接触——原来接触很少——却是要紧的，因为若不促进中国人文化的大略一致和生活的相触接，便不能增进中国民族的健康。至于就大城市的一般社会说来，又犯了互不接触的毛病，职业一有不同，生活上便生差异，思想上必不齐一。在一个大城里，异样的社会很少社会的关系，至于联合起来而营社会的共同生活，造出一个团结的组织，又就着这组织活动去，更是谈不到的。所以有人说，中国的社会只有群众，并不是社会。这都由于一切的社会之间，太没有联贯的脉络，就太少有动的力量了。现在促进社会的办法，第一步便是疏通脉胳：一方把大城市的社会和农民的社会联络起来，一方把城市中的各类社会互相联络起来，一方把城市中的各类社会互相联络，而生动作出来——这是因为就中国现在社会的横切面看来，散立的分子太多，脉络太少了，而横切面中所以有如此现象者，仍为着（1）原来的社会就散漫；（2）而且和西洋人接触以后，经济上生了大变态，彼此相悬太甚，便把原来的"合拍"破坏了。又因为新思想进来，化了一部分原留着些毫不化过的，其间心神情意上相离必然更远了。

一民族的社会文化，有人分做四部看去，一普遍质，二中心质，三遗剩质，四突出质。倘若这四部分位置得合法，然后有了社会的康健，第一、第二两种仿佛是一件事，其实也还有分别，在未曾发达到极高度的国家，普遍质虽有极大的影响，然而未必居一国文化的中心，较少有使它的文化前进或后退的势力，而能力使它的文化前进或后退者，乃另是一种原素,根基较为薄弱而有很好的凭藉,所以能居中心的地位——中国就是一个好例。剩遗质是前一个时代的遗产,就一方说来,它也有调节生活剧变的好效力,在一个经济不发达的国家,它更在分配上能维持一部分的公平。但是人是进化的动物,这种原素其中纵含有一部分的养料,也因为化合的不妥,没法存着,只好打在老废物里洗刷去。特出质是染未来的时代的色彩的,它若有厚蓄的力量,而发展上快而且固,便可证明这社会至少有一部分的健康。看看这四部在中国社会里配置的情形,不由得令人难受,普遍质和遗剩质几乎混合为一——就是,在中国最普遍的文化,仍然是前一个时代的文化,中心的文化是什么,差不多指不出来。姑且以大城市的文化当它,我们很容易看得这大城市的文化,在经济上是个被人狠狠剥夺,而又不能消化物质成养分的;在思想上是个极沉滞,而又极浅陋薄弱的;在生活上是极无滋味的,就是有力奢侈的人一味浪费,无力生活的人坐待枯槁。——总而言之,这种文化所造就出的最大部分,是只为浅近物质生活的奴隶的人,简单的说,中国此刻的社会,除去农民的部分,另是一状态外,其余的社会——有力量的城市中社会——是用着历史上传下来的老脾胃,换个新款式尽量发挥出来的。至于特出的文化,当然是这一般觉悟的青年所据有的了,不过所可虑者,这一类文化的发展培养出的部分少,激动来的部分大。试举一个例,在有眼光的政治家治下所培成的革新运动,和在倪嗣冲、张作霖、张敬尧、陈树藩治下所激成的革新运动,自然有根基厚薄的不同。

至于就中国的民族上看,它影响时代的情形如何,也可略说一二。中国的民族富于感觉性而薄于把持感觉性,是个聪明的民族,可惜有个民族的精神衰弱症。这现象很容易看出,一般人早成早谢,崇拜小聪明,贪图目前的小利益,以苟且为处置事务的办法,注意点不能持久,而又不能专一,怕根本的改革法,都是很明白的经验。社会上明达的见解比较的还不算绝少,而绝少强固的精神。凡号称聪明的人,多半神经过敏,神经过敏就是神经衰弱。特立独行和智力卓绝的人极难遇到,一般人的能力知识都和他的职业一样,可以随便转换,更和他的生活一样,左右离不了那么一套。这样民族所支配出的时代,自然是个很显得疲劳的时代,偏偏世界要打到一窝去,想不合伙不能,于是乎在很可乐观的潮流变化之内,不免现出点强打精神的色泽。

但精神衰弱在个人不是不能医治的病症,在民族也是如此。所以使个人或民族的精神衰弱,总不外两个原因,一精神上的约束,二生活上的压迫。好在精神解放现在已有了——部分的成绩,就用这解放了的积聚得久的精神去谋生活改善,又当这样的一个世代,自然要变了,以前静默的光景,社会的旧组织死了,所以没有维系与发展社会的中心能力,所以社会上有个散而且滞的共同现象,现在的时代就是一个新中心,能力渐渐升高蔓延的发端。

照以上所说,虽有些悲观的现象,但良好的动机固已有了。这动机就染这个时代的颜色。为经济的压迫,觉悟上的促动,这个时代现出它的真活动力来,就内部说是变化社会,就外部说是加入世界流。总而言之,以前的加入世界团体是国家的,以后要是社会的这一转移,就现出现在的时代。

所谓社会的加入世界团体。换句话说,就是以世界的社会趋势做榜样去改造我们固有的社会。改造社会靠两层力量,一社会的了解,二社会的责任心。社会的了解含着:(1)固有社会的病症;(2)理想社会的标的,和(3)应机进行的积续。譬如我们知道中国人——和世界的人——所受的苦痛和压迫,根本上由于这个资本私有的制度,要是想好非达到资本公有的目的不可,并且还要知道从旧状态到新状态应该怎样办去,大题目是这样,小事件也是这样。要想做去,非先知道不可做去的分数永远赶不上知道的分数,没有不知道能做出的,但仅仅知道——不能创作的知道——是没有丝毫用处的。要是把中国人知道的事都行出来,必不会有这样的现状:中国人知道的虽然不多,毕竟比它做出来的还多得多,中国人早知道恶政府要不得,然而恶政府至今存着,这都由于知道以外确欠一个责任心。去年我在一本英国杂志上见到一篇批评波斯人的文章,大略说波斯人中上阶级的教育也还勉强过得去,有知识的人士颇不少,但是几乎人人是小气的,所以明明知道的事，偏偏做不出来，有了解心，无责任心，结果就造成了波斯的腐败。这话简直和批评中国人一样，中国人的没有社会责任心，可以从积极、消极两方看去，现在有一种最普通的现象，就是人人不安于位，刻刻想着一身的地位增进；人人不自揣不知道自己的价值几何，偏要以侥幸的手段求过分的收获，把人的肉拿来自己吃，就不问影响于社会的是怎样了。我们可以说这一般人的心理是不惜亡国灭种以逞其私，多数人求侥幸、求躁进、求过分的收获，就是亡国灭种的根源，这是没有社会责任心的积极方面。睁着眼睛看人卖国乱政、涂炭地方、破坏代议制，绝了中华民族一线不断的人格，不过是长吁短叹而已，顾着身家，怕着势力，一丝也不动，明知道他们偷了我们的东西去，还宣告我们的死刑，终是一丝也不动，这是没有社会责任心的消极方面。袁世凯就利用这个缺点演了一出大悲剧，其结果这缺点更膨胀了，就有了现在的局面。可是在这样一个时代之内，这局面是不能常有的，所以才有了五四以后的几个社会运动。五四运动可以说是社会责任心的新发明，这几个月里黑沉沉的政治之下，却有些活泼的社会运动，全靠这社会责任心的新发明。我们很知道这社会责任心的发明的里面，包着很多热闹事，现在这个时代的第一曙光，还不在智觉的开展，就在这个。

所以从 5 月 4 日以后，中国算有了"社会"了，

紧跟着社会责任心的发明，便要是社会道德的发明。以前一般中国人所以为道德的——哲学家的不能实行的理性道德不计外——只是个政治的和资本的道德，忠字只有一个权威的意味，孝字只有一个金钱的价值，什么廉节、报恩、好施等等，自然也有一部分的真理，不过就他们解释这些，位置这些上，都有一个很重的政治的和资本的意味。以后要转为社会的道德了，要有一个重新的组织。社会道德学说的传布和社会道德的培成，都不是很容易的事，非到时机成熟不可。道德问题乃是一个社会的、经济的、政治的问题，在前一个时代里，把后一个时代的道德理解宣布出来，势必因社会状态、经济状态的不相容，不能使它深入人心。一旦社会的责任心发明了，大家对着社会

"动"了,自然因"动"的结果,就一件事的成功或失败上追求其根源,悟到社会道德的必要,这时候人人心里有个新道德的觉悟,于是乎社会道德就渐渐的养成,凭空以新道德说贯注给人,是使人用演绎的法子领会,其根基比较的薄弱;任他们的事业上生活上自己体会出来,是用归纳的法子觉悟,其根基自然要深固的。所以就这时代看来,新道德观念必然要自动的即刻从个个青年脑中溢出,而社会道德必成此后这个时代的一个最大问题。

转来再就思想上说。近代的思想有两种趋向:一、个性的;二、社会的。前几个世纪是个性的发展,近几十年是社会性发展。中国人在这个时候自然免了不加入最近的趋向,不过前一时代的个性发展,也是我们所必须要求的事情。不经个性充分发达的一个阶级,文化上必觉得干燥无味,而且突然转到社会性上,文化上又很觉得根基薄弱,所以中国此后的思想运动应该是双管齐下的,文化的发展全靠着敢想、能想、想得自由。我看中国此刻新旧两方面的人,都有点不大敢想,想得不很自由,旧的方面不消说了,新的方面的人也有大略一致的现象,所介绍和创作的思想多半是很平通的,很平通的思想固然是极有用的,不过使近代思想史上放火花闪光的,极新的思想自然应该引进。为求有用而想去,必成一种社会性的思想,为求安顿我们的心识而想去,必成一种个性的思想,前一种免不了有一部分的不自由,后一种乃是极自由的。中国在晚周时代,思想五花八门,所以有那样的纷杂状况,都为着他们不肯强就他们精神上所不安,一心求解决了他们心上所感的境界。希腊的当年也是这般,这般才能活泼、才有趣味,而且不止于有趣味,还有绝大的不期而得的用处呢,凡是我们先抱一种求适宜求有用的心理,组织思想去每每想不到很奇僻的道路里去,最自由的个性思想,能辟人不能辟的路,所以无意之中,时常得着人不能得的效果——从崎岖闭塞危险的路里探出真理来。有用没有用简直是事后因时变化的事,决不是能预先断定的事。中国人此刻关于安顿他们精神上太不忠诚了,明明的要这般做,却不敢照他所做仔细想成条理发表出来,没有承认他的行事和他的思想一致的胆量,先承认他心之所安和他身之所适是矛盾的。遍社会上是些极端为我的人，为浅近物质生活的奴隶的人，却没有一部把这思想组成统系，大胆发表出来的书，因为他们只敢如此做，不敢照着做的样子想去求得个理性的证明。我看他们不敢想的毛病比他们敢想做的毛病还大，现在正该介绍些发明些敢想的思想，好让一般人大着胆儿一想。一方自然要养成平实有用的社会性思想，一方发挥个性的思想，也于文化上有绝大补助，两样合成才能就这个所谓文化运动。

但是个性的自由思想决不是无边际无着落的妄想所能冒充的；能自由思想的人，必是能了解和使用科学性的人。科学在人心里手上，因人的性质不同而异其意味，同是一个电学，汤姆生约瑟心里的电学，和普通电学家心里的电学，和电气工程师心里的电学，和电机修理匠心里的电学截然不同。有的人看得科学是真理，有的人看得是发挥精灵活动最有趣味的事物，有的人看得是"利用厚生"的器具，它也因为人待他不一样也就异其效用。中国人以前对于科学只承认了它的物质的效用，不知道它的精神的效用，所以它也不和中国人亲切起来，勉强给中国人很少些的物质的效用，毫不帮助中国的文化发展。现在人渐渐于机械的科学观以外，有个精神的科学观，知道科学不特是狭义的有用，并且是个精神的兴奋剂，所以此后中国人对于科学脱了"制造局的主义"了，入了……（下缺）

（前缺）……国人群的活动力最后的一次试验，中国人是不是能不能为世界的一部分，惟一的一次。我们既是这个时代的人，自然负了完成这个时代的意义的责任。

(原载1996年12月《中国文化》第14期，此稿系台湾中研院史语所王汎森先生提供)

第三辑　史学类

历史语言研究所工作之旨趣

历史学和语言学在欧洲都是很近才发达的。历史学不是著史；著史每多多少少带点古世中世的意味，且每取伦理家的手段，作文章家的本事。近代的历史学只是史料学，利用自然科学供给我们的一切工具，整理一切可逢着的史料，所以近代史学所达到的范域，自地质学以至目下新闻纸，而史学外的达尔文论，正是历史方法之大成。欧洲近代的语言学，在梵文的发现影响了两种古典语学以后才降生，正当十八十九世纪之交。经几个大家的手，印度日耳曼系的语言学已经成了近代学问最光荣的成就之一，别个如赛米的系，芬匈系，也都有相当的成就，即在印度支那语系也有有意味的揣测。十九世纪下半的人们又注意到些个和欧洲语言全不相同的语言，如黑人的话等等，"审音之功"更大进步，成就了甚细密的实验语音学。而一语里面方言研究之发达，更使学者知道语言流变的因缘，所以以前比较言语学尚不过是和动物植物分类学或比较解剖学在一列的，最近一世语言学所达到的地步，已经是生物发生学、环境学、生理学了。无论综比的系族语学，如印度日耳曼族语学等等，或各种的专语学，如日耳曼语学、芬兰语学、伊斯兰语学等等，在现在都成大国。本来语言即是思想，一个民族的语言即是这一个民族精神上的富有，所以语言学总是一个大题目，而直到现在的语言学的成就也很能副这一个大题目。在历史学和语言学发达甚后的欧洲是如此，难道在这些学问发达甚早的中国，必须看着他荒废，我们不能制造别人的原料，便是自己的原料也让别人制造吗？

论到语言学和历史学在中国的发达是很引人寻思的。西历纪元前两世纪的司马迁,能那样子传信存疑以别史料,能作八书,能排比列国的纪年,能有若干观念比十九世纪的大名家还近代些。北宋的欧阳修一面修《五代史》,纯粹不是客观的史学,一面却作《集古录》,下手研究直接材料,是近代史学的真工夫。北南宋的人虽然有欧阳修的《五代史》,朱熹的《纲目》,是代表中世古世的思想的,但如司马光作《通鉴》,"遍阅旧史,旁采小说",他和刘攽、刘恕、范祖禹诸人都能利用无限的史料,考定旧记,凡《通鉴》和所谓正史不同的地方,每多是详细考定的结果。可惜长篇不存在,我们不得详细看他们的方法,然尚有《通鉴考异》说明史料的异同。宋朝晚年一切史料的利用,及考定辩疑的精审,有些很使人更惊异的。照这样进化到明朝,应可以有当代欧洲的局面了,不幸胡元之乱,明朝人之浮夸,不特不进步,或者退步了。明清之交,浙东的史学派又发了一个好端涯,但康熙以后渐渐的熄灭,无论官书和私著,都未见得开新趋向,这乃由于外族政府最忌真史学发达之故。言语学中,中国虽然没有普日尼,但中国语本不使中国出普日尼,而中国文字也出了《说文解字》。这书虽然现在看来只是一部没有时代观念,不自知说何文解何字的系统哲学,但当年总是金声玉振的书,何况还有认识方言的𫐄轩使者?古代的故事且少论,论近代:顾炎武搜求直接的史料订史文,以因时因地的音变观念为语学。阎若璩以实在地理订古记载,以一切比核辩证伪孔,不注经而提出经的题目,并解决了他,不著史而成就了可以永远为法式的辩史料法。亭林、百诗这样对付历史学和语言学,是最近代的:这样立点便是不朽的遗训。不幸三百年前虽然已经成就了这样近代的一个遗训,一百多年前更有了循这遗训的形迹而出的好成就,而到了现在,除零零星星几个例外以外,不但不因和西洋人接触,能够借用新工具,扩张新材料,反要坐看修元史修清史的做那样官样形式文章,又坐看章炳麟君一流人尸学问上的大权威。章氏在文字学以外是个文人,在文字学以内做了一部《文始》,一步倒退过孙诒让,再步倒退过吴大澂,三步倒退过阮元,不但自己不能用新材料,即是别人已经开头用了的新材料,他还抹杀着。至于那部《新方言》,东西南北的猜去,何尝寻扬雄就一字因地变异作观察？这么竟倒退过二千多年了。

推绎说去，为甚么在中国的历史学和语言学开了一个好的端绪以后，不能随时发展，到了现在这样落后呢？这原故本来显然，我们可以把一句很平实的话作一个很概括的标准：(一)凡能直接研究材料，便进步。凡间接的研究前人所研究或前人所创造之系统，而不繁丰细密的参照所包含的事实，便退步。上项正是所谓科学的研究，下项正是所谓书院学究的研究。在自然科学是这样，在语言学和历史学亦何尝不然？举例说，以《说文》为本体，为究竟，去作研究的文字学，是书院学究的作为。仅以《说文》为材料之一种，能充量的辨别着去用一切材料，如金文、甲骨文等，因而成就的文字学，乃是科学的研究。照着司马子长的旧公式，去写纪表书传，是化石的史学。能利用各地各时的直接材料，大如地方志书，小如私人的日记，远如石器时代的发掘，近如某个洋行的贸易册，去把史事无论巨者或细者，单者或综合者，条理出来，是科学的本事。科学研究中的题目是事实之汇集，因事实之研究而更产生别个题目。所以有些从前世传来的题目经过若干时期，不是被解决了，乃是被解散了，因为新的事实证明了旧来问题不成问题，这样的问题不管他困了多少年的学者，一经为后来发现的事实所不许之后，自然失了他的成为问题的地位。破坏了遗传的问题，解决了事实逼出来的问题，这学问自然进步。譬如两部《皇清经解》，其中的问题是很多的，如果我们这些以外不再成题目，这些以内不肯捐弃任何题目，自然这学问是静止的，是不进步的。一种学问中的题目能够新陈代谢，则所得结果可以层层堆积上去，即使年代久远，堆积众多，究竟不觉得累赘，还可以到处出来新路，例如很发达的天文物理化学生物等科目；如果永远盘桓于传留的问题，旧题不下世，新题不出生，则结果只是旋风舞而已，例如中国的所谓经学中甚多题目，如西洋的哲学。所以中国各地零零碎碎致力于历史或语言范围内事的人也本不少，还有些所谓整理国故的工作，不过每每因为所持住的一些题目不在关键中，换言之，无后世的题目，或者是自缚的题目，遂至于这些学问不见奔驰的发展，只表昏黄的残缺。(二)凡一种学问能扩张他研究的材料便进步，不能的便退步。西洋人研究中国或牵连中国的事物，本来没有很多的成绩，因为他们读中国书不能亲切，认中国事实不能严辩，所以关于一切文字审求，文籍考订，史事辩别，等等，在他们永远一筹莫展。但他们却有些地方比我们范围来得宽些。我们中国人多是不会解决史籍上的四裔问题的，丁谦君的《诸史外国传考证》，远不如沙万君之译外国传。玉连之解《大唐西域记》，高几耶之注《马哥博罗游记》，米勒之发读回纥文书，这都不是中国人现在已经办到的。凡中国人所忽略，如匈奴、鲜卑、突厥、回纥、契丹、女真、蒙古、满洲等问题，在欧洲人却施格外的注意。说句笑话，假如中国学是汉学，为此学者是汉学家，则西洋人治这些匈奴以来的问题岂不是虏学，治这学者岂不是虏学家吗？然而也许汉学之发达有些地方正借重虏学呢！又如最有趣的一些材料，如神祇崇拜、歌谣、民俗，各地各时雕刻文式之差别，中国人把他们忽略了千百年，还是欧洲人开头为规模的注意。零星注意，中国向来有的。西洋人作学问不是去读书，是动手动脚到处寻找新材料，随时扩大旧范围，所以这学问才有四方的发展，向上的增高。中国文字学之进步，正因为《说文》之研究消灭了汗简，阮吴诸人金文之研究识破了《说文》，近年孙诒让王国维等之殷文研究更能继续金文之研究。材料愈扩充，学问愈进步，利用了档案，然后可以订史，利用了别国的记载，然后可以考四裔史事。在中国史学的盛时，材料用得还是广的，地方上求材料，刻文上抄材料，档库中出材料，传说中辨材料。到了现在，不但不能去扩张材料，去学曹操设"发冢校尉"，求出一部古史于地下遗物，就是"自然"送给我们的出土的物事，以及敦煌石藏、内阁档案，还由他毁坏了好多，剩下的流传海外，京师图书馆所存摩尼经典等等良籍，还复任其搁置，一面则谈整理国故者人多如鲫，这样焉能进步？（三）凡一种学问能扩充他作研究时应用的工具的，则进步，不能的，则退步。实验学家之相竞如斗宝一般，不得其器，不成其事，语言学和历史学亦复如此。中国历来的音韵学者审不了音，所以把一部《切韵》始终弄不甚明白，一切古音研究仅仅以统计的方法分类，因为几个字的牵连，使得分类上各家不同，即令这些分类有的对下，也不过能举其数，不能举其实，知其然不知其所以然。如钱大昕论轻唇舌上古为无之，乃自重唇舌头出，此言全是，然何以重唇分出一类为轻唇，唇头分出一类为唇上，竟不是全部的变迁，这层道理非现在审音的人不能明白，钱君固说不出。若把一个熟习语音学的人和这样一个无工具的研究者比长短，是没法子竞争的。又如解释隋唐音，西洋人之知道梵音的，自然按照译名容易下手，在中国人本没有这个工具，又没有法子。又如西藏、缅甸、暹罗等语，实在和汉语出于一语族，将来以比较言语学的方法来建设中国古代言语学，取资于这些语言中的印证处至多，没有这些工具不能成这些学问。又如现代的历史学研究，已经成了一个各种科学的方法之汇集。地质、地理、考古、生物、气象、天文等学，无一不供给研究历史问题者之工具。顾亭林研究历史事迹时自己观察地形，这意思虽然至好，但如果他能有我们现在可以向西洋人借来的一切自然科学的工具，成绩岂不更卓越呢？若干历史学的问题非有自然科学之资助无从下手，无从解决。譬如春秋经是不是终于获麟，左氏经后一段是不是刘歆所造补，我们正可以算算哀公十四年之日食是不是对的，如不对，自然是伪作，如对了，自然是和获麟前春秋文同出史所记。又譬如我们要掘地去，没有科学资助的人一铲子下去，损坏了无数古事物，且正不知掘准了没有，如果先有几种必要科学的训练，可以一层一层的自然发现，不但得宝，并且得知当年入土的踪迹，这每每比所得物更是重大的智识。所以古史学在现在之需用测量本领及地质气象常识，并不少于航海家。中国史学者先没有这些工具，那能使得史学进步，无非靠天帮忙，这里那里现些出土物，又靠西洋人的腿，然而却又不一定是他们的脑袋，找到些新材料而已。整理自己的物事的工具尚不够，更说不上整理别人的物事，如希腊艺术如何影响中国佛教艺术，中央亚细亚的文化成分如何影响到中国的物事，中国文化成分如何由安西西去，等等。西洋的东方学者之拿手好戏，日本近年也有竟敢去干的，中国人目前只好拱手谢之而已。

由上列的三项看来，除几个例外算，近几世中中国语言学和历史学实不大进步，其所以如此自是必然的事实。在中国的语言学和历史学当年之有光荣的历史，正因为能开拓的用材料，后来之衰歇，正因为题目固定了，材料不大扩充了，工具不添新的了。不过在中国境内语言学和历史学的材料是最多的，欧洲人求之尚难得，我们却坐看他毁坏亡失。我们着实不满这个状态，着实不服气就是物质的原料以外，即便学问的原料，也被欧洲人搬了去乃至偷了去。我们很想借几个不陈的工具，处治些新获见的材料，所以才有这历史语言研究所之设置。

我们宗旨第一条是保持亭林、百诗的遗训。这不是因为我们的震慑于大权威，也不是因为我们发什么"怀古之幽情"，正因为我们觉得亭林、百诗在很早的时代已经使用最近代的手段，他们的历史学和语言学都是照着材料的分量出货物的。他们搜寻金石刻文以考证史事，亲看地势以察古地名。亭林以语言按照时和地变迁的这一个观念看得颇清楚，百诗于文籍考订上成那么一个伟大的模范著作，都是能利用旧的新的材料，客观的处理实在问题，因解决之问题更生新问题，因问题之解决更要求多项的材料。这种精神在语言学和历史学里是必要的，也是充足的。本这精神，因行动扩充材料，因时代扩充工具，便是唯一的正当路径。

宗旨第二条是扩张研究的材料。

第三条是扩张研究的工具。这两层的理由上文中已叙说，不再复复了。这三件实在是一句话，没有客观的处理史学或语言学的题目之精神，即所谓亭林、百诗的遗训者，是不感觉着扩充材料之必要，且正也扩充不了；若不扩张工具，也不能实现这精神，处置这材料。

关于我们宗旨的负面还有几句话要说。

（一）我们反对"国故"一个观念。如果我们所去研究的材料多半是在中国的，这并不是由于我们专要研究"国"的东西，乃是因为在中国的材料到我们的手中方便些，因为我们前前后后对于这些材料或已经有了些研究，以后堆积上研究去方便些，好比在中国的地质或地理研究所所致力的，总多是些中国地质地理问题；在中国的生物研究所所致力的，总多是些中国生物问题；在中国的气象研究所所致力的，总是些中国各地气象观察。世界中无论哪一种历史学或哪一种语言学，要想做科学的研究，只得用同一的方法，所以这学问断不以国别成逻辑的分别，不过是因地域的方便成分工。国故本来即是国粹，不过说来客气一点儿，而所谓国学院也恐旧是一个改良的存古学堂。原来"国学"、"中国学"等等名词，说来都甚不详，西洋人造了支那学"新诺逻辑"一个名词，本是和埃及脱逻辑亚西里亚逻辑同等看的，难道我们自己也要如此看吗？果然中国还有将来，为什么算学、天文、物理、化学等等不都成了国学，为什么国学之下都仅仅是些语言、历史、民俗等等题目？且这名词还不通达，取所谓国学的大题目在语言学或历史学的范围中的而论，因为求这些题目的解决与推进，如我们上文所叙的，扩充材料，扩充工具，势必至于弄到不国了，或不故了，或且不国不故了。这层并不是名词的争执，实在是精神的差异的表显。（二）我们反对疏通，我们只是要把材料整理好，则事实自然显明了。一分材料出一分货，十分材料出十分货，没有材料便不出货。两件事实之间，隔着一大段，把他们联络起来的一切涉想，自然有些也是多多少少可以容许的，但推论是危险的事，以假设可能为当然是不诚信的事。所以我们存而不补，这是我们对于材料的态度；我们证而不疏，这是我们处置材料的手段。材料之内使他发现无遗，材料之外我们一点也不越过去说。果然我们同人中也有些在别处发挥历史哲学或语言泛想，这些都仅可以当作私人的事，不是研究的工作。（三）我们不做或者反对所谓普及那一行中的工作。近百年中，拉丁文和希腊文在欧洲一般教育中之退步，和他们在学问上之进步，恰恰成正比例，我们希望在中国也是如此。现在中国希望制造一个新将来，取用材料自然最重要的是欧美的物质文明，即物质以外的东西也应该取精神于未衰败的外国。历史学和语言学之发达，自然于教育上也有相当的关系，但这都不见得即是什么经国之大业不朽之盛事，只要有十几个书院的学究肯把他们的一生消耗到这些不生利的事物上，也就足以点缀国家之崇尚学术了——这一行的学术。这个反正没有一般的用处，自然用不着去引诱别人也好这个。如果一旦引了，不但有时免不了致人于无用，且爱好的主观过于我们的人进来时，带进了些乌烟瘴气，又怎么办？

这个历史语言研究所,本是大学院院长蔡先生委托在广州的三人筹备的,现在正计划和接洽应举的事,已有些条随着人的所在小小动手,却还没有把研究所的大体设定。稍过些时,北伐定功,破虏收京之后,这研究所的所在或者一部分在广州,一部分在北京,位置的方便供给我们许多工作进行的方便。我们最要注意的是求新材料,第一步想沿京汉路,安阳至易州,安阳殷墟以前盗出之物并非彻底发掘,易州邯郸又是燕赵故都,这一带又是卫邶故城。这些地方我们既颇知其富有,又容易达到的,现在已着手调查及布置,河南军事少静止,便结队前去。第二步是洛阳一带,将来一步一步的西去,到中央亚细亚各地,就脱了纯中国材料之范围了。为这一些工作及随时搜集之方便,我们想在洛阳或西安、敦煌或吐鲁蕃、疏勒,设几个工作站。"有志者事竟成"!因为广州的地理位置,我们将要设置的研究所要有一半在广州。在广州的四方是最富于语言学和人类学的材料,汉语将来之大成全靠各种方言之研究,广东省内及邻省有很多种的方言,可以每种每种的细细研究,并制定表式,用语音学帮助,作比较的调查。至于人类学的材料,则汉族以外还有几个小民族,汉族以内,有几个不同的式和部居,这些最可宝贵的材料怕要渐渐以开化和交通的缘故而消灭,我们想赶紧着手采集。我们又希望数年以后能在广州发达南洋学。南洋之富于地质生物的材料,是早已著明的了。南洋之富于人类学材料,现在已渐渐为人公认。南洋学应该是中国人的学问,因为南洋在一切意义上是"汉广"。总而言之,我们不是读书的人,我们只是上穷碧落下黄泉,动手动脚找东西!

　　现因我们研究所之要求及同人之祈向,想次第在两年以内设立下列各组;各组之旨趣及计划,以后分列刊印。

　　一、文籍考订;

　　二、史料征集;

　　三、考古;

　　四、人类及民物;

　　五、比较艺术。

以上历史范围。

六、汉语；

七、西南语；

八、中央亚细亚语；

九、语言学。

以上语言范围。

历史学和语言学发展到现在，已经不容易由个人作孤立的研究了，他既靠图书馆或学会供给他材料，靠团体为他寻材料，并且须得在一个研究的环境中，才能大家互相补其所不能，互相引会，互相订正，于是乎孤立的制作渐渐的难，渐渐的无意谓，集众的工作渐渐的成一切工作的样式了。这集众的工作中有的不过是几个人就一题目之合作，有的可就是有规模的系统研究。无论范围大小，只要其中步步都是做研究工夫的，便不会流成"官书"的无聊。所有这些集众工作的题目及附带的计划，后来随时布白。希望社会上欣赏这些问题，并同情这样工作的人多多加以助力！果然我们动手动脚得有结果，因而更改了"读书就是学问"的风气，虽然比不得自然科学上的贡献较为有益于民生国计，也或者可以免于妄自生事之讥诮罢？我们高呼：

一、把些传统的或自造的"仁义礼智"和其他主观，同历史学和语言学混在一气的人，绝对不是我们的同志！

二、要把历史学语言学建设得和生物学地质学等同样，乃是我们的同志！

三、我们要科学的东方学之正统在中国！

（原载 1928 年《中研院史语所集刊》）

中国历史分期之研究

凡研治"依据时间以为变迁"之学科，无不分期别世，以御纷繁，地质史有"世纪"、"期"、"代"之判，人类进化史有"石世"、"铜世"、"铁世"、"电世"之殊。若此类者，皆执一事以为标准，为之判别年代。一则察其递变之迹，然后得其概括；一则振其纲领之具，然后便于学者。通常所谓历史者，不限一端，而以政治变迁、社会递嬗为主体。试为之解，则人类精神之动作，现于时间，出于记载，为历史。寻其因果，考其年世，即其时日之推移，审其升沉之概要，为历史之学。历史学之所有事，原非一端，要以分期，为之基本。置分期于不言，则史事杂陈，樊然淆乱，无术以得其简约。疏其世代，不得谓为历史学也。世有以历史分期为无当者，谓时日转移，无迹可求，必于其间，斫为数段，纯是造作。不知变迁之迹，期年记之则不足，奕世计之则有余。取其大齐，以判其世，即其间转移历史之大事，以为变迁之界，于情甚合，于学甚便也。

西洋历史之分期，所谓"上世"、"中世"、"近世"者，与夫三世之中，所谓(Subdivisions)在今日已为定论。虽史家著书，小有出入，大体固无殊也。返观中国，论时会之转移，但以朝代为言。不知朝代与世期，虽不可谓全无关涉，终不可以一物视之。今文春秋有"见闻"、"传闻"之辩，其历史分期之始乎？春秋时代过短，判别年限，又从删述者本身遭际而言，非史书究竟义；后之为史学者，仅知朝代之辩，不解时期之殊，一姓之变迁诚不足据为分期之准也。日本桑原隲藏氏著《东洋史要》(后改名《支那史要》)，始取西洋上古、中古、近古之说以分中国历史为四期。近年出版历史教科书，概以桑原氏为准，未见有变更其纲者:寻桑原氏所谓四期,一曰上古,断至秦皇一统,称之为汉族缔造时代。二曰中古,自秦皇一统至唐亡,称之为汉族极盛时代。三曰近古,自五季至明亡,称之为汉族渐衰,蒙古族代兴时代。四曰近世,括满清一代为言,称之为欧人东渐时代。似此分期,较之往日之不知分期,但论朝代者,得失之差,诚不可量。然一经中国著史学教科书者尽量取用,遂不可通。桑原氏书,虽以中华为主体,而远东诸民族自日本外,无不系之。既不限于一国,则分期之议,宜统合殊族以为断,不容专就一国历史之升降,分别年世,强执他族以就之。所谓汉族最盛时代,蒙古族最盛时代,欧人东渐时代者,皆远东历史之分期法,非中国历史之分期法。中国学者强执远东历史之分期,以为中国历史之分期,此其失固由桑原,又不尽在桑原也。且如桑原所分,尤有不可通者二端:一则分期标准之不一,二则误认历来所谓汉族者为古今一贯。请于二事分别言之。凡为一国历史之分期者,宜执一事以为标准。此一事者,一经据为标准之后,便不许复据他事别作标准。易词言之,据以分割一国历史时期之标准,必为单一,不得取标准于一事以上。如以种族之变迁分上世与中古,即应据种族之变迁分中世与近世,不得更据他事若政治改革、风俗易化者以分之。若既据种族以为大别,不得不别据政治以为细界,取政治以为分本者,但可于"支分"中行之(Subdivision),不容与以种族为分别者平行齐列。今桑原氏之分期法,始以汉族升降为别,后又为东西交通为判,所据以为分本者,不能上下一贯,其弊一也。

中国历史上所谓"诸夏"、"汉族"者,虽自黄唐以来,立名无异。而其间外族混入之迹,无代不有。隋亡陈兴之间,尤为升降之枢纽。自汉迄唐,非由一系。汉代之中国与唐代之中国,万不可谓同出一族,更不可谓同一之中国。取西洋历史以为喻,汉世犹之罗马帝国,隋唐犹之察里曼后之罗马帝国,名号相衍,统绪相传,而实质大异。今桑原氏泯其代谢之迹,强合一致,名曰"汉族极盛时代",是为巨谬(说详次节),其弊二也。凡此二弊,不容不矫。本篇所定之分期法,即自矫正现世普行桑原氏之分期法始。

以愚推测所及者言之，欲重分中国历史之期世，不可不注意下列四事。

一、宜知中国所谓汉族于陈隋之间大起变化

唐虞三代以至秦汉，君天下者皆号黄帝子孙。虽周起岐，汧秦起邠渭，与胡虏为邻，其地其人，固不离于中国。故唐虞以降，下迄魏晋，二千余年间，政治频革，风俗迥异，而有一线相承，历世不变者，则种族未改是也。其间北狄南蛮，入居边境，同化于汉族者，无代无有。然但有向化，而无混合。但有变夷，而无变夏。于汉族之所以为汉族者，无增损也。至于晋之一统，汉族势力已成外强中干之势，永嘉建宁之乱，中原旧壤，沦于朔胡，旧族黎民，仅有孑遗，故西晋之亡，非关一姓之盛衰，实中原之亡也。重言之，周秦汉魏所传之中国，至于建兴而亡也。所幸者，江东有孙氏，而后缔造经营，别立国家，虽风俗民情，稍与中原异贯，要皆"中国之旧衣冠礼乐之所就，永嘉之后，江东贵焉"。为其篡承统绪，使中国民族与文化不随中原以俱沦也。江东之于中原，虽非大宗，要为入祧之别子。迄于陈亡，而中国尽失矣。王通作《元经》，书陈亡，而具晋、宋、齐、梁、陈五国，著其义曰："衣冠文物之旧……君子与其国焉，曰犹我中国之遗民也"。（《元经》卷九）故长城公丧其国家，不仅陈氏之亡，亦是江东衣冠道尽（改用陈叔宝语），江东衣冠道尽，是中国之亡。周秦汉魏所传之中国，至于建兴而丧其世守之域，至于祯明而亡其枝出之邦。祯明之在中国，当升降转移之枢纽，尤重于建兴，谈史者所不可忽也。

继陈者隋，隋外国也。继隋者唐，唐亦外国也。何以言之？君主者，往昔国家之代表也。隋唐皇室之母系，皆出自魏虏，其不纯为汉族甚明，唐之先公，曾姓大野，其原姓李氏，而赐姓大野欤？抑原姓大野，而冒认李姓欤？后人读史，不能无疑也。此犹可曰，一姓之事，无关中国也。则请举其大者言之。隋唐之人，先北朝而后南朝，正魏周而伪齐陈，直认索虏为父，不复知南朝之为中国。此犹可曰史家之词，无关事实也。则请举其更大者言之。隋唐将相，鲜卑姓至多，自负出于中

国甲族之上；而皇室与当世之人，待之亦崇高于华人，此犹可曰贵族有然，非可一概论也。则请举其民俗言之。琵琶卑语，胡食胡服（见《颜氏家训》《中华古今注》等书），流行士庶间，见于载记，可考者甚繁。于此可知，隋唐所谓中华，上承拓拔宇文之遗，与周汉魏晋不为一贯，不仅其皇室异也，风俗政教，固大殊矣。为史学者，不于陈亡之日，分期判世，而强合汉唐以一之，岂知汉唐两代民族颇殊，精神顿异，汉与周秦甚近，而与唐世甚远。唐与宋世甚近，而与南朝甚远。此非以年代言也。以历朝所以立国，所以成俗之精神，察之然后知其不可强合。今吾断言曰，自陈以上为"第一中国"，纯粹汉族之中国也。自隋至宋亡为"第二中国"，汉族为胡人所挟，变其精神，别成统系，不蒙前代者也。

二、宜知唐宋两代有汉胡消长之迹南宋之亡又为中国历史一大关键

自隋迄宋，为"第二中国"，既如上所述矣。此八百年中，虽为一线相承，而风俗未尝无变。自隋至于唐季（五代之名，甚不可通，中原与十国，地丑德齐，未便尊此抑彼。其时犹是唐之叔世，与其称为五季，不如称为唐季。可包南北一切列国，说详拙著札记），胡运方盛，当时风俗政教，汉胡相杂，虽年世愈后，胡气愈少，要之胡气未能尽灭。读唐世史家所载，说部所传，当知愚言之不妄也。至于周宋，胡气渐消，以至于无有。宋三百年间，尽是汉风。此其所以异于前代者也。就统绪相承以为言，则唐宋为一贯，就风气异同以立论，则唐宋有殊别，然唐宋之间，既有相接不能相隔之势，斯惟有取而合之，说明之曰"第二中国"，上与周汉魏晋江右之中国，对待分别可也。此"第二中国"者，至于靖康而丧其中原，犹晋之永嘉，至于祥兴而丧其江表，犹陈之祯明。祥兴之亡，"第二中国"随之俱亡，自此以后全为胡虏之运，虽其间明代光复故物，而为运终不长矣。祥兴于中国历史之位置，尤重于祯明。诚汉族升降一大关键也。

三、宜据中国种族之变迁升降为分期之标准

如上所云，"第一中国"、"第二中国"者，皆依汉族之变化升降以立

论者也。陈亡隋代,为汉族变化之枢纽。宋亡元代,为汉族升降之枢纽。今为历史分期,宜取一事以为标准,而为此标准者,似以汉族之变化升降为最便。研究一国历史,不得不先辨其种族,诚以历史一物。不过种族与土地相乘之积,种族有其种族性,或曰种族色者(Racial colour),具有主宰一切之能力。种族一经变化,历史必顿然改观。今取汉族之变化升降以为分期之标准,既合名学"分本必一之说",又似得中国历史上变化之扼要,较之桑原氏忽以汉族盛衰为言,忽以欧人东渐为说者,颇觉简当也。

四、宜别作"枝分"(Subdivision),勿使与初分相混

如上所言,既以汉族之变化与升降为上世、中世、近世分期之标准,而每世之中,为年甚长,政俗大有改易,不可不别作"枝分",使之纲目毕张。兹以政治变迁为上世枝分之分本,风俗改易为中世枝分之分本,种族代替为近世枝分之分本,合初分与枝分,图为下表,而说明之。

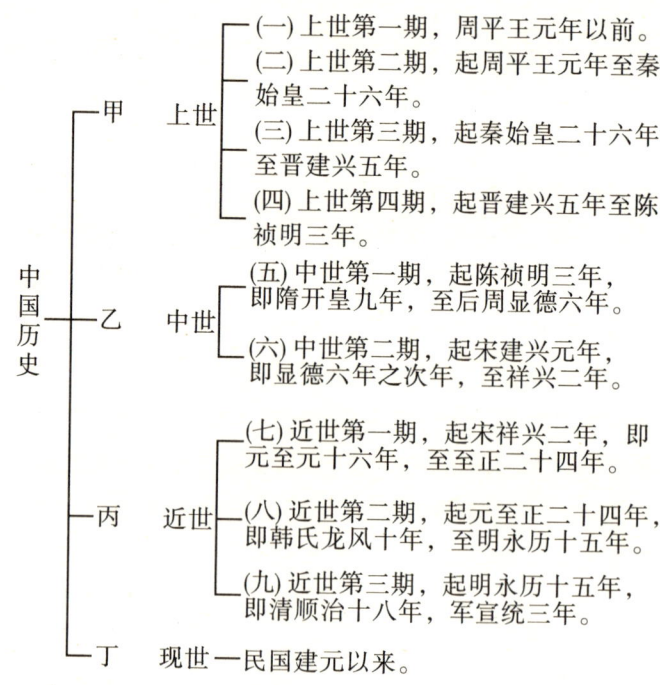

中国历史
- 甲 上世
  - (一)上世第一期,周平王元年以前。
  - (二)上世第二期,起周平王元年至秦始皇二十六年。
  - (三)上世第三期,起秦始皇二十六年至晋建兴五年。
  - (四)上世第四期,起晋建兴五年至陈祯明三年。
- 乙 中世
  - (五)中世第一期,起陈祯明三年,即隋开皇九年,至后周显德六年。
  - (六)中世第二期,起宋建兴元年,即显德六年之次年,至祥兴二年。
- 丙 近世
  - (七)近世第一期,起宋祥兴二年,即元至元十六年,至至正二十四年。
  - (八)近世第二期,起元至正二十四年,即韩氏龙凤十年,至明永历十五年。
  - (九)近世第三期,起明永历十五年,即清顺治十八年,军宣统三年。
- 丁 现世——民国建元以来。

说明：上世、中世、近世之所由分，与中世第一、第二两期之所由分，俱详前。

周平王东迁以前，世所谓唐虞三代，此时期中，虽政治不无变化，而其详不可得闻，既无编年之史（《竹书纪年》不足信），又多传疑之说（夏殷无论，即如两周之文王受命，周公居东，厉王失国诸事，异说纷歧，所难折衷）。惟有比而同之，以为"传疑时代"。盖平王以降，始有信史可言也。东周数百年间，政治风俗，上与西周有别，下与秦汉异趣。其时学术思想昌明，尤为先后所未有，故自为一期。

上古第三期，括秦、汉、魏、西晋四朝，为其政治成一系也。

上古第四期，括东晋、宋、齐、梁、陈五朝，为其政治成一系，风俗成一贯也。

近世第一期，括蒙古一代。第二期括明朝始终。第三期括满清一代。近世独以朝代为分者，以朝代之转移，即民族势力之转移故也。

分世别期，最难于断年。前期与后期交接之间，必有若干年岁，为过渡转移时代，合于前世，既觉未安，合于后期，更觉不可。今为画一之故，凡过渡时代均归前期。如上世、中世之交，有数朝为过渡转移期，全以归于上世。必于陈亡之后，始著中世。又如上古第一期与第二期之交，周赧入秦，与始皇一统间，数十年为过渡期。今以附于第一期，必俟六国次第以亡，然后著第二期。一切分期，除近世第一期外，俱仿此。近世第一期所以独为例外者，以元人入中国，与往例不同。未入中国时，固在朔漠，号称大汗。既摈出之后，又复其可汗之名，此于中国纯为侵入，故第二、第三期间，以吴始建国为断，不以顺帝北去为断。

分中国历史为如是三世，固觉有奇异之感焉。则三世者，各自为一系，与上不蒙，而上世、中世又有相似之平行趋向是也。北魏、北周第二期之缔造时，与上不相蒙者也。辽金第三期之缔造时，与上不相蒙者也。中世之隋唐，犹上世之秦汉，同为武功极盛之世。隋之一统与秦之一统，差有相似之点。中世之北宋，犹上世之魏晋，同为内政安人，外功不张之世。中世之南宋，犹上世之江左，同为不竞之世。南宋之亡,尤类陈亡。此上世、中世平行之趋向,不待详言者也。中世与近世,趋向绝殊,固由承宇文者为隋,代完颜者为元,辽与魏,金与周,已不可强同。元、隋更大异其性。此后之历史,遂毫无相似者矣。简言之,上世一系之中,所有朝代,但有相传,而无相灭;中世一系之中,亦但有相传,而无相灭;近世一系之中,但有相灭,而无相传。是非以帝族言也。以其立国之道,察之如是云尔。

余为此分期法,读者宜有所疑,以谓"梁陈不竞,半虏之隋唐,代承统绪,本汉族甚不名誉之事,如今日通行之分期法,合汉唐而一之,此丑可掩。今分而为二,非所以扬历史之光荣也"。余将答此说曰,学问之道,全在求是。是之所在,不容讳言其丑。今但求是而已,非所论于感情。余深察汉、唐两代,实不能比而同之,纵使违心徇情,比而同之,读史者自可发觉,欺人无益也。陈隋间之往事,曷尝不堪发愤。要不可与研究史学之真相,混合言之。

(原载1918年4月17日至23日《北京大学日刊》)

史学方法导论

拟　　目

第一讲　论史学非求结论之学问
　　　　论史学在"叙述科学"中之位置
　　　　论历史的知识与艺术的手段
第二讲　中国及欧洲历代史学观念演变之纲领
第三讲　统计方法与史学
第四讲　史料论略
第五讲　古代史与近代史
第六讲　史学的逻辑
第七讲　所谓"史观"

史料论略①

我们在上章讨论中国及欧洲历史学观念演进的时候,已经归纳到下列的几个结论:

一、史的观念之进步,在于由主观的哲学及伦理价值论变做客观的史料学。

二、著史的事业之进步,在于由人文的手段,变做如生物学地质学等一般的事业。

三、史学的对象是史料,不是文词,不是伦理,不是神学,并且不是

---

① 编者按:作者在北京大学任教时的讲义,原书凡七讲,但仅有第四讲。

社会学。史学的工作是整理史料,不是作艺术的建设,不是做疏通的事业,不是去扶持或推倒这个运动,或那个主义。

假如有人问我们整理史料的方法,我们要回答说:第一是比较不同的史料,第二是比较不同的史料,第三还是比较不同的史料。假如一件事只有一个记载,而这个记载和天地间一切其他记载(此处所谓记载,不专指文字,犹史料之不以文字为限。)不相干,则对这件事只好姑信姑疑,我们没有法子去对他做任何史学的工夫。假如天地间事都是这样,则没有一切科学了,史学也是其一。不过天地间事并不如此。物理化学的事件重复无数,故可以试验,地质生物的记载每有相互的关系,故有归纳的结论。历史的事件虽然一件事只有一次,但一个事件既不尽止有一个记载,所以这个事件在这种情形下,可以比较而得其近真;好几件的事情又每每有相关联的地方,更可以比较而得其头绪。

在中国详述比较史料的最早一部书,是《通鉴考异》。这是司马君实领导着刘攽、刘恕、范祖禹诸人做的。这里边可以看出史学方法的成熟和整理史料的标准。在西洋则这方法的成熟后了好几百年,到十七八世纪,这方法才算有自觉的完成了。

史学便是史料学:这话是我们讲这一课的中央题目。史料学便是比较方法之应用:这话是我们讨论这一篇的主旨。但史料是不同的,有来源的不同,有先后的不同,有价值的不同,有一切花样的不同。比较方法之使用,每每是"因时制宜"的。处理每一历史的事件,每每取用一种特别的手段,这手段在宗旨上诚然不过是比较,在迎合事体上却是甲不能转到乙,乙不能转到丙,丙不能转到丁……徒然高揭"史学的方法是以科学的比较为手段,去处理不同的记载"一个口号,仍不过是"托诸空言";何如"见诸实事之深切著明"呢?所以我们把这一篇讨论分做几节,为每节举一个或若干个的实例,以见整理史料在实施上的意义。

第一章 史料之相对的价值

第一节 直接史料对间接史料

史料在一种意义上大致可以分做两类：一、直接的史料；二、间接的史料。凡是未经中间人手修改或省略或转写的，是直接的史料；凡是已经中间人手修改或省略或转写的，是间接的史料。《周书》是间接的材料，毛公鼎则是直接的；《世本》是间接的材料（今已佚），卜辞则是直接的；《明史》是间接的材料，明档案则是直接的。以此类推。有些间接的材料和直接的差不多，例如《史记》所记秦刻石；有些便和直接的材料成极端的相反，例如《左传》、《国语》中所载的那些语来语去。自然，直接的材料是比较最可信的，间接材料因转手的缘故容易被人更改或加减；但有时某一种直接的材料也许是孤立的，是例外的，而有时间接的材料反是前人精密归纳直接材料而得的；这个都不能一概论断，要随时随地的分别着看。

直接史料的出处大致有二：一、地下，二、古公廨、古庙宇及世家之所藏。不是一切东西都可在地下保存的，而文字所凭的材料，在后来的，几乎全不能在地下保存，如纸如帛。在早年的幸而所凭借者是骨，是金，是石，是陶，是泥；其是竹木的，只听见说在干燥的西域保存着，在中国北方的天气，已经很不适于保存这些东西于地下。至于世家，中国因为久不是封建的国家，所以是很少的，公廨庙宇是历经兵火匪劫的。所以敦煌的巨藏有一不有二，汲冢的故事一见不再见。竹书一类的东西，我也曾对之"寤寐思服"，梦想洛阳周冢，临淄齐冢，安知不如魏安僖王冢？不过洛阳陵墓已为官匪合作所盗尽，临淄滨海，气候较湿，这些梦想未必能实现于百一罢？直接材料的来源有些限制，所以每有偏重的现象。如殷卜辞所纪"在祀与戎"，而无政事。周金文偏记光宠，少记事迹。敦煌卷子少有全书。（其实敦煌卷子只可说是早年的间接材料，不得谓为直接材料。）明清内阁大库档案，都是些"断烂朝报"。若是我们不先对于间接材料有一番细工夫，这些直接材料之意义和位置,是不知道的;不知道则无从使用。所以玩古董的那么多,发明古史的何以那么少呢?写钟鼎的那么多,能借殷周文字以补证经传的何以只有许瀚、吴大澂、孙诒让、王国维几个人呢?何以翁方纲、罗振玉一般人都不能呢?(《殷虚书契考释》一书,原是王国维作的,不是罗振玉的)珍藏唐写本的那么多,能知各种写本的互相位置者何以那么少呢?直接材料每每残缺,每每偏于小事,不靠较为普遍、略具系统的间接材料先作说明,何从了解这一件直接材料?所以持区区的金文,而不熟读经传的人,只能去做刻图章的匠人;明知《说文》有无穷的毛病,无限的错误,然而丢了他,金文更讲不通。

以上说直接材料的了解,靠间接材料做个预备,做个轮廓,做个界落。然而直接材料虽然不比间接材料全得多,却比间接材料正确得多。一件事经过三个人的口传便成谣言,我们现在看报纸的记载,竟那么靠不住。则时经百千年,辗转经若干人于的记载,假定中间人并无成见,并无恶意,已可使这材料全变一翻面目;何况人人免不了他自己时代的精神:即免不了他不自觉而实在深远的改动。一旦得到一个可信的材料,自然应该拿他去校正间接史料。间接史料的错误,靠他更正;间接史料的不足,靠他弥补;间接史料的错乱,靠他整齐;间接史料因经中间人手而成之灰沉沉样,靠他改给一个活泼泼的生气象。我们要能得到前人所得不到的史料,然后可以超越前人;我们要能使用新得材料于遗传材料上,然后可以超越同见这材料的同时人。那么以下两条路是不好走的:

一、只去玩弄直接材料,而不能把他应用到流传的材料中。例如玩古董的,刻图章的。

二、对新发现之直接材料深固闭拒的,例如根据秦人小篆,兼以汉儒所新造字,而高谈文始,同时说殷虚文字是刘铁云假造的章太炎。

标举三例,以见直接间接史料之互相为用。

例一 王国维君《殷卜辞中所见先公先王考》

王静安君所作《殷卜辞中所见先公先王考》两篇(《观堂集林》卷

九),实在是近年汉学中最大的贡献之一。原文太长,现在只节录前篇的"王亥"、"王恒"、"上甲"三节,下篇的"商先王世数"一节,以见其方法。其实这个著作是不能割裂的,读者仍当取原书全看。

王君拿直接的史料,用细密的综合,得了下列的几个大结果。一,证明《史记》袭《世本》说之不虚构;二,改正了《史记》中所有由于传写而生的小错误;三,于间接材料之矛盾中(《汉书》与《史记》),取决了是非。这是史学上再重要不过的事。至于附带的发现也多。假如王君不熟习经传,这些材料是不能用的;假如熟习经传者不用这些材料,经传中关涉此事一切语句之意义及是非是不能取决的。那么,王君这个工作,正可为我们上节所陈数的主旨作一个再好不过的实例。

王亥

卜辞多记祭王亥事,《殷虚书契前编》有二事,曰:贞袞于王亥(卷一第四十九叶),曰:贞之于王亥卅牛辛亥用(卷四第八叶)。后编又有七事,曰:贞于王亥求年(卷上第一叶),曰:乙巳卜□贞之于王亥十(下阙同上第二十叶),曰:贞袞于王亥(同上第十九叶),曰:袞于王亥(同上第二十三叶),曰:癸卯□贞□□高祖王亥□□□(同上第二十一叶),曰:甲辰卜□贞辛亥袞于王亥卅牛十二月(同上第二十三叶),曰:贞登王亥羊(同上第二十六叶),曰:贞之于王亥羊□三百牛(同上第二十八叶)。龟甲兽骨文字有一事,曰:贞袞于王亥五牛(卷一第九叶)。观其祭日用辛亥,其牲用五牛,三十牛,四十牛,乃至三百牛,乃祭礼之最隆者,必为商之先王先公无疑。案:《史记·殷本纪》及《三代世表》,商先祖中无王亥。惟云:冥卒,子振立;振卒,子微立。《索隐》:振,系本作核;《汉书·古今人表》作垓。然则《史记》之振当为核,或为垓字之讹也。《大荒东经》曰:有困民国,句姓而食,有人曰王亥。两手操鸟,方食其头。王亥托于有易,河伯仆牛,有易杀王亥,取仆牛。郭璞注引《竹书》曰:殷王子亥,宾于有易而淫焉,有易之君绵臣杀而放之。是故殷主甲微假师于河伯,以伐有易,克之,遂杀其君绵臣也(此《竹书纪年》真本,郭氏隐括之如此)。今本《竹书纪年》,帝泄十二年,殷侯子亥宾于有易,有易杀而放之。十六年,殷侯微以河伯之师伐有易,杀其君绵臣。是《山海经》之王亥,古本《纪年》作殷王子亥,今本作殷侯子亥。又前于上甲微者一世,则为殷之先祖,冥之子,微之父,无疑。卜辞作王亥,正与《山海经》同。又祭王亥皆以亥日,则亥乃其正字,《世本》作核,《古今人表》作垓,皆其通假字;《史记》作振,则因与核或垓二字形近而讹。夫《山海经》一书,其文不雅驯,其中人物,世亦以子虚乌有视之。《纪年》一书,亦非可尽信者。而王亥之名竟于卜辞见之,其事虽未必尽然,而其人则确非虚构。可知古代传说存于周秦之间者,非绝无根据也。

王亥之名及其事迹,非徒见于《山海经》、《竹书》,周秦间人著书多能道之。《吕览·勿躬篇》:工冰作服牛。案,篆文冰作仌,与亥字相似,王仌亦王亥之讹。《世本·作篇》,胲作服牛,(《初学记》卷二十九引,又《御览》八百九十引《世本》,鲛作服牛,鲛亦胲之讹。《路史注》引《世本》胲为黄帝马医,常医龙。疑引宋衷注。《御览》引宋注曰:胲黄帝臣也,能驾牛。又云:少昊时人,始驾牛。皆汉人说,不足据。实则《作篇》之胲,即《帝系篇》之核也)其证也。服牛者,即《大荒东经》之仆牛,古服、仆同音。《楚辞·天问》:该秉季德,厥父是臧。胡终弊于有扈,牧夫牛羊?又曰:恒秉季德,焉得夫朴牛?该即胲,有扈即有易(说见下),朴牛亦即服牛。是《山海经》、《天问》、《吕览》、《世本》皆以王亥为始作服牛之人。盖夏初奚仲作车,或尚以人挽之,至相土作乘马,王亥作服牛,而车之用益广。《管子·轻重戊》云:殷人之王,立皂牢服牛马以为民利,而天下化之。盖古之有天下者,其先皆有大功德于天下。禹抑洪水,稷降嘉种,爰启夏周。商之相土王亥,盖亦其俦。然则王亥祀典之隆,亦以其为制作之圣人,非徒以其为先祖。周秦间王亥之传说,胥由是起也。

卜辞言王亥者九,其二有祭日,皆以辛亥,与祭大乙用乙日,祭大甲用甲日同例，是王亥确为殷人以辰为名之始，犹上甲微之为以日为名之始也。然观殷人之名，即不用日辰者，亦取于时为多，自契以下，若昭明，若昌若，若冥，皆含朝暮明晦之意，而王恒之名亦取象于月弦。是以时为名或号者，乃殷俗也。夏后氏之以日为名者，有孔甲，有履癸，要在王亥及上甲之后矣。

王恒

卜辞人名于王亥外又有王㔾。其文曰：贞之于王㔾（《铁云藏龟》第一百九十九叶，及《书契后编》卷上第九叶）。又曰：贞㔾之于王㔾（《后编》卷下第七叶）。又作王𠄞，曰：贞王㔾□（下阙，《前编》卷七第十叶）。案，㔾即恒字。《说文解字》二部：𢗭，常也，从心从舟，在二之间，上下一心以舟施恒也。𠄨，古文𢗭从月。《诗》曰：如月之恒。案，许君既云古文𢗭从月，复引《诗》以释从月之意，而今本古文乃作𠄨，从二，从古外，盖传写之讹，字当作𠄞。又，《说文》木部：桓，竟也，从木，𢗭声。𠄞，古文桓。案，古从月之字，后或变而从舟，殷虚卜辞朝暮之朝作𦨶（《后编》卷下第三叶），从日月在茻间，与莫字从日在茻间同意。而篆文作𦩎，不从月而从舟。此例之㔾本当作𠄞。智鼎有字𢗭，从心从𠄞，与篆文之𢗭从㔾者同，即悟之初字，可知㔾𠄞一字。卜辞㔾字从二从𐊆（卜辞月字或作𐊆或作𐊆）其为㔾𠄞二字，或恒字之省无疑。其作𠄞者，《诗·小雅》：如月之恒。毛传：恒，弦也。弦本弓上物，故字又从弓。然则㔾𠄞二字，确为恒字。王恒之为殷先祖，惟见于《楚辞·天问》。《天问》自"简狄在台誉何宜"以下二十韵，皆述商事（前夏事后周事）。其问王亥以下数世事曰：该秉季德，厥父是臧。胡终弊于有扈，牧夫牛羊？干协时舞，何以怀之？平胁曼肤，何以肥之？有扈牧竖，云何而逢？击床先出,其命何从?恒秉季德,焉得夫朴牛?何往营班禄,不但还来?昏微遵迹,有狄不宁。何繁鸟萃棘,负子肆情?眩弟并淫,危害厥兄。何变化以作诈,后嗣而逢长?此十二韵以《大荒东经》及郭注所引《竹书》参证之,实纪王亥王恒及上甲微三世之事。而《山海经》《竹书》之有易,《天问》作有扈,乃字之误。盖后人多见有扈,少见有易,又同是夏时事,故改易为扈。下文又云:昏微遵迹,有狄不宁。昏微即上甲微,有狄亦即有易也。古狄、易二字同音,故互相通假。《说文解字》辵部,逖之古文作逷。《书·牧誓》:逷矣西土之人。《尔雅》郭注引作逖矣西土之人。《书·多士》:离逖尔土。《诗·大雅》:用逷蛮方。《鲁颂》:狄彼东周。《毕狄钟》:毕狄不龚。此逖逷狄三字,异文同义。《史记·殷本纪》之简狄,《索隐》曰:旧本作逷。《汉书·古今人表》作简逷。《白虎通·礼乐篇》:狄者,易也。是古狄、易二字通。有狄即有易,上甲遵迹而有易不宁,是王亥弊于有易,非弊于有扈,故曰,扈当为易、字之误也。狄、易二字不知孰正孰借,其国当在大河之北,或在易水左右(孙氏之骙说)。盖商之先自冥治河,王亥迁殷,(今本《竹书纪年》,帝芒三十三年,商侯迁于殷,其时商侯即王亥也,《山海经》注所引《真本竹书》,亦称王亥为殷王子亥,称殷不称商,则《今本纪年》此条,古本想亦有之。殷在河北,非亳殷,见余前撰《三代地理小记》)已由商邱越大河而北,故游牧于有易高爽之地,服牛之利即发现于此。有易之人杀王亥,取服牛,所谓胡终弊于有扈,牧夫牛羊者也。其云有扈牧竖,云何而逢,击床先出,其命何从者,似记王亥被杀之事。其云恒秉季德,焉得夫朴牛者,恒盖该弟,与该同秉季德,复得该所失服牛也。所云昏微遵迹,有狄不宁者,谓上甲微能率循其先人之迹,有易与之有杀父之雠,故为之不宁也。繁鸟萃棘以下,当亦记上甲事,书阙有间,不敢妄为之说,然非如王逸章句所说,解居父及象事,固自显然。要之,《天问》所说当与《山海经》及《竹书纪年》同出一源,和《天问》就壁画发问,所记尤详。恒之一人,并为诸书所未载。卜辞之王恒,与王亥同以王称,其时代自当相接,而《天问》之该与恒,适与之相当,前后所陈又皆商家故事,则中间十二韵自系述王亥王恒上甲微三世之事。然则王亥与上甲微之间,又当有王恒一世。以《世本》《史记》所未载,《山经》《竹书》所不详,而今于卜辞得之;《天问》之辞,千古不能通其说者,而今由卜辞通之:此治史学与文学者所当同声称快者也。

上甲

《鲁语》:上甲微,能帅契者也,商人报焉。是商人祭上甲微。而卜辞不见上甲。郭璞《大荒东经注》引《竹书》作主甲微,而卜辞亦不见主甲。余由卜辞有 ▨ ▨ ▨ 三人名,其乙丙丁三字皆在 ▢ 或 ▢ 中,而悟卜辞中凡数十见之 田（或作 囲）,即上甲也。卜辞中凡田狩之田字,其▢中横直二笔皆与其四旁相接;而人名之 田,则其中横直二笔或其直笔必与四旁不接,与田字区别较然。田中十字即古甲字(卜辞与古金文皆同),甲在▢中,与 ▨ ▨ ▨ 之乙丙丁三字在 ▢ 或 ▢ 中同意。亦有▢中横直二笔与四旁接,而与田狩字无别者,则上加一作 囲 以别之。上加一者,古六书中指事之法,一在 田 上,与二字(古文上字)之一在一上同意,去上甲之义尤近。细观卜辞中记 田 或 囲 者数十条,亦惟上甲微始足当之。卜辞中云自 田（或作囲）至于多后衣者五(《书契前编》卷二弟二十五叶三见,又卷三弟二十七叶,《后编》卷上弟二十叶各一见),其断片云自 田 至于多后者三(《前编》卷二弟二十五叶两见,又卷三第二十八叶一见),云自 田 至于武乙衣者一(《后编》卷上弟二十叶)。衣者,古殷祭之名。又卜辞曰:丁卯,贞来乙亥告自 田（《后编》卷上弟二十八叶);又曰:乙亥卜宾贞▢大御自 田（同上卷下弟六叶);又曰:(上阙)贞翌甲▢ ▨ 自 田（同上弟三十四叶)。凡祭告皆曰自 田,是 田 实居先公先王之首也。又曰:辛巳卜大贞之自 田 元示三牛二示一牛十三月（《前编》卷三弟二十二叶）。又云：乙未贞其求自⊞十又三示牛小示羊（《后编》卷上弟二十八叶）。是⊞为元示及十又三示之首。殷之先公称示，主壬主癸卜辞称示壬示癸，则⊞又居先公之首也。商之先人王亥始以辰名，上甲以降皆以日名，是商人数先公当自上甲始。且⊞之为上甲，又有可征证者。殷之祭先，率以其所名之日祭之，祭名甲者用甲日，祭名乙者用乙日，此卜辞之通例也。今卜辞中凡专祭⊞者皆用甲日，如曰：在三月甲子□祭⊞（《前编》卷四弟十八叶）；又曰：在十月又一（即十有一月）甲申□酌祭⊞（《后编》卷下弟二十叶）；又曰：癸卯卜翌甲辰之⊞牛吉（同上弟二十七叶）；又曰：甲辰卜贞来甲寅又伐⊞羊五卯牛一（同上弟二十一叶）。此四事祭⊞有日皆用甲日。又云：在正月□□（此二字阙）祭大甲☒⊞（同上弟二十一叶）。此条虽无祭日，然与大甲同日祭，则亦用甲日矣。即与诸先王先公合祭时，其有日可考者，亦用甲日。如曰：贞翌甲□☒自⊞（同上）；又曰：癸巳卜贞酌肜日自⊞至于多后衣亡宅自□在四月惟王二祀（《前编》卷三弟二十七叶）；又曰：癸卯，王卜贞酌翌日自⊞至多后衣亡宅在□在九月惟王五祀（《后编》卷上弟二十叶）。此二条以癸巳及癸卯卜，则其所云之肜日翌日，皆甲日也。是故⊞之名甲，可以祭日用甲证之；⊞字为十（古甲字）在□中，可以☒☒☒三名乙丙丁在匚中证之；而此甲之即上甲，又可以其居先公先王之首证之。此说虽若穿凿，然恐殷人复起，亦无以易之矣。

《鲁语》称商人报上甲微，《孔丛于》引《逸书》，惟高宗报上甲微。（此魏晋间伪书之未采入梅本者，今本《竹书纪年》武丁十二年报祀上甲微，即本诸此）报者，盖非常祭。今卜辞于上甲有合祭，有专祭，皆常祭也。又商人于先公皆祭，非独上甲，可知周人言殷礼已多失实，此孔子所以有文献不足之叹欤？

商先王世数

《史记·殷本纪》、《三代世表》及《汉书·古今人表》所记殷君数同,而于世数则互相违异。据《殷本纪》则商三十一帝(除大丁为三十帝),共十七世;《三代世表》以小甲雍己大戊为大庚弟(《殷本纪》大庚子),则为十六世;《古今人表》以中丁外壬河亶甲为大戊弟(《殷本纪》大戊子),祖乙为河亶甲弟(《殷本纪》河亶甲子),小辛为盘庚子(《殷本纪》盘庚弟),则增一世,减二世,亦为十六世。今由卜辞证之,则以《殷本纪》所记为近。案,殷人祭祀中有特祭其所自出之先王而非所自出之先王不与者,前考所举求祖乙(小乙)、祖丁(武丁)、康祖丁(庚丁)、武乙衣,其一例也。今检卜辞中又有一断片,其文曰:(上阙)大甲大庚(中阙)丁祖乙祖(中阙)一羊一南,(下阙,共三行,左读,见《后编》卷上弟五叶)此片虽残阙,然于大甲、大庚之间,不数沃丁,中丁(中字直笔尚存)、祖乙之间,不数外壬河亶甲,而一世之中仅举一帝,盖亦与前所举者同例,又其上下所阙得以意补之,如下:

由此观之,则此片当为盘庚、小辛、小乙三帝时之物,自大丁至祖丁皆其所自出之先王。以《殷本纪》世数次之,并以行款求之,其文当如是也。惟据《殷本纪》则祖乙乃河亶甲子,而非中丁子,今此片中有中丁而无河亶甲,则祖乙自当为中丁子,《史记》盖误也。且据此则大甲之后有大庚,则大戊自当为大庚子,其兄小甲雍己亦然，知《三代世表》以小甲、雍己、大戊为大庚弟者，非矣。大戊之后有中丁，中丁之后有祖乙，则中丁、外壬、河亶甲自当为大戊子，祖乙自当为中丁子，知《人表》以中丁、外壬、河亶甲、祖乙皆为大戊弟者非矣。卜辞又云：父甲一牡，父庚一牡，父辛一牡（《后编》卷上弟二十五叶）甲为阳甲，庚则盘庚，辛则小辛，皆武丁之诸父，故曰父甲，父庚，父辛；则《人表》以小辛为盘庚子者，非矣。凡此诸证，皆与《殷本纪》合，而与《世表》、《人表》不合。是故殷自小乙以上之世数可由此二片证之，小乙以下之世数可由祖乙、祖丁、祖甲、康祖丁、武乙一条证之。考古者得此，可以无遗憾矣。

附殷世数异同表

帝名	殷本纪	三代世表	古今人表	卜辞	
汤	主癸子	主癸子	主癸子		一世
大丁	汤子	汤子	汤子	汤子	二世
外丙	大丁弟	大丁弟	大丁弟		
中壬	外丙弟	外丙弟	外丙弟		
大甲	大丁子	大丁子	大丁子	大丁子	三世
沃丁	大甲子	大甲子	大甲子		
大庚	沃丁弟	沃丁弟	沃丁弟	大甲子	四世
小甲	大庚子	大庚弟	大庚子		
雍己	小甲弟	小甲弟	小甲弟		
大戊	雍己弟	雍己弟	雍己弟	大庚子	五世
中丁	大戊子	大戊子	大戊弟	大戊子	六世
外壬	中丁弟	中丁弟	中丁弟		
河亶甲	外壬弟	外壬弟	外壬弟		
祖乙	河亶甲子	河亶甲子	河亶甲弟	中丁子	七世
祖辛	祖乙子	祖乙子	祖乙子	祖乙子	八世
沃甲	祖辛弟	祖辛弟	祖辛弟		

祖丁	祖辛子	祖辛子	祖辛子	祖辛子	九世
南庚	沃甲子	沃甲子	沃甲子		
阳甲	祖丁子	祖丁子	祖丁子	祖丁子	十世
盘庚	阳甲弟	阳甲弟	阳甲弟	阳甲弟	十世
小辛	盘庚弟	盘庚弟	盘庚子	盘庚弟	十世
小乙	小辛弟	小辛弟	小辛弟	小辛弟	十世
武丁	小乙子	小乙子	小乙子	小乙子	十一世
祖庚	武丁子	武丁子	武丁子	武丁子	十二世
祖甲	祖庚弟	祖庚弟	祖庚弟	祖庚弟	十二世
廪辛	祖甲子	祖甲子	祖甲子		
庚丁	廪辛弟	廪辛弟	廪辛弟	祖甲子	十三世
武乙	庚丁子	庚丁子	庚丁子	庚丁子	十四世
大丁	武乙子	武乙子	武乙子		
帝乙	大丁子	大丁子	大丁子		
帝辛	帝乙子	帝乙子	帝乙子		

例二　陈寅恪君《吐蕃彝泰赞普名号年代考》

例一所举虽系史学上之绝大问题,然或有人嫌其多半仍是文字学的问题,不是纯粹史学的问题(其实史学语学是全不能分者)。现在更举一个纯粹史学的考定。我的朋友陈寅恪先生,在汉学上的素养不下钱晓徵,更能通习西方古今语言若干种,尤精梵藏经典。近著《吐蕃彝泰赞普名号年代考》一文,以长庆唐蕃会盟碑为根据,"千年旧史之误书,异国译音之讹读,皆赖以订"。此种异国古文之史料至不多,而能使用此项史料者更属至少,苟其有之,诚学术中之快事也。文不长,兹全录之如下:

《吐蕃彝泰赞普名号年代考》(《蒙古源流》研究之一)(国立中央研究院历史语言研究所集刊第二本第一分)

小彻辰萨囊台吉著《蒙古源流》,其所纪土伯特事,盖本之西藏旧史。然取新旧唐书吐蕃传校其书，则赞普之名号，往往不同，而年代之后先，相差尤甚。夫中国史书述吐蕃事，固出于唐室当时故籍，西藏志乘，虽间杂以宗教神话，但历代赞普之名号世系，亦必有相传之旧说，决不尽为臆造。今二国载籍互相差异，非得书册以外实物以资考证，则无以判别二者之是非，兼解释其差异之所由来也。

《蒙古源流》卷二云："穆迪子藏（坊刊本作减，误）玛达尔玛持（坊刊本作特，误）松垒罗垒伦多卜等兄弟五人，长子藏玛出家，次子达尔玛持松（略一垒字，满文本已如是）自前岁戊子纪二千九百九十九年之丙戌年所生，岁次戊戌年十三岁，众大臣会议辅立即位，岁次辛酉年三十六岁，殁，汗无子，其兄达尔玛即位"云云。按小彻辰萨囊台吉以释迦牟尼佛涅槃后一岁为纪元，据其所推算佛灭度之年为西历纪元前二千一百三十四年，故其纪元前之戊子元年为西历纪年前二千一百三十三年。其所谓自前岁戊子纪二千九百九十九年之丙戌年，即西历纪元后八百六十六年，唐懿宗咸通七年。戊戌即西历纪年后八百七十八年，唐僖宗乾符五年。辛酉年则西历纪元后九百零一年，唐昭宗天复元年。惟《蒙古源流》此节所纪达尔玛持松垒赞普之名号年代，皆为讹误。兹先辨正其名号，兼解释其差异之所由来，然后详稽其年代之先后，以订正中国西藏二国旧史相传之讹误，或可为治唐史者之一助欤？

名号之讹误有二，一为误联二名为一名，一为承袭蒙古文旧本字形之讹而误读其音。

何谓误联二名为一名？按《唐书·吐蕃传》："赞普（指可黎足即彝泰赞普）立几三十年死，以弟达磨嗣。"《资治通鉴考异》卷二十一唐纪十三文宗开成三年，吐蕃彝泰赞普卒弟达磨立条云"彝泰卒，及达磨立，实录不书，旧传及续会要皆无之，今据补国史"。坊刊本《蒙古源流考》卷二："汗（指持松垒）无子，其兄达尔玛癸未年所生，岁次壬戌，年四十岁，即位，因其从前在世为象时，曾设恶愿，二十四年之间，恶习相沿，遂传称为天生邪妄之朗达尔玛。"

(按藏语谓象为朗 glan)又藏文嘉剌卜经 rgyalrabs 者，(闻中国有蒙文刊本，予未见)，本书译本子注及《四库总目提要》，皆言其与小彻辰萨囊台吉所纪述多相符合。今据 Emil Schalgiutweit 本嘉剌卜经藏文原文第十二页第十二行，其名亦为 glan darma，即本书之朗达尔玛也。而本书之持松垒，在嘉喇卜经则称为 ralpa-chan，与朗达玛为二人，章章明甚。又乾隆中敕译中文《首楞严经》为藏文时，章嘉胡图克图言此经西藏古译本为五百年前之浪达尔玛汗所毁灭云云。(见清高宗御制文集藏译楞严经序)持松垒与达尔玛孰为兄弟，及浪达尔玛汗是否生于乾隆前五百年，以至《首楞严经》乾隆以前有无藏文译本，皆不必论；而持松垒与达尔玛之为二人，则中国史籍、《蒙古源流》本书及西藏历世相传之旧说，无不如是。今景阳宫所藏《蒙古源流》满文译本，误联达尔玛、持松垒二名为一名，此必当日满文译者所据喀尔喀亲王成兖札布进呈之蒙文本，已有此误，以致辗转传讹，中文译本遂因而不改，即彭楚克林沁所校之中文译本，(曾见江安傅氏转录本)亦误其句读。以予所见诸本，惟施密德氏 Isaac Jacob schmidt 之蒙文校译本，二名分列，又未省略，实较成兖扎布本为佳也。

何谓承袭蒙文旧本字形之讹而误读其音？此赞普名号诸书皆差异，今据最正确之实物，即拉萨长庆唐蕃会盟碑碑阴吐蕃文(据前北京大学研究所国学门所藏缪氏艺风堂拓本)补正其省略讹误，并解释其差异之所由来焉。

按长庆唐蕃会盟碑碑阴吐蕃文，首列赞普名号，末书长庆及蕃彝泰纪元，其所载赞普之名号为 khr-gtsug lde-brtsan。近年西北发见之藏文写本亦同（见 F. W. Thomas: *Tibetan Documents concerning Chinese Twrkestan* PP. 71. 72. 76. Journal of the Royal Asiatic Society of Great Britain and Ireland, Jan. 1928）。兹取此碑碑阴蕃文，历校诸书，列其异同于左。《新唐书·吐蕃传》："元和十二年赞普死，可黎可足立为赞普。"按可黎可足即碑文 khri-gtsug，其下之 ldebrtsan 则从省略，且据此可知当时实据藏文之复辅音而对音也。

《资治通鉴》卷二百三十九唐纪五十五："宪宗元和十一年二月,西川奏吐蕃赞普卒,新赞普可黎可足立。"又卷二百四十六唐纪六十二："文宗开成三年吐蕃彝泰赞普卒,弟达磨立。"按会盟碑碑阴末数行吐蕃年号为Skyid-rtag,即彝泰之义,然则可黎可足之号为彝泰赞普者实以年号称之也。

菩提末(Bodhimor)此书纪赞普世系,实出于藏文之嘉剌卜经,据施密德氏蒙文《蒙古源流》校译本第三百六十页所引菩提末之文,此赞普之名为Thi-atsong-Jtebdsan。按此书原文予未见,此仅据施密德氏所转写之拉丁字而言,Thi者藏文Khri以西藏口语读之之对音,严格言之,当作Thi。lte者据会盟碑蕃文应作lde,蒙文dt皆作ᧅ形无分别,bdsan即碑文及西北发现之藏文写本之brtsan,此乃施密德氏转写拉丁字之不同,(藏文古写经多-r)非原文之有差异也。惟atsong一字,则因蒙文字形近似而讹,盖此字依会盟碑蕃文本及西北发见之藏文写本,应作gtsug,蒙文转写藏文之ᠭ(g)作᠊ᠣ形,转写藏文之ᠠ(a)(或作h)作ᠣ形,ug,ük作ᠣᢉ形,ung或ong作ᠣᢉ形,字体极相似故讹。或菩提末原书本不误,而读者之误,亦未可知也。

《蒙古源流》施密德校译本　据此本,此赞普名作Thibt-songlte,此名略去名末之brtsan。至btsong者,gtsug之讹读,藏文(ᠭ)(g)字,蒙文作᠊ᠣ,与蒙文ᠣ(b)字形近故讹,蒙文之ug转为此亦以形近误为ong,见上文菩提末条。

《蒙古源流》满文译本　《蒙古源流》中文译本非译自蒙文,乃由满文而转译者,今成衮扎布进呈之蒙文原本,虽不可得见,(予近发见北平故宫博物院藏有《蒙古源流》之蒙文本二种:一为写本,一为刊本。沈阳故宫博物馆亦藏有蒙文本,盖皆据成衮扎布本抄写刊印者也。)幸景阳宫尚藏有满文译本,犹可据以校正中文译本也。按满文本,此赞普名凡二见,一作Darmakriltsung

Lni，一作 Darmakribtsung，皆略去 brtsan 字，此名误与达尔玛之名联读，已详上文。惟藏文之 khri，满文或依藏文复辅音转写，如此名之 kri 即其例；或依西藏口语读音转写，如持苏陇德灿（Cysurongtetsan）之 Cy（满文ᡱ）即其例。盖其书之对音，先后殊不一致也。un 乃 ug 转写 ük 之误，见上文菩提末条。又藏文 lde 所以讹成垒者，以蒙文 t 字 d 字皆作 d 形，o 字 u 字皆作 d 形，又 e 字及 i 字结尾之形作 l 及 η），皆极相似，颇易淆混，故藏文之 Lde，遂讹为满文之 Lui 矣。或者成兖札布之蒙文原本，亦已讹误，满文译本遂因袭而不知改也。

  文津阁本及坊刊本汉译《蒙古源流》 中文《蒙古源流》既译自满文，故满文译本之误，中文译本亦因袭不改，此二本中，此赞普名一作达尔玛持松垒，一作达尔玛持松，满文 kri 作持者，依藏文口语读之也。按义净以中文诧为梵文 tha 字对音，（见高楠顺次郎英译南海寄归内法传）则 thi 固可以满文之ᡱ（cy）字，中文之持字对音。又此本持字俱作特，乃误字，而先后校此书者皆未改正，松字乃满文 Tsung 之对音，其误见上文菩提末条。

  蒙文书社本汉语《蒙古源流》 此本此赞普名一作（达尔玛）哩卜崇垒，一作（达尔玛）持松哩卜崇。第一名作哩者，依满文 kri 而对哩音，其作卜者，满文译本固有 b 字音也。第二名则持哩二字重声，松崇二字亦垒音，殆当时译者并列依原字及依口语两种对音，而传写者杂糅为一，遂致此误欤？余见上文。

  此赞普之名号既辨正，其年代亦可得而考焉。《唐会要》卷九十七："元和十一年西川奏吐蕃赞普卒，十二年吐蕃告丧使论乞冉献马十匹玉带金器等。"《旧唐书·吐蕃传》："宪宗元和十二年吐蕃以赞普卒来告。《新唐书》："宪宗元和十二年赞普死，使论乞髯来（告丧），可黎可足立为赞普。"《资治通鉴》卷二百三十九唐纪五十五："宪宗元和十一年二月西川奏吐蕃赞普卒，新赞普可黎可足立。"《新唐书·吐蕃传》："赞普立（指可黎可足）几三十年，死，以弟达磨嗣。"《资治通鉴》卷二百四十六唐纪六十二："文宗开成三年吐蕃彝泰赞普卒,弟达磨立。"《资治通鉴考异》卷二十一唐纪十三,会昌二年十二月吐蕃来告达磨赞普之丧,略云"《实录》丁卯吐蕃赞普卒,遣使告丧,赞普立仅三十余年。据《补国史》,彝泰卒后,又有达磨赞普,此年卒者,达磨也。《文宗实录》不书彝泰赞普卒,旧传及《续会要》亦皆无达磨,新书据《补国史》,疑《文宗实录》阙略,故他书皆因而误。彝泰以元和十一年立,至此二十七年,然开成三年已卒,达磨立至此五年,而《实录》云仅三十年,亦是误以达磨为彝泰也。"《蒙古源流》卷二:"持松垒岁次戊戌年十三岁众大臣会议辅立即位,在位二十四年,岁次辛酉,三十六岁殁。"据小彻辰萨囊台吉书所用之纪元推之,戊戌为唐僖宗乾符五年,西历纪元后八百七十八年;辛酉年为唐昭宗天复元年,西历纪元后九百零一年。(诸书之文,前已征引,兹再录之以便省览而资比较。)按《蒙古源流》所载年代太晚,别为一问题,姑于此不置论。而诸书所记彝泰赞普嗣立之年,亦无一不误者。何以言之?唐蕃会盟碑碑阴蕃文,唐蕃二国年号并列,唐长庆元年,当蕃彝泰七年;长庆二年,当彝泰八年;长庆三年,当彝泰九年。又《新唐书·吐蕃传》"长庆二年刘元鼎使吐幕会盟还,虏元帅尚绮藏馆客大夏川,集东方节度诸将百余,置盟策台上,遍晓之,且戒各保境,毋相暴犯,策署彝泰七年"云云。考《旧唐书·吐蕃传》,长庆元年十月十日命崔植、王播、杜元颖等与吐蕃大将讷罗论等会盟于长安,盟文末有大蕃赞普及宰相钵阐布尚绮心儿等先寄盟文要节之语,则是刘元鼎长庆二年所见虏师遍晓诸将之盟策,即前岁长庆元年之盟策,故彝泰七年即长庆元年,而非长庆二年。梁曜北《玉绳元号略》及罗雪堂振玉丈重校订《纪元编》,皆据此推算。今证以会盟碑碑阴蕃文,益见其可信。故吐蕃可黎可足赞普之彝泰元年,实当唐宪宗元和十年,然则其即赞普之位迟亦必在是年。《唐会要》、新旧《唐书》及《资治通鉴》所载年月,乃据吐蕃当日来告之年月,而非当时事实发生之真确年月也。又《蒙古源流》载此赞普在位二十四年,不知其说是否正确,但宪宗元和十年,即西历纪元后八百十五年,为彝泰元年;文宗开成三年,即西历纪元后八百三十八年,亦即《补国史》所纪可黎可足赞普卒之岁,为彝泰末年,共计二十四年,适相符合。予于《蒙古源流》所纪年岁固未敢尽信,独此在位二十四年之说,与依据会盟碑等所推算之年代,不期而暗合,似非出于臆造所能也。

综校诸书所载名号年代既多讹误,又复互相违异,无所适从。幸得会盟碑阴残字数行,以资考证,千年旧史之误书,异国译音之讹读,皆赖以订正。然中外学人考证此碑之文,以予所知,尚未有证论及此者,故表而出之,使知此逻逤片石,实为乌斯赤岭(此指拉萨之赤岭而言)之大玉天球,非若寻常碑碣,仅供揽古之士赏玩者可比也。

例三　《集古录》与《潜研堂金石文字跋尾》

以金文证经典虽为较近之事,然以石文校史事,宋朝人已能为之。如欧阳永叔《集古录跋尾》,其中颇有胜义。即如下例,可见其旨趣。

《魏受禅碑》……按,《汉·献帝纪》,延康元年十月乙卯,皇帝逊位,魏王称天子。又按《魏志》,是岁十一月葬士卒死亡者,犹称令。是月丙午,(一本作寅)汉帝使张愔奉玺绶。庚午,王升坛受禅。又是月癸酉,奉汉帝为山阳公。而此碑云:"十月辛未,受禅于汉。"三家之说皆不同。今据裴松之注《魏志》,备列汉魏禅代诏册书令群臣奏议甚详。盖汉实以十月乙卯策诏魏王,使张愔奉玺绶,而魏王辞让,往返三四,而后受也。又据侍中刘廙奏问太史令许芝,今月十七日己未,可治坛场;又据尚书令桓楷等奏云,辄下太史令,择元辰,今月二十九日,可登坛受命。盖自十七日己未,至二十九日,正得辛未。以此推之,汉魏二纪皆缪,而独此碑为是也。《汉纪》乙卯逊位者,书其初命,而略其辞让往返,遂失其实尔。《魏志》十一月癸卯犹称令者,当是十月,衍一字尔。丙午张愔奉玺绶者,辞让往返,容(集本作殆)有之也。惟庚午升坛最为缪尔。癸卯去癸酉三十一日，不得同为十一月，此尤缪也。禅代大事也，而二纪所书如此，则史官之失，以惑后世者，可胜道哉？

北宋人的史学分析工夫到这个地步，所以才能有《唐书》、《通鉴》那样的制作。到了近代顾亭林、朱竹垞等，以石文校史书，时有精论，而钱竹汀"乃尽……出其上，遂为古今金石学之冠"。（见《集古录跋尾·王昶序》)《廿一史之考异》、《金石文之跋尾》，皆同一意义之工作。现在摘录两条，以见其精诣所至。其实竹汀此书论石各篇，皆是精能之作，原书易得，不复多举。

《后魏孝文帝吊比干文碑阴》：……《北史》太和十九年，诏迁洛人死葬河南，不得还北，于是代人南迁者悉为河南洛阳人。又云：太和二十年正月，诏改姓元氏。今此碑立于太和十八年冬，宗室已系元姓，代人并称河南郡，则史所载岁月恐未得其实矣。诸臣称河南郡者，元氏而外，若邱目陵氏，万忸于氏，候莫陈氏，乙旃氏，叱罗氏，吐难氏，伊娄氏，独狐氏，拓拔氏，莫耐娄氏，并见《魏书·官氏志》，而译字小有异同。如邱氏目陵之目作穆，万忸于之万作勿，吐难之吐作土，莫耐娄之耐作那是也。陆氏本步六孤氏。太和十九年，诏称穆陆贺刘楼于嵇尉八姓，皆太祖已降，勋著当世，位尽王公者也。穆即邱目陵，于即万忸于，刘即独孤。诸人皆未改氏，而陆昕等已单称陆氏，而陆氏之改又在穆贺诸姓之先矣。大野氏郁久闾氏俟吕氏魏志俱失载。以予考之，郁久闾乃蠕蠕姓，后亦单称闾氏。《周书》太祖赐韩褒姓俟吕陵氏，(此《广韵》所引，今本俟讹作侯)当即俟吕氏也。后魏末有南州刺史大野拔，大野亦代北著姓矣。又有俟文福一人，则未知其俟氏欤？(《官氏志》俟奴氏后改俟氏)抑别有俟文氏也？苦干氏贺拔氏不称河南而称代郡，盖代人之未南迁者。斛律氏称高车部人，虽入处中国，尚未有所隶州县也。冯诞以尚乐安公主拜驸马都尉，此但云驸马，而去都尉，从俗称也。史称傅永字脩期，此直云傅脩期，盖以字行也。公孙良据传为燕郡广阳人,此云辽东郡,则举郡望言之,于劲尝为司卫监,李预兼典命下大夫,皆本传所未载。陆昕传作昕之,当以石刻为正。其书姑臧为姑藏,河间为河涧,龙骧为骓骧,傅俗期作傅俗期,皆当时承用别体字,若万忸于之于或作乎;陆希道作怖道,则翻刻之讹。(此段以石文订史所记)

《后魏石门铭》 右《石门铭》,盖述龙骧将军梁秦二州刺史泰山羊祉开通石门之功。《魏书·宣武纪》:"正始四年,九月甲子,开斜谷旧道。"即其事也。碑云"起四年十月十日,至永平二年正月毕功",而史书于四年九月者,据奉诏之日言之耳。《北史·羊祉传》不书开斜谷道事,此史文之阙漏,当据石刻补之。碑云"皇魏正始元年汉中献地",即梁天监三年也。是岁夏候道迁背梁归魏,《梁史》书"魏陷梁州"于二月,当得其实。魏收史书于闰十二月,温公《通鉴》据长历梁置闰在次年正月后,遂移于后一年,非也(订历)。

《唐景龙三年法琬法师碑》 右《法琬法师碑》。法琬,中宗之三从姑,太祖景皇帝之玄孙女也。父临川公德懋,尝官宗正卿,兵部尚书,谥曰孝,皆史所不载。史称永征二年,襄邑王神符薨。而碑云六年薨,与史不合。据碑,法琬以襄邑王薨之岁,奏请出家,时十有三。垂拱四年卒,春秋四十有九。今以永征六年年十有三推之,只四十六岁耳。窃意神符薨于永征二年,史文未必误。其年德懋请舍所爱女为亡父祈福,奉勅听许,而法琬之出家则在其明年,年始十三也。碑以二年为六年,特书者之误尔(此段以史所记订石文)。

最近三十年中,缪荃荪、罗振玉、王国维皆于石刻与史传之校正工夫上续有所贡献,然其造诣之最高点,亦不过如钱竹汀而已。

例四 流沙坠简

近来出土之直接史料,可据以校正史传者,尚有西陲所得汉简。

此种材料，法人沙畹德人康拉地皆试为考证，而皆无大功，至王静安君手，乃蔚成精美之史事知识。现录其一段如下。(《流沙坠简补遗考释》第一叶)

  三、晋守侍中大都尉奉晋大侯亲晋鄯善、焉耆、龟兹、疏勒
  四、于阗王写下诏书到

  右二简文义相属，书迹亦同，实一书之文。前排比简文印本时，尚未知其为一书，故分置两页中，今改正如右，亦行下诏书之辞也。晋守侍中大都尉奉晋大侯亲晋鄯善、焉耆、龟兹、疏勒、于阗王者，若析言之，则当云，晋守侍中大都尉奉晋大侯亲晋鄯善王，晋守侍中大都尉奉晋大侯亲晋焉耆王，以下仿此。盖晋时西域诸国王皆得守侍中大都尉奉晋大侯位号。以此十字冠于五国王之上，而不一一言之者，文例宜然，亦如亲晋二字之为五国王通号，此人人所易首肯也。案，中国假西域诸国王以官号，自后汉始。《后汉书·西域传》：光武建武五年，河西大将军窦融承制立莎车王康为汉莎车建功怀德王西域大都尉，五十五国皆属焉。十七年，更赐以汉大将军印绶。顺帝永建二年，疏勒王臣磐遣使奉献，帝拜臣磐为与汉大都尉，其子孙至灵帝时犹称之。（案，传但言拜臣磐为汉大都尉，汉字上无与。然下文云，疏勒王与汉大都尉于猎中为其季父和得所射杀。时疏勒王外，非别有汉大都尉，不得言与。疑与汉二字当连续，与汉犹言亲汉也。上云拜臣磐为汉大都尉，汉字上脱与字)《魏略·西戎传》，魏赐车师后部王壹多杂守魏侍中，号大都尉，受魏王印。此西域诸王受中国位号之见于史籍者也。考汉魏时本无大都尉一官，求其名称，实缘都护而起。前汉时本以骑都尉都护西域，(见《汉书·百官公卿表》及《甘延寿段会宗传》)后遂略称西域都护。新莽之后，都护败没，故窦融承制拜莎车王康为西域大都尉，使暂统西域诸国，惟不欲假以都护之名，又以西域诸国本各有左右都尉，故名之曰西域大都尉，使其号与西域都护骑都尉相若云尔。嗣是莎车既衰，而疏勒王称

与汉大都尉,魏车师后部王又单称大都尉,皆不冠以西域二字,其号稍杀。故此简西域诸国王皆有此位号,疑自魏时已然矣。或以此简之晋守侍中大都尉与魏赐车师后王位号同,又下所举五王中无车师后王,疑此亦晋初车师后王之称,故此简之中实得六国。然魏时车师后王既受王印,则其号当云魏守侍中大都尉亲魏车师后部王。今但云晋守侍中大都尉,但举其所受中国官号,而不著其本国王号,必无此理。故曰,晋守侍中大都尉者,乃鄯善、焉耆、龟兹、疏勒、于阗王之公号也。奉晋大侯亦然。以国王而受晋侯封,故谓之大侯,以别于西域诸国之左右侯,亦犹大都尉之称,所以别于诸国之左右都尉也。亲晋某王者,亦当时诸国王之美称。案,汉时西域诸国王但称汉某国王。《汉书·西域传》云:西域最凡国五十,自译长至侯王皆佩汉印绶,凡三百七十六人。其印文虽无传者,然《匈奴传》云:汉赐单于印,言玺不言章,又无汉字,诸王已下乃有汉,言章。西域诸王虽君一国,然其土地人民尚不如匈奴诸王,则汉所赐印必云汉某某王章,无疑也。后汉之初,莎车王号尚冠以汉字,中叶以后,始有亲汉之称。《后书·西域传》:顺帝永建元年,班勇上八滑为后部亲汉侯。然但为侯号而非王号,其王犹当称汉某某王也。惟建安中封鲜卑沙末汗为亲汉王,魏晋封拜皆袭此称,如魏志外国传有亲魏倭王,古印章有亲晋羌王亲赵侯等是也。其官号上冠以魏晋字者,所以荣之;其王号上冠以亲魏、亲晋字而不直云魏晋者,所以示其非纯臣也。此简所举五国,西域长史所辖殆尽于此。案,西域内属诸国,前汉未分至五十,后汉又并为十余,至魏时仅存六七。《魏略》言且末小宛精绝楼兰(此谓楼兰城)皆并属鄯善,戎卢扜弥渠勒皮穴(《汉书》作皮山)皆属于阗,尉犁危须山王国皆并属焉耆,姑墨温宿尉头皆并属龟兹,桢中莎车竭石渠沙西夜依耐蒲犁亿若榆令捐毒休脩(《后汉书》作休循)琴国皆并属疏勒,且弥单桓毕陆(《汉书》作卑陆)蒲陆(《汉书》作蒲类)乌贪(《汉书》作乌贪訾离)诸国皆并属车师。此外汉时属都护诸国,惟乌孙尚存,仍岁朝贡,见于《魏志》。然乌孙国大地远，其事中国亦当与康居大月氏同科，自后汉以来盖已不属都护长史。则魏时西域内属诸国，仅上六国而已。右简所举又少车师一国，盖晋初车师后部当为鲜卑所役属。《魏志·鲜卑传》注引王沈《魏书》云：鲜卑西部西接乌孙。《晋书·武帝纪》：咸宁元年六月，西域戊巳校尉马循讨叛鲜卑破之。二年，鲜卑阿罗多等寇边，西域戊巳校尉马循讨之。时鲜卑当据车师后部之地，故能西接乌孙，南侵戊巳校尉治所矣。右简令诸国王写下诏书，而独不云车师王者，当由于此。然则晋初属西域长史诸国，惟鄯善、焉耆、龟兹、疏勒、于阗五国而已。此西域诸国之大势，得由右简知之者也。此简所出之地，当汉精绝国境，《后书》言后汉明帝时精绝为鄯善所并，而斯氏后十年在此地所得木简见于本书简牍遗文中者，其中称谓有大王有王有夫人，隶书精妙，似后汉桓灵间书。余前序中已疑精绝国汉末复有有独立之事，今此简中无精绝王，而诏书乃到此者，必自鄯善或于阗传写而来，可见精绝至晋初又为他国所并矣。自地理上言之，则精绝去于阗近，而去鄯善较远，自当并属于阗，而《魏略》则云并属鄯善。然无论何属，此时已无精绝国可知。此尼雅一地之沿革，得由右简知之也。二简所存者不及三十字，而足以裨益史事如此。然非知二简为一书，亦不能有所弋获矣。

例五　吴大澂"文"字说

以上所举的几个例之外，尚有其他近来出土之直接史料，足以凭借着校正或补苴史传者。例如敦煌卷子中之杂件，颇有些是当时的笺帖杂记之类，或地方上的记载，这些真是最好的史料。即如《张氏勋德记》等，罗振玉氏据之以成《补唐书张义潮传》（丙寅稿第一页至四页）。可见史料的发见，足以促成史学之进步，而史学之进步，最赖史料之增加。不过这些文字，或太长，或太琐，不便举列，故今从阙。

近数十年来最发达的学问中，金文之研究是一个大端。因金文的时代与诸史不相涉，（除《史记》一小部外）而是《诗》、《书》的时代，所以金文之研究看来似只有裨于经学。然经学除其语言文字之部分外，即是史学智识。不过金文与《诗》、《书》所记不相干者多，可以互补，可以互校文字文体之异同，而不易据以对勘史事。虽金文中有很多材料，可以增加我们对于古代史事知识，但，求到这些知识，每每须经过很细的工夫，然后寻出几件来。因此，关于金文学之精作虽多，而专于《诗》、《书》时代史事作对勘之论文，还不曾有。此等发明，皆零零碎碎，散见各书中。现在且举吴大澂君文字说，以为一例。此虽一字之校定，然《大诰》究竟是谁的档案，可以凭此解决这个二千年的纷扰。《大诰》一类极重要的史料赖一字决定其地位，于此可见新发见的直接史料，对于遗传的间接史料，有莫大之补助也。

"文"字说　《书·文侯之命》："追孝于前文人。"《诗·江汉》："告于文人。"《毛传》云："文人，文德之人也。"潍县陈寿卿编修介祺所藏兮仲钟云："其用追孝于皇考已伯，用侃喜前文人。"《积古斋钟鼎彝器款识·追敦》云："用追孝于前文人。"知"前文人"三字，为周时习见语。乃《大诰》误文为宁，曰"予曷其不于前宁人图功攸终"；曰"子曷其不于前宁人攸受休毕"；曰"天亦惟休于前宁人"；曰"率宁人有指疆土"。"前宁人"实"前文人"之误。盖因古文文字有从心者，或作𢆶，或作𢆸，或又作𢆺。壁中古文《大诰》篇，其文字必与宁字相似，汉儒遂误释为宁。其实《大诰》乃武王伐殷，大诰天下之文。宁王即文王，宁考即文考，"民献有十夫"，即武王之乱臣十人也。"宁王遗我大宝龟"，郑注："受命曰宁王。"此不得其解而强为之说也。既以宁考为武王，遂以《大诰》为成王之诰。不见古器，不识真古，安知宁字为文之误哉？

以上所标七例，皆新发见的直接史料与自古相传的间接史料相互勘补的工作。必于旧史史料有工夫，然后可以运用新史料；必于新史料能了解，然后可以纠正旧史料。新史料之发见与应用，实是史学进步的最要条件；然而但持新材料，而与遗传者接不上气，亦每每是枉然。从此可知抱残守缺，深固闭拒，不知扩充史料者，固是不可救药之妄人；而一味平地造起，不知积薪之势，相因然后可以居上者，亦难免于狂狷者之徒劳也。

第二节　官家的记载对民间的记载

官家记载和私家记载的互有短长处，也是不能一概而论的。大约官书的记载关于年月、官职、地理等等，有簿可查有籍可录者，每校私记为确实；而私家记载对于一件事的来源去脉，以及"内幕"，有些能说官书所不能说，或不敢说的。但这话也不能成定例，有时官书对于年月也很会错的，私书说的"内幕"更每每是胡说的。我们如想作一命题而无违例，或者可说，一些官家凑手的材料及其范围内之记载，例如表、志、册子、簿录等，是官家的记载好些，而官家所不凑手或其范围所不容的材料，便只好靠私家了。不过这话仿佛像不说，因为好似一个"人者，人也"之循环论断。我们还是去说说他们彼此的短处罢。

官家的记载时而失之讳。这因为官家总是官家，官家的记载就是打官话。好比一个新闻记者，想直接向一位政府的秘书之类得到一个国家要害大事之内容，如何做得到？势必由间接的方法，然后可以风闻一二。

私家的记载时而失之诬。人的性情，对于事情，越不知道越要猜，这些揣猜若为感情所驱使，便不知造出多少故事来。史学的正宗每每不喜欢小说。《晋书》以此致谤；《三国志注》以此见讥。建文皇帝游云南事，明朝人谈得那样有名有姓，有声有色，而《明史》总只是虚提一笔。司马温公的《通鉴》虽采小说，究竟不过是借着参考，断制多不从小说；而他采《赵飞燕外传》的"祸水"故事，反为严整的史家所讥。大约知道一件事内容者，每每因自己处境的关系不敢说，不愿说，而不知道者偏好说，于是时时免不了胡说。

论到官家记载之讳，则一切官修之史皆是好例，所修的本朝史尤其是好例。禅代之际，一切欺人孤儿寡妇的逆迹；剪伐之朝，一切凶残淫虐的暴举，在二十四史上那能看得出好多来呢？现在但举一例：满洲的人类原始神话,所谓天女朱果者,其本地风光的说法,必不合于汉族之礼化,于是汉土修满洲原始之史,不得不改来改去,于是全失本来的意义。(陈寅恪先生语我云:王静安在清宫时有老阉导之看坤宁宫中跳神处,幔后一图,女子皆裸体,而有一男老头子。此老阉云:宫中传说这老头子是卖豆腐的。此与所谓天女者当有若何关系?今如但看满洲祀天典礼,或但看今可见坤宁宫中之杀猪处,何以知跳神之礼,尚有此"内幕"耶?)犹之乎顺治太后下嫁摄政王,在清朝国史上是找不出一字来的。(其实此等事照满洲俗未可谓非,汉化亦未可谓是。史事之经过及其记载皆超于是非者也。["Jenseits von Gut und Bose"])清朝人修的《太祖实录》,把此一段民间神话改了又改,越改越不像。一部二十四史经过这样手续者,何其多呢?现在把历史语言研究所所藏的稿本影印一叶以见史书成就的一个大手续——润色的即欺人的手续。

　　论到私书记载之诬,则一切小说稗史不厌其例。姑举两个关系最大谬的。元庚申帝如非元明宗之子,则元之宗室焉能任其居大汗之统者数十年,直到窜至漠北,尚能致远在云南之梁王守臣节?而《庚申外史》载其为宋降帝瀛国公之子,则其不实显然。这由于元代七八十年中汉人终不忘宋,故有此种循环报应之论。此与韩山童之建宋号,是同一感情所驱使的。又如明成祖,如果中国人是个崇拜英雄的民族,则他的丰功伟烈,确有可以崇拜处,他是中国惟一的皇帝能跑到漠北去打仗的。但中国人并不是个英雄崇拜的民族,(这个心理有好有坏。约略说,难于组织,是其短处;难于上当,是其长处。)而明成祖的行为又极不合儒家的伦理,而且把"大儒"方正学等屠杀的太惨酷了,于是明朝二百余年中,士人儒学没有诚心说成祖好的。于是乎为建文造了一些逊国说,为永乐造了一个"他是元朝后代"的骂语(见《广阳杂记》等)。这话说来有两节,一是说永乐不是马后生,而是硕妃生,与周王同母,此是《国榷》等书的话。一是说硕妃为元顺帝之高丽妾,虏自燕京者,而成祖实为庚申帝之遗腹子。(此说吾前见于一笔记,一时不能举其名,待后查)按硕妃不见明《后妃传》,然见《南京太常寺志》。且成祖与周王同母,隐见于《明史·黄子澄传》,此说当不诬妄。至其为元顺帝遗腹说,则断然与年代不合。成祖崩于永乐二十二年(1424),年六十五,其生年实为元顺帝至正二十年(1360)四月,去明兵入燕尚有十年(洪武元年为1368),冒填年龄不能冒填到十年。且成祖于洪武三年封燕王,十三年之藩。如为元顺帝遗腹子,其母为掠自北平者,则封燕王时至多两岁,就藩北平时,至多十二岁;两岁封王固可,十二岁就藩则不可能。以明太祖之为人,断无封敌子于胜国故都、新朝第一大藩之理。此等奇谈,只是世人造来泄愤的,而他人有同样之愤,则喜而传之。(至于硕妃如为高丽人,或是成祖母,皆不足异。元末贵人多蓄高丽妾,明祖起兵多年,所虏宦家当不少也。惟断不能为庚申帝子耳。)所以《明史》不采这些胡说,不能因《明史》的稿本出自明遗臣,故为之讳也。《清史稿》出于自命为清遗臣者,亦直谓康熙之母为汉人辽东著姓佟氏也。

官府记载与野记之对勘工夫,最可以《通鉴考异》为例。此书本来是记各种史料对勘的工夫者,其唐五代诸卷,因民间的材料已多,故有不少是仿这样比较的。因此书直是一部史料整理的应用逻辑,习史学者必人手一编,故不须抄录。

第三节 本国的记载对外国的记载

本国的记载之对外国的记载,也是互有短长的,也是不能一概而论的。大致说起,外国或是外国人的记载总是靠不住的多。传闻既易失真,而外国人之了解性又每每差些,所以我们现在看西洋人作的论中国书,每每是隔靴搔痒,简直好笑。然而外国的记载也有他的好处,他更无所用其讳。承上文第二节说,我们可说,他比民间更民间。况且本国每每忽略最习见同时却是最要紧的事,而外国人则可以少此错误。譬如有一部外国书说,中国为蓝袍人的国(此是几十年前的话),这个日日见的事实,我们自己何尝觉到呢?又譬如欧美时装女子的高跟鞋,实与中国妇女之缠足在心理及作用上无二致,然而这个道理我们看得明显,他们何尝自觉呢?小事如此,大者可知。一个人的自记是断不能客观的,一个民族的自记又何尝不然?本国人虽然能见其精细,然而外国人每每能见其纲领。显微镜固要紧,望远镜也要紧。测量精细固应在地面上,而一举得其概要,还是在空中便当些。这道理太明显,不必多说了。例也到处都是,且举一个很古的罢。

(《史记·大宛传》)自大宛以西至安息国,虽颇异言,然大同俗,相知言。其人皆深眼,多须髯。善市贾,争分铢。俗贵女子;女子所言而丈夫乃决正。

这不简直是我们现在所见的西洋人吗?(这些人本是希腊波斯与土人之混合种,而凭亚里山大之东征以携希腊文化至中亚者。)然而这些事实(一)深眼,(二)多须髯,(三)善市贾,(四)贵女子,由他们自己看来,都是理之当然,何必注意到呢?外国人有这个远视眼,所以虽马哥孛罗那样胡涂荒谬、乱七八糟的记载,仍不失为世上第一等史料;而没有语言学人类学发达的罗马,不失其能派出一个使臣答西涂斯(Tacitus)到日耳曼回来,写一部不可泯灭的史料(De Cermania)。

第四节 近人的记载对远人的记载

这两种记载的相对是比较容易判别优劣的。除去有特别缘故者以外,远人的记载比不上近人的记载。因为事实只能愈传愈失真,不能愈传愈近真。譬如李心传的《建炎以来系年要录》,其中多有怪事。如记李易安之改嫁,辛稼轩之献谀,文人对此最不平。我也曾一时好事,将此事记载查看过一回,觉得实在不能不为我们这两位文人抱冤。这都由于这位作者远在西蜀,虽曾一度参史局,究未曾亲身经验临安的政情文物。于是有文书可凭者尚有办法,其但凭口传者乃一塌糊涂了。这个情由不待举例而后明。

第五节 不经意的记载对经意的记载

记载时特别经意,固可使这记载信实,亦可使这记载格外不实;经意便难免于有作用,有作用便失史料之信实。即如韩退之的《平淮西碑》,所谓"点窜尧典舜典字,涂改清庙生民诗"者,总算经意了罢?然而用那样诗书的排场,那能记载出史实来?就史料论,简直比段成式所作的碑不如。不经意的记载,固有时因不经意而乱七八糟,轻重不衬,然也有时因此保存了些原史料,不曾受"修改"之劫。

例如《晋书》、《宋史》,是大家以为诟病的。《晋书》中之小说,《宋史》中之紊乱,固是不可掩之事实;然而《晋书》却保存了些晋人的风气,《宋史》也保存了些宋人的传状。对于我们,每一书保存的原料越多越好,修理的越整齐越糟。反正二十四史都不合于近代史籍的要求的,我们要看的史料越生越好!然则此两书保存的生材料最多,可谓最好。《新五代史记》及《明史》是最能锻炼的,反而糟了。因为材料的原来面目被他的锻炼而消灭了。班固引时谚曰,"有病不治,常得中医"。抄帐式的修史,还不失为中医,因为虽未治病,亦未添病。欧阳《五代史记》的办法,乃真不了,因为乱下药,添了病。

第六节　本事对旁涉

本事对旁涉之一题,看来像是本事最要,旁涉则相干处少,然而有时候事实恰恰与此相反。因为本事经意,旁涉不经意,于是旁涉有时露马脚,而使我们觉得实在另是一回事,本事所记者反不相干矣。有时这样的旁涉是无意自露的,也有时是有意如此隐着而自旁流露个线索的,这事并不一样。也有许多既非无意自露,又非有意自旁流露,乃是考证家好作假设,疑神疑鬼弄出的疑案。天地间的史事,可以直接证明者较少,而史学家的好事无穷,于是求证不能直接证明的,于是有聪明的考证,笨伯的考证。聪明的考证不必是,而是的考证必不是笨伯的。

史学家应该最忌孤证,因为某个孤证若是来源有问题,岂不是全套议论都入了东洋大海吗?所以就旁涉中取孤证每每弄出"亡是公子"、"非有先生"来。然若旁涉中的证据不止一件,或者多了,也有很确切的事实发现。举一例:汉武帝是怎么样一个人,《史记》中是没有专篇的,因为"今上本纪"在西汉已亡了。然而就太史公东敲四击所叙,活活的一个司马迁的暴君显出来。这虽不必即是真的汉武帝,然司马子长心中的汉武帝却已借此出来了。

第七节　直说与隐喻

我们可说,这只是上节本事对旁涉的一种;不过隐喻虽近旁涉,然究不可以为尽等于旁涉,故另写此一节。凡事之不便直说,而作者偏又不能忘情不说者,则用隐喻以暗示后人。有时后人神经过敏,多想了许多,这是常见的事。或者古人有意设一迷阵,以欺后人,而恶作剧,也是可能的事。这真是史学中最危险的地域呵!想明此例,且抄俞平伯先生《长恨歌及长恨歌的传疑》一篇。(抄全实太长,然不抄全无以明其趣。)

《长恨歌及长恨歌传的传疑》

尝读元人《秋夜梧桐雨》杂剧写马嵬之变,玉环之尸被军马践踏,不复收葬,其言颇闪烁牵强。至洪昉思《长生殿》则以尸解了之,而改葬之时,便曰"惨凄凄一匡空墓,杳冥冥玉人何去!"两剧写至此处,均作曲笔,而《长生殿·雨梦》一折更有新说,惟托之于梦。其词曰:"只为当日个乱军中祸殃惨遭,悄地向人丛里换妆隐逃,因此上流落久蓬飘。"而评者则曰:"才情竭处忽生幻想,真有水穷山尽,坐看云起之妙。"洪君此作自为文章狡狯,以波折弄姿,别无深意;但以予观之,此说殆得《长恨歌》及《长恨歌传》之本旨。兹述其所见于后。佐证缺少,难成定论,姑妄言之,姑妄听之,亦所不废乎?

若率意读之,《长恨歌》既已乏味,而传尤为蛇足。歌中平铺直叙,婉曲之思与凄艳之笔并少,视《琵琶行》、《连昌宫词》且有逊色。至陈鸿作传,殆全与歌重复,似一言再言不嫌其多者然。其故殊难索解。夫以一代之名手抒写一代之剧迹,必有奇思壮采流布文坛,而今乃平庸拖沓如此,不称所期许,抑又何耶?

其间更有可注意者，马嵬之变，实为此故事之中心，玉环缢死，以后皆余文也。以今日吾人行文之法言之，则先排叙其宠盛，中出力写其惨苦，后更抒以感叹或讽刺，如《长生殿弹词》之作法，称合作矣。而观此歌及传却全不如此，写至马嵬坡仅当全篇之半，此后则大叙特叙临邛道士、海山楼阁诸迹，皆子虚乌有之事耳，而言之凿凿焉。且以钗盒之重还与密誓之见诉，证方士之曾见太真。夫太真已死于马嵬，方士何得而见之？神仙之事，十九寓言，香山一老岂真信其实有耶？其不然明矣。明知其必不然，而故意以文实之，抑又何耶？

即此可窥歌传之本意，盖另有所在也。一篇必有其警策，如《琵琶行》以"同是天涯沦落人，相逢何必曾相识"为主意；《秦妇吟》以"一身苦兮何足嗟，山中更有千万家"为主意；独此篇之主旨，屡读之竟不可得。必不得已，只以"天长地久有时尽，此恨绵绵无绝期"当之。既以"长恨"名篇，此两语自当为点睛之笔。惟仅观乎此仍苦不明白，曰"此恨绵绵"，曰"长恨"，究何所恨耶？若以仓卒惨变为恨，则写至马嵬已足，何必假设临邛道士、玉妃太真耶？更何必假设分钗寄语诸艳迹耶？似马嵬之事不足为恨，而天人修阻为可恨者，抑又何耶？在《长恨歌传》之末曰："夫希代之事非遇出世之才润色之，则与时消没，不闻于世。乐天深于诗、多于情者也，试为歌之如何？乐天因为《长恨歌》，意者不但感其事，亦欲惩尤物，窒乱阶，垂于将来也。歌既成，使鸿传焉。世所不闻者，予非开元遗民不得知；世所知者，有《明皇本纪》在。今但传《长恨歌》云尔。"在此明点此歌之作意，主要是感事，次要是讽谏。夫事既非真，感之何为？则其间必明明有一事在焉，非寓言假托之匹。云将引为后人之大戒，则其事殆丑恶，非风流佳话也。乐天为有唐之诗史，所谓以出世之才记希代之事，岂以欣羡豪奢、描画燕昵为能事哉？遇其平铺直叙处，俱不宜正看。所谓繁华，其淫纵也；所谓风流，其丑恶也。按而不断，其意自明。陈鸿作传，惟恐后人不明，故点破之。

至作传之故，在此亦已明言。若非甚珍奇之事，则只作一歌可矣，只作一传亦可矣，初不必作歌之传，屋上架屋，床上叠床也。使事虽珍奇而歌能尽且易知者，则传虽不作亦可也。惟其两不然，此传之所以作也。可分三层述之：歌之作意，非传将不明，一也；事既隐曲，以散文叙述较为明白，二也；传奇之文体，其时正流行，便于传布，三也。其尤可注意者为"世所不闻者"以下数语。其意若曰当时之秘密，我未亲见亲闻，自不得知；若人人皆知，明皇贵妃之事，则载在正史，又不待我言，我只传《长恨歌》中所述这一段异文而已。总之，白陈二氏仅记其所闻，究竟是否真确，二君自言非开元遗民不得知，遑论今日我辈也？予亦只释《长恨歌》云尔，究竟歌中本意是否如此，亦无从取证他书，予只自述其所见云尔。

《长恨歌》立意于第一句已点明，所谓"汉皇重色思倾国"，是明皇不负杨妃，负国家耳。开门见山，断语老辣。至于叙述，若华清宫、马嵬坡皆陪衬之笔，因既载《明皇本纪》，为世所知，所感者必另有所在而非仅此等事，陈鸿之言本至明白。结语所谓此恨绵绵，标题所谓长恨，乃国家之恨，非仅明皇太真燕私之恨也。否则太真已仙去，而"天上人间会相见"，是有情之美满，何恨之有？何长恨之有？论其描画，叙繁华则近荒，记姝丽则近亵，非换雅笔也，乃故意贬斥耳。传所谓乐天深于诗，观此良确。综观此篇，其结构似疏而实密，似拙而实巧；其词笔似笨重而实空虚；其事迹似可喜而实可丑。家弦户诵已千年矣，而皆被古人瞒过了，至为可惜。

旁证缺乏，兹姑以本文明之。此篇起首四句即是史笔："汉皇重色思倾国"，自取灭亡也。"杨家有女初长成，养在深闺人未识"，明明真人面前打谎语，史称开元二十三年冬十二月册寿王妃杨氏，至天宝四载秋七月册寿王妃韦氏，八月以杨太真为贵妃。太真为寿王妃十余年之久，始嫁于明皇，乃曰"初长成"、"人未识"，非恶斥而何？若曰回护，则上讳尊者方宜含糊掩饰，何必申申作反语哉？今既云云，则惟恐后人忽视耳。且其言与传意枘凿。传云："诏高力士潜搜外宫，得宏农杨元琰女于寿邸，既笄矣。"其中亦有曲笔，如不曰寿王妃而曰杨女，不曰既嫔而曰既笄；然外宫与深闺其不同亦甚矣。读者或以"宛转蛾眉"之句，疑玉环若未死于马嵬，则于文义为牴牾，请以此喻之，试观此二语，亦可如字解否？

可知《长恨歌》中本有些微词曲笔，非由一二人之私见傅会而云然，以下所言始不病其穿凿。上半节铺排处均内含讽刺，人所习知，惟关系尚少。最先宜观其叙述马嵬之变。歌曰："六军不发无奈何，宛转蛾眉马前死。花钿委地无人收，翠翘金雀玉搔头。君王掩面救不得，回看血泪相和流。"传曰："上知不免而不忍见其死，反袂掩面，使牵之而去，苍黄展转，竟就绝于尺组之下。"其所叙述有两点相同，可注意：(1)传称不忍见其死，反袂掩面，使牵之去，是玉环之死，明皇未见也；歌中有"君王掩面"之言，是白陈二氏说同。(2)歌称"宛转蛾眉马前死，"即传之"苍黄展转，竟就绝于尺组之下"也。宛转即展转，而传意尤明白。苍黄展转，似极其匆忙捣乱。而竟就绝于尺组之下者，与夫死于马前之娥眉，究竟是否贵妃，其孰知之哉？而明皇固掩面反袂未见其死也。歌中"花钿"句，似有微意。此二句就文法言，当云花钿、翠翘、金雀、玉搔头委地无人收。诗中云云，叶律倒置耳，诸饰物狼藉满地，似人蝉脱而去者然。《太真外传》云："妃之死日，马嵬媪得锦褲袜一只，相逢过客一玩百钱，前后获钱无数。"不特诸饰物纷堕，并锦袜亦失其一，岂不异哉？使如正史所记，命力士缢杀贵妃于佛堂，舁尸置驿庭，召玄礼等入观之，其境况殆不至如此也。

窃以为当时六军哗溃，玉环直被劫辱，挣扎委顿，故钿钗委地、锦袜脱落也。明皇则掩面反袂，有所不忍见，其为生为死，均不及知。诗中明言"救不得"，则赐死之诏旨当时殆决无之。传言"使牵之而去"，大约牵之去则有之，使乎使乎？未可知也。后人每以马嵬事訾三郎之负玉环，冤矣。其人既杳，自不得不觅一替死鬼,于是"蛾眉"苦矣。既可上覆君王,又可下安六军,驿庭之尸俾众入观者,疑即此君也。或谓玄礼当识贵妃,何能指鹿为马?然玄礼既身预此变而又不能约束乱兵,则装聋做哑,含糊了局,亦在意中;故陈尸入视,即确有其事,亦不足破此说。至《太真外传》述其死状甚悉,乐史宋人,其说固后也,殆演正史而为之。

玉环以死闻,明皇自无力根究,至回銮改葬,始证实其未死。改葬之事,传中一字不提,歌中却说得明明白白,"马嵬坡下泥土中,不见玉颜空死处,"夫仅言马嵬坡下不见玉颜,似通常凭吊口气;今言泥土中不见玉颜,是尸竟乌有矣,可怪孰甚焉?后人求其说而不得,从而为之辞,曰肌肤消释,(《太真外传》)曰乱军践踏,曰尸解(均见上),其实皆牵强不合。予谓《长恨歌》分两大段,自首至"东望都门信马归"为前段,自"归来池苑皆依旧"至尾为后段;而此两句实为前后段大关键。觅尸既不得,则临邛道士之上天下地为题中应有之义矣。其实明皇密遣使者访问太真,临邛道士鸿都客则托辞耳;歌言"汉家天子使",传言"使者",可证此意。

观其访问之迹,又极其奇诡。传曰:"方士乃竭其术以索之,不至;又能游神驭气,出天界、没地府以求之,不见;又旁求四虚上下,东极大海,跨蓬壶,见最高仙山上多楼阙,西厢下有洞户东向,阖其门,署曰玉妃太真院。"歌曰:"排空驭气奔如电,升天入地求之遍。上穷碧落下黄泉,两处茫茫皆不见。忽闻海上有仙山,山在虚无缥缈间。楼阁玲珑五云起,其中绰约多仙子。中有一人字太真,雪肤花貌参差是。"最不可解者为碧落黄泉皆无踪迹,而乃得之海山。人死为鬼宜居黄泉,即诗人之笔不忍以绝代丽质付之沈沦,升之碧落可矣,奚必海山哉?且歌、传之旨俱至明晰。传云旁求四虚,明未曾升仙作鬼,仍居人间也;歌云两处茫茫皆不见,意亦正同。"忽闻"以下,尤可注意。自"海上有仙山"至"花貌参差是",皆方士所闻也。使玉妃真居仙山,则孰见之而孰言之?孰言之而孰闻之耶?岂如《长生殿》所言天孙告畅通幽耶?夫马嵬坡下泥土中既失其尸矣,碧落黄泉既不得其魂魄矣,则羁身海山之太真,仙乎、鬼乎、人乎?明眼人必能辨之。且歌中此节,多狡狯语。"山在虚无缥渺间",是言此亦人间一境耳,非必真有如此之海上仙山也;"其中绰约多仙子",似群雌粥粥,太真盖非清净独居,唐之女道士院迹近倡家,非佳语也;"中有一人字太真",上甫云多仙子,而此偏曰中有一人,明明点出一"人"字;"雪肤花貌参差是",是方士来去以前,且有人见太真矣。其境界如何,不难想见。

写方士之见太真,正值其睡起之时,传曰:"碧衣云:玉妃方寝,请少待之。于是云海沈沈,洞天日晚;琼户重阖,悄然无声。方士屏息敛足,拱手门下,久之而碧衣延入。"歌曰:"闻道汉家天子使,九华帐里梦魂惊。揽衣推枕起徘徊,珠箔银屏迤逦开。云髻半偏新睡觉,花冠不整下堂来。"依传言,方士待之良久;依歌言,玉妃起得极仓皇。既曰"梦魂惊",而"云髻"、"花冠"两句又似钗横鬓乱矣,其间有无弦外微音,不敢妄说。

传为传奇体,小说家言或非信史;而白氏之歌行实诗史之巨擘,若所闻非实,又有关碍本朝,乌得而妄记耶?至少,宜信白氏之确有所闻,而所闻又惬合乎情理;否则,于尚论古人有所难通。吾辈既谓方士觅魂之说为非全然无稽,则可进一步考察其曾见杨妃与否;因使觅杨妃是一事,而觅着与否又是一事。依歌、传所描写,委宛详尽明画如斯,似真见杨妃矣,然姑置不论。方士(姑以方士名之)持回之铁证有二:一为钿盒金钗,二为天宝十载密誓之语。夫钗盒或可偷盗拾取,(近人有以"翠钿委地"句为钗盒之来源,亦未必然。)而密誓殊难臆造。观传曰:"夜殆半,休侍卫于东西厢,独侍上。上凭肩而立,因仰天感牛女事,密相誓心,愿世世为夫妇;此独君王知之耳。"歌曰:"七月七日长生殿,夜半无人私语时。"曰"独侍",曰"凭肩",曰"无人私语",是非方士所能窃听也。窃听既不得,臆造又不能,是方士确已见太真也。钿盒金钗人间之物,今分携而返,是且于人世见太真也。至于"天上人间会相见",则以空言结再生之缘耳,正如玉溪生所云"海外徒闻更九洲,他生未卜此生休",非有其他深意;"昭阳殿里恩爱绝,蓬莱宫中日月长",明谓生离,不谓死别;况太真以贵妃之尊乃不免风尘之劫,贻闻壸之玷,可恨孰甚焉?故结之曰"天长地久有时尽,此恨绵绵无绝期",言其耻辱终古不泯也。否则,马嵬之变,死一妇人耳,以长恨名篇,果何谓耶?

明皇知太真之在人间而不能收覆水,史乘之事势甚明,不成问题。况传曰:"使者还奏太上皇,皇心震悼,日日不豫,其年夏四月南宫晏驾。"是明皇所闻本非佳讯,即卒于是年(肃宗宝应元年),而太真之死或且后于明皇也。按,依章实斋氏所考,则其时太真亦一媪矣,而犹摇曳风情如此,亦异闻矣。吾以为其人大似清末之赛金花,而《彩云曲》实《长恨歌》之嫡系也。惟此等说法,大有焚琴煮鹤之诮耳。

爬梳本文,实颇明白而鲜疑滞,惟缺旁证为可憾耳。杜少陵之《哀江头》亦传太真事,曰:"明眸皓齿今何在?血污游魂归不得。清渭东流剑阁深,去住彼此无消息。"曰去住,曰彼此,不知何指。若以此说解之,则上二句疑其已死,下二句又疑其或未死,两说并存欤?惟旧注以上指妃子游魂,下指明皇幸蜀,其说可通,故不宜曲为比附,取作佐证。且此事隐秘,事后渐流布于世,若乐天时闻之,在少陵时未必即有所闻也。他日如于其他记载续有所得,更当补订,以成信说。

今日仅有本文之直证,而无他书之旁证,只可传疑,未能取信。要之,当年之实事如何是一事,所传闻如何另是一事,故即使以此新说解释《长恨歌传》十分圆满,亦不过自圆其说而已,至多亦不过揣得作歌传之本旨而已(即此已颇夸大)。若求当年之秘事,则当以陈鸿语答之曰:"世所不闻者,予非开元遗民不得知。"

(附记一)明皇与肃宗先后卒于同年,肃宗先病而明皇之卒甚骤,疑李辅国惧其复辟而弑之,观史称辅国猜忌明皇,逼迁之于西内,流放高力士,不无蛛丝马迹。唐人亦有疑之者。韦绚《戎幕闲谈》曰:"时肃宗大渐,辅国专朝,意西内之复有变故也。"此事与清季德宗西后之卒极相似,亦珍闻也。

(附记二)又宋王铚《默记》:"元献(晏元献)因为僚属言唐小说:唐玄宗为上皇迁西内,李辅国令刺客夜携铁槌击其脑,玄宗卧未起,中其脑,皆作磬声。上皇惊谓刺者曰:'我固知命尽于汝手,然叶法善劝我服玉,今我脑骨皆成玉,且法善劝我服金丹,今有丹在首,固自难死,汝可破脑取丹,我乃可死矣。'刺客如其言,取丹乃死。"孙光宪《续通录》云:"玄宗将死,云:'上帝命我作孔升真人。'爆然有声,视之崩矣。亦微意也。"此亦可与上节参看。

十六年十一月十五日(留)

这是一篇很聪明的文章——对不对却另是一回事——同时也是一篇很自知分际的文章。此文末节所说甚诚实,我们生在百千年以后,要体会百千年以前的曲喻,只可以玩弄聪明,却不可以补苴信史也。

第八节　口说的史料对著文的史料

此一对当,自表面看来,我们自然觉得口说无凭,文书有证,其优劣之判别像是很简单的。然而事实亦不尽然。笔记小说虽是著于文字的材料,然性质实在是口说,所以口说与著文之对当在此范围内,即等于上文第二节所论列,现在不须再说,但说专凭口说传下来的史料。

专凭口说传下来的史料,在一切民族的初级多有之。《国语》(《左传》一部分材料在内)之来源即是口说的史料,若干战国子家所记的故事多属于此类。但中国的文化,自汉魏以来,有若干方面以文字为中心。故文字之记载被人看重,口说的流传不能广远;而历代新兴的民间传说,亦概因未得文人为之记录而失遗。宫帷遗闻,朝野杂事,每不能凭口说传于数十年之后。反观古昔无文字之民族,每有巫祝一特殊阶级,以口说传史料,竟能经数百年,未甚失其原样子者。(《旧约》书之大部分由于口传,后世乃以之著史)故祝史所用之语,每非当时之普通语言,而是早若干时期之语言。此等口传的史料,每每将年代、世系、地域弄得乱七八糟,然亦有很精要的史事为之保留,转为文书史料所不逮。汉籍中之《蒙古源流》,即其显例也。

古代及中世之欧洲民族所有之口传史料,因文化之振兴及基督教之扩张而亡遗,独其成为神话作为诗歌者,以其文学之价值而得幸存,然已非纯粹之口传史事矣。近代工业文明尤是扫荡此等口传文学与史事者,幸百年之前,德俄诸国已有学者从事搜集,故东欧西亚之此等文学与史料,尚藉此著于文字者不少,而伊兰高加索斯拉夫封建之故事,民族之遗迹,颇有取资于此,以成今日史事知识者焉。

(原载台湾联经出版公司1980年版《傅斯年全集》第二册)

战国文籍中之篇式书体——一个短记

一

譬如说,"《管子》书是假的",这句话和说"《管子》书是真的"同样的有毛病。假如在后来历史观念作者观念大明之时,出了一部《管子》书,里面并不显然出来些管子的谥,桓公的谥,管子死后事,而题曰"春秋时齐相颍川人管仲撰"以问世,被人考核了一下子,原来是一部做了售世的书,这然后说,"这部书是假的"。若《管子》书中,引《老子》,引战国末年的事,称桓公的谥法,称管仲的死后事,本是齐人托管子之功名而著之书,只是当时的一种文体,他自己先不曾说是真的,战国时也不会有题"齐相管仲撰"的事,又何劳我们答他曰"是假的"。既有一个梁任公先生,硬说管子那个人做了《管子》那些书,便应该有人回答他说,管子不曾做了这些篇的一个字。说到这样好到这样。若进一步去说,《管子》书是假的,则先须假定战国时人已有精严的著者观念,先须假定战国时这些输出来的时候上边写着"齐桓公相管仲撰"。这样假定当然是不可以的。《管子》这部书现在所见的集合,乃是刘向的事,其中篇章是齐学之会集,书中直接称道管仲的篇章,在战国托于人而出来,也不过是自尸为管仲之学之后世,别人叙论他,也不过可说"慎轻重,贵权衡,因祸为福,古之道术有在于是者。齐人闻管仲之传说而悦之,作为……"果然我们充管仲晏子是假书一类话,则《国语》、《论语》、《孟子》、《墨子》、《庄子》等等无不是假书,因为《国语》当然不是孔子所称之左丘明写的,《论语》当然没有一个字是孔子写的,《孟子》书称梁惠王襄王之谥当然也是他的弟子记的。《墨子》中最墨子者,也劈头就说"子墨子言曰",中间又说"是以子墨子言曰"。《庄子》更是汉朝人所集合,魏晋人所编印的。那么,真书只剩了《吕览》,还要减去《月令》了。若说这些书里有些真话,真材料,则我们又焉能保管晏书中没有一点真话,真材料,一切都是度的差别罢了。我们这样 ad absurdum 一看,可以确知我们切不可以后来人著书之观念论战国文籍。总而言之:

(1)战国时"著作者"之观念不明了。

(2)战国时记言书多不是说者自写,所托只是有远有近有切有不相干罢了。

(3)战国书除《吕览》外,都只是些篇,没有成部的书。战国书之成部,是汉朝人集合的。

这层意思,我们反复说来都像不厌其详者,实因为了解战国文籍之成书性,是分析战国文籍的一个前提。

二、记言——著论——成书

著述脱离了官书的地步,而成私人著作,我们现在可见之最早者,是《论语》。《论语》是记言的。《论语》的体裁现在看了未免奇怪,除很少的几段记得较丰充以外,每一段话,只记几句,前无因,后无果。在我们现在固已不知春秋末年情景,其不懂得,犹可说,乃汉儒对于《论语》上的话,也有好些像是不懂得何所为而发的样子。且如"礼与其奢也宁俭,丧与其易也宁戚"一类的话,若不附带着"本事",不和"丧欲速贫,死欲速朽"发生同样的误会吗?(见《檀弓》)记言记到没头没尾,不附带口说便使人不懂得,而一经展转,便生误会,决然不是一种妥当的记言法。再试看《论语》中的言,每段常含蓄很多的意思,有时显出语长而所记者短的样子。且《论语》成书大约在曾子弟子时,去孟子时已不远,孟子便是那样汪洋大论,虽说孟子是个"战国辩士",谈言微中与信口开河者不同,然孔子也是靠说话而做东西南北之人者,若他说的话都像《论语》所记样子,恐怕他所专要见的公侯上大夫下大夫中,懂得他的真少啦!这样看来,《论语》成书时代,文书之物质尚难得,一段话只能写下个纲目,以备忘记,而详细处则凭口说。到了战国中年,文书的工具大便宜了,于是乎记长篇大论如《孟子》、《庄子》书那样子的可能了,遂由简约的记言进而为铺排的记言,更可成就设寓的记言。记言是战国文体的初步。《论语》、《孟子》、《庄子》中若干部分,《晏子》、《管子》中若干部分,《墨子》书中的演说体以及兼记事记言的《国语》都属于这一类。

但一段思想不必有机会言之而出,而假设的记言有时不信人,有时又大费事,于是乎舍去记言之体而据题抒论。《史记·吕不韦列传》:"是时诸侯多辩士,如荀卿之徒,著书布天下。"现在看荀卿的书,好些不是记言,而是据题为论者。这样著篇,实是记言之一变,由对语(dialogue)进而为单语(monologue)这样体裁,恐怕战国中期才有。现存战国末年书,如《商君书》、《荀子》、《韩非子》及《管子》之一部,大体上属于这一类。这是战国诸子文体演进之第二步。

著论虽已不是记言,但独立的论,仍然只有篇的观念,没有书的观念。战国晚年五德六数之义盛行,人们著书当趋于系统化。慎到著十二论,(见《史记》)这个数目是很整齐的,而又以《齐物》为首,(见《庄子·天下篇》)或者这是做全部书的开始。但我们现在不见《慎子》全书,不能作决定。而吕不韦之八览六论十二纪二十余万言,乃成一部全始要终的书,不是些散篇了。八览六论十二纪,六为秦之圣数,八则卦数,十二则记天之数,这三个数八、六、十二,也都是在当时有意义的整数。这部《吕氏》真是中国第一部整书,以前只是些散篇而已。这个体裁虽始于战国末,然这样的系统著作尚非依傍大财力不可,故汉朝人之继续者,始有刘安,在体裁上《淮南子》是"青出于蓝而青于蓝"的《吕氏春秋》。太史公未必富,但有异常的精力,也许武帝时文书的物质更廉了,于是百三十篇又是一部要去贯天地人的通书。十表像天干,十二本纪像地支,书八章像八卦,三十世家取老子"三十辐共一毂"之语,七十列传之数亦取一个丰长的整数。从此以后,系统的著书乃更多。《周礼》之成书,一往整齐,卜筮如《太玄》,续子长者如《汉书》,乃至字书之《说文解字》,都在那里有始有终,托于系统哲学啦。

更把上文写成一表如下：

记 言 之 书 → 成 篇 之 书 → 系 统 之 书		
（一）因受文书材料之限制,但记一言之纲目者,如《论语》。 （二）丰长的记言如《孟子》。 （三）托言,如《庄子》。 （四）故事之制作,如《韩子·说林》。	由托言一变即成著论。	由著论之相为终始,即成一系之书。

苏格拉底有语无文,犹之孔子时。柏拉图依师说散为无穷无尽之对语,对语亦记言。亚里士多德乃真著书。在中国一二百年中之变迁,在希腊则师生三代各代表之,这颇是一个文体进化的平行现象。

问曰:因文体之演进,文词之内容会不会受影响的？答曰:这是不免的。文辞之由记言而著论,由著论而成书,是由自然的话语到了较不自然的斫饰辞句。说话固可以抽象,然总不能忘了听的人之直接了解。说话固可以铺排,然总不能忘了听的人之捉摸得住。一经离了纯粹记言的地位,文法可以代语法,泛词可以代切词。战国子书中颇有不少白话,而《荀子》已是很简约的文言,《吕氏春秋》已有些无话说话的油腔滑调。入汉而著作者,便都是文言了。(此处用文言,乃如所谓 kunstsprache,与古文不同。)

（原载 1930 年《中研院史语所集刊》第一本第二分册）

明成祖生母记疑

民国十八年冬，北平一不相熟之书肆携一抄本求售，凡二三十叶，而索价奇昂。其中所记皆杂抄明代笔记之类，不能自成一书。询朱逖先先生此书如何，朱先生谓其皆是零抄他处者，仍应以原书为准，遂还一价。而余赴京，两月归来，此书已为原主取回。今日思之，殊觉可惜。其中有一节，亦抄自明人笔记者，记明成祖生母事甚详，大致谓作者与周王府中人相熟，府中传说，成祖与周王同母，皆非高后产也。故齐黄削藩时，周王受责最重，而燕王自感不安者愈深。及燕王战胜入京，与周王相持痛哭。其后周王骄侈，终为保全，而恩泽所及最重。又记时人侈言成祖实元顺帝之高丽妃所遗之子，并记当时民间歌语，七言成句。末语谓三十五年，仍是胡人之天下云云。盖靖难举行革除之后，用洪武三十五年之号也。以上是此时尚可追想者，其他不及记忆矣。

近读《广阳杂记》等，重见此事，以为甚可注意。再向书肆求此册，则以事隔一年有半，并忘其为何肆送来，费两日力，苦无头绪可寻。原抄录自何书，当时匆匆南行，亦未记下。自己抄写不勤，史料轻轻放过，实不可自恕，记之以志吾过耳。

承陈寅恪先生示以此事复见于《明诗综》《陶庵梦忆》等书，更集抄此时所可寻到关于此事之记载如下。

一、记载原于《南京太常寺志》及亲见南京奉先殿之向序者。《明诗综》四十四，沈玄华《敬礼南都奉先殿纪事十四韵》云：

高皇肇太庙，松桷连穹霓。尊祖有孝孙，典礼通升跻。一从迁都后，遗制终未暌。有司列俎豆，上公视瓒圭。岂意岁甲午，烈火爔榛题。嘻嘻出出音,其兆先端倪。盈庭议移祀,中废成町畦。犹余奉先殿,荐新及菹醢。微臣承祀事,入庙歌凫鹥。高后配在天,御幄神所栖。众妃位东序,一妃独在西。成祖重所生,嫔德莫敢齐。一见异千闻,实录安可稽?作诗述典故,不以后人迷。(沈历官南京太常寺卿,转大理卿)

所附诗话云:

明南都太庙,嘉靖中为雷火所焚。尚书湛若水请重建,而夏言阿世宗意,请罢。有旨,并入奉先殿。按,长陵每自称曰:"朕高皇后第四子也。"然奉先庙制,高后南向,诸妃尽东列,西序惟碽妃一人,具载《南京太常寺志》。盖高后从未怀妊。岂惟长陵,即懿文太子亦非后生也。世疑此事不实,诵沈大理诗,斯明征矣。……是诗获于高工部寓公家。

张岱《陶庵梦忆》卷一"钟山"一节下云:

陵寝定,闭外羡,人不及知。所见者,门三,飨殿一,寝殿一,后山苍莽而已。壬午七月,朱兆宣簿太常,中元祭期,岱观之。飨殿深穆,暖阁去殿三尺,黄龙幔幔之。列二交椅,褥以黄锦孔雀翎织,正面龙甚华重。席地以毡,走其上必去舄轻趾。稍咳,内侍辄叱曰:"莫惊驾。"近阁下一座稍前,为碽妃,是成祖生母。成祖生,孝慈皇后妊为己子,事甚秘。再下东西列四十六席,或坐或否。祭品极简陋,朱红木簋,木壶,木酒樽,甚粗朴。簋中肉止三片,粉一铗,黍数粒,东瓜汤一瓯而已。暖阁上一几,陈铜炉一,小箸瓶二,杯椿二。下一大几,陈太牢一、少牢一而已。他祭或不同,岱所见如是。

谈迁《国榷》建文四年卷云:

成祖启天弘道高明肇运圣武神功纯仁至孝文皇帝（御讳棣），太祖高皇帝第四子也。母硕妃。玉牒云,高皇后第四子。盖史臣因帝自称嫡,沿之耳。今《南京太常寺志》载孝陵（祔享）硕妃穆位第一,可据也。洪武□年,封燕王。晚奉命屡出塞击胡,深入有功。状貌奇伟,美髭髯。英武宽仁,豪杰乐用。其善武事,老将皆谓不及也。

谈迁《枣林杂俎》义集（即第四卷）《彤管篇》"孝慈高皇后无子"一目下云：

孝陵享殿,太祖高皇帝、高皇后南向。左淑妃李氏,生懿文皇太子,秦愍王,晋恭王;次皇□妃□氏,生楚王,鲁王,代王,郢王,齐王,谷王,唐王,伊王,潭王;又次皇贵妃□氏,生湘王,肃王,韩王,沈王;又次皇贵人□氏,生辽王;又次皇美人□氏,生宁王,安王,俱东列。硕妃生成祖文皇帝,独西列。见《南京太常寺志》。孝陵阉人俱云,孝慈高皇后无子。具如志中。而王弇州先生最博核,其别集同姓诸王表,自懿文、成祖外,秦愍王（樉）、晋恭王（棡）、周定王（橚）俱母高皇后。楚昭王（桢）母昭敬太充妃胡氏。齐庶人（榑）母定妃达氏,潭王（梓）俱达氏出。赵王（杞）母□氏。鲁荒王（檀）母宁妃郭氏。蜀献王（椿）、代简王（桂）、谷庶人（橞）俱母惠妃郭氏。湘献王（柏）母顺妃胡氏。肃庄王（楧）母□妃邱氏。辽简王（植）母□妃韩氏。庆靖王（栴）母□妃余氏。宁献王（权）母□妃杨氏。岷庄王（楩）母□妃周氏。韩宪王（松）母□妃周氏。沈简王（模）母贵妃赵氏。安惠王（楹）母□妃□氏。唐定王（桱）母贤妃李氏。郢靖王（栋）母惠妃刘氏。伊厉王（彝）母丽妃葛氏。《吾学编》诸书俱同,抑未考《南太常志》耶？享殿配位出自宸断,相传必有确据,故志之不少讳,而微与玉牒牴牾,诚不知其解。或曰,宋史,杜太后生邕王光济,太祖,太宗,秦王廷美,夔王光赞,而廷美传云,母陈国夫人耿氏,非杜太后也。鸤鸠之德,均爱七子,可以知高皇后矣。而高皇后无子何讳?他王母以诸书及太常寺之志较之,多不合。楚鲁代郢齐谷唐伊潭九王同母,亦奇。

二、记载原于民间传说者。刘献廷《广阳杂记》卷二云:

明成祖非马后子也。其母瓮氏,蒙古人。以其为元顺帝之妃,故隐其事。宫中别有庙,藏神主,世世祀之,不关宗伯。有司礼太监为彭恭庵言之。余少每闻燕之故老为此说,今始信焉。

上文所举吾所见抄本所转录之笔记,亦属此类,惜佚其名。

三、记载出自敌国者。《蒙古源流》卷八:

先是,蒙古托衮特穆尔乌哈噶图汗(案,即元顺帝)岁次戊申,汉人朱葛诺延年二十五岁,袭取大都城,即汗位,称为大明朱洪武汗。其乌哈噶图汗之第三福晋系洪吉喇特托吉托太师之女,名格呼勒德哈屯,怀孕七月,洪武汗纳之。越三月,是岁戊申,生一男。朱洪武降旨曰,从前我汗曾有大恩于我,此乃伊子也。其恩应报,可为我子,尔等勿以为非。遂养为己子,与汉福晋所生之子朱代共二子。朱洪武在位三十年,岁次戊寅,五十五岁,卒。大小官员商议,以为蒙古福晋之子虽为兄,系他人之子,长成不免与汉人为仇。汉福晋之子虽为弟,乃嫡子,应奉以为汗。朱代庚戌年生,岁次戊寅,年二十九岁,即位。在位四越月十八日即卒。于是年无子。其蒙古福晋所生子。于己卯年三十二岁,即位。于是即请噶尔玛巴之特衮齐楞伊呼克森啰勒贝多尔济萨斯嘉之大乘丹簪绰尔济黄教之大慈札木禅绰尔济等三人,阐扬法教,俾大国普众安享太平。在位二十二年,岁次庚子,年五十岁,卒。

寻绎上所抄录成祖生母为谁之传说中,实含有两个不同之问题,不可混为一谈者。一、成祖是否为孝慈高皇后马氏所生？如其不然，其生母为谁何？二、成祖是否因其母曾为元庚申帝之妃而为庚申帝之子？兹依序辨之。

一　成祖是否为高后子

成祖为高后所生一说，《明实录》及《明史》皆然，此固成祖屡屡自谓者。明代掌故大家王弇州、郑室甫所撰述之作皆无异议。然反此说之记载大致皆原于《明南京太常寺志》，此书今在北平尚不可得。而北京大学所藏之《明太常寺志》是新抄本，来历不详，所记多北都太常所司，当与《南京太常寺志》无涉也。《南京太常寺志》虽不可得见，然引之者如许多，《康熙字典》硕字下亦引之云："明祖妃硕氏。"而《枣林杂俎》作者及沈玄华等，又谓亲见奉先殿之向次。太常志当为官书性质，似此记录当无诞妄；此与传说不同也。按，成祖屡言朕高皇帝第四子，朕高皇后第四子，等等。齐黄削藩中，亦不闻斥燕周诸王之子以母贱。此犹可曰成祖引高后以自重，齐黄等当时文字本不能传。然《明史》所本即明玉牒，必隐藏其生母而后子以母贵乎？在此等互相矛盾而两面皆有有力之史料为之后盾之时，只有一解可以通者，即成祖生于硕氏，养于高后；硕氏为贱妾，故不彰也。《明史》虽为清代官书，而其底稿实出万季野诸公。诸公皆易代之后不忘汉统者，其从明国史之直书，略官府之别录，刊民间之野言，固为其自身立场必由之径，亦是当时修史唯一之途。若不然者，以明代人之好说掌故，喜为游谈，如尽拾摭奇闻，《明史》必成晋书矣。过而谨严，此其例也。然吾人今日犹见如许多之记载，而官书之《太常寺志》犹如此说，则成祖母本为硕妃，理无疑也。《明史》在他处亦露燕王不与懿文太子同母而独与周王同母之意。黄子澄传云："子澄曰……今欲问罪，宜先周。周王，燕之母弟。削周是剪燕手足也。"此明言燕周同母，更可推知与懿文太子非同母矣。谈迁云："或曰，宋史，杜太后生邕王光济，太祖，太宗，秦王廷美，夔王光赞，而廷美传云，母陈国夫人耿氏，非杜太后也。"正其例也。

至于硕妃事迹如何，则明代官书既无记载，私家亦鲜述说。据上文,有《广阳杂记》之蒙古人妃与本文所记佚名抄本之高丽人二说。按,硕非汉姓,此为事实,至其或为蒙古人,或为高丽人,更或为色目人,皆有可能,而皆无证。太祖子秦王樉,实聘元河南王王保保(扩廓帖木儿)之妹为正妃,是太祖不以婚于异族为嫌。婚犹如此,何况娶妾?太祖席郭氏之业,转战江淮,攻城略土,所夷剪元代之官吏必多,则虏其妻女以为姬妾,本起兵草泽者必有之事。据《太祖实录》及《国榷》诸书,成祖生于元至正二十年(一三六〇)庚子(宋龙凰六年)四月癸酉,其年陈友谅弑其主徐寿辉而与吴决战于鄱阳,兵败身死。此时太祖从郭氏起兵已八年,江淮重镇,略取已多,北淮南浙,建都应天,正元世河南江南两省菁华之区,其有略取元朝大官妻孥之机会,更不待言焉。或者硕妃竟为高丽人。盖蒙古人为妾,殊无特长,而色目诸族,来自西方,亦未必适于为汉人之妾。独高丽人,久染中土之文华,复为海东之靡土。《庚申外史》记元顺帝时风尚云:

> 祁宫(庚申帝次后祁氏,高丽人)亦多蓄高丽美人。大臣有权者,辄以此女送之。京师达官贵人,必得高丽女然后为名家。高丽婉媚,善事人,至则多夺宠。自至正以来,宫中给事使令大半为高丽女,以故四方衣服靴帽器物皆依高丽样子。此关系一时风气,岂偶然哉!

此风至明成祖时,宫中犹然。《枣林杂俎》义集《彤管篇》云:

> 永乐中贤妃权氏,顺妃任氏,昭仪李氏,婕妤吕氏,美人崔氏,俱朝鲜国王李芳远所进。权妃秾粹,善吹玉箫,见幸。永乐八年,从征还,至临城薨,谥恭献。芳远驿送妃父永均至,食光禄大夫禄,寻遣归。正德中卒,白金米布,赙赐有嘉。权氏薨时,后司采王氏作宫词:"琼花移入大明宫,旖旎浓香韵晚风。赢得君王留步辇,玉箫嘹亮月明中。"盖指权妃也。

抑由成祖之母为高丽人,故成祖亦特爱高丽姬与?

二 硕妃是否曾为庚申帝妃因而成祖为庚申帝子

此一传说虽传于明代之民间,远及敌国,然其为无稽之谈无疑。以明太祖之雄猜阴狠,如燕王所出来历不明,独肯封于最大之藩,最重之都,胜国之旧京,假以重兵乎?一也。成祖妻徐氏,中山女也。中山为明祖第一勋臣,其女所配,宜不及于螟蛉贱种,二也。终洪武之世,北边未靖,故北边诸藩皆节制军权。洪武末年,燕王所膺尤重,及帝不豫时,犹以燕谷辽宁诸护卫归燕王节制,三也。且明人传说,高皇帝尝以燕王善战似己,欲废皇太孙而立之,卒以人心归附太孙而罢。此言纵不实,然终洪武之世,不闻太祖与燕王间有破绽,且屡命之出塞讨虏,继徐达以镇北平,宿将如傅友德等,皆归其节制,四也。充此类而列之,正不胜举。然犹可曰此是常识之判断。史事以证据为先,则请言其确证。

明将虏元室妻孥事,一在洪武二年(即一三六九年)六七月间。《明史·常遇春传》云:"诏遇春还备,以平章李文忠副之。……遂拔开平,元帝北走追奔数百里。获其宗王庆生,及平章鼎住等,将士万人,车万辆,马三千匹,牛五万头,子女宝货称是。"一在洪武三年(一三七〇)五月。《李文忠传》云:"次开平,降平章上都罕等。时元帝已崩,太子爱猷识里达腊新立。文忠谍知之,兼程趋应昌,元嗣君北走,获其嫡子买的立八剌暨后妃宫人诸王将相官属数百人,及宋元玉玺金宝十五,玉册二,镇圭大圭玉带玉斧各一。"前此洪武元年秋,徐达等北伐。闰七月丙寅克通州,元帝帅后妃太子奔上都。八月庚午,徐达入元都。《庚申外史》亦与《明史》同,其文云:"后七月二十七日,大军至通州。帝得报,大惧,即日委淮王贴木儿不花、丞相庆童,留守大都。二十八夜,帝即卷其子女玉帛出居庸关,遁入上都。八月三日,大军至齐化门外,一鼓而克全城。"然则洪武元年,元庚申帝弃大都时,并未弃其妃妾。前此则元帝家室不在大都之外,河北又远非朱氏初年用兵所及,沙关虽曾一度陷上都而东行,大都门外复为孛罗扩廓之战场,至正二十四年,祁后虽曾一度屏居后载门外,然庚申帝并无丧其室家之事,而明祖尤不能得之于三千里外。纵退一步言之,元帝妃之入明在洪武元年,次年即生子,不必为洪武二年或三年,然洪武元年之次年上距《国榷》等所载燕王以至正二十年生相去已十年,此之差误太大。若曰改实录以灭迹,又焉能尽改懿文太子秦晋周楚等初封十子之生年?且燕王之封与秦晋诸王皆在洪武三年,治兵凤阳之命皆在洪武九年,燕王之国在洪武十三年,燕王节制傅友德兵征元孽在二十三年,从此专征一方。封藩固可行之于襁褓,而治兵不能在七八岁时,之国远方尤不能在十一二岁时,此事实皎然者。至于《吾学编》所记"吴元年,上念七子渐长,宜习劳,令内侍制麻屦行縢。凡出城稍远,马行十七,步十三",则从《广阳杂记》等说,事反在成祖生前。其他类此之传说,按实录等考之,皆与年岁不合。从此可断然知元顺帝子一说之妄也。

虽然,成祖蒙此不洁之名,亦自有故。高帝自洪武中年以后,肆行杀戮,世人所望,惟在太孙。高帝春秋已高,太孙浸润儒术,天下归心。其后卒以谋之不善,亡于燕王,而燕王更肆行屠杀,对逊国遗臣倒行逆施无所不至。于是终明之世,士大夫心中固以建文为正,以永乐为篡,于是逊国遗闻,凭空生如许之多。如《儒林外史》所说杜慎卿之评语,以成祖为是者,诚易代后之公言。在明人心中,永乐非他,绝懿文之系,灭方孝孺之十族者也。偏偏其生母非汉姓,而洪武元年直接至正,庚申帝为瀛国公子之说依然甚嚣于人心(附详记一),则士人凭感情之驱率,画依样之葫芦,于是硕妃为庚申帝妃,成祖为庚申帝子矣。年代之不合,不问也。此说传至外国,遂有《蒙古源流》上所记之说。此书直以成祖为格呼勒德哈屯(即弘吉剌)所生,则弘吉剌死于至正二十五年,《元史》记其谥号及祁后讥语,此等史料,不辩自破。

大凡官书失之讳,私记失之诬。明国史略成祖之生母,讳也。明野史谓成祖为元孽,诬也。成祖愈讳言其生母,私家愈侈言其真父。此犹官报与谣言,各有所缺。后之学者,驰骋于官私记载之中,即求断于讳诬二者之间。史料不可一概论,然而此义是一大端矣。

附记一。宋德祐帝为元庚申帝真父之一传说,在元末明初流传甚盛。此等宫闱秘史,真伪皆难证明。惟有一点较明白者,即此事在当时已成一大案是也。《元史·虞集传》云:"初,文宗在上都,将立其子阿剌忒纳答剌为皇太子,乃以妥欢贴穆尔太子乳母夫言,明宗在日,素谓太子非其子,黜之江南驿。召翰林学士承旨阿邻贴木儿奎章阁大学士忽都鲁笃弥实书其事于脱卜赤颜,又诏集使书诏播告中外。"《庚申外史》亦云:

> 尚书高保哥奏言:"昔文宗制诏天下,有曰'我明宗在北之时,谓陛下素非其子。'"帝闻之,大怒,立命撤去文宗神主于大庙,并问当时草诏者为何人。遂欲杀虞伯生。马雍、古祖常二人呈上文宗御批,且曰:"臣受敕记载,实不获已。"脱脱在傍,因曰:"彼皆负天下重名,后世只谓陛下杀此秀才。"故舍之而不问。

此只言元廷谓妥欢贴木儿非明宗之子,未尝言其为宋后也。然《庚申外史》又云:

> 国初,宋江南归附时,瀛国公,幼君也。入都,自愿为僧白塔寺中,已而奉诏居甘州山寺。有赵王者,因嬉游至其寺,怜国公年老且孤,留一回回女子与之。延祐七年,女子有娠,四月十六日夜,生一男子。明宗适自北方来,早行,见其寺上有龙文五采气,即物色得之,乃瀛国公所居室也。因问:"子之所居,得无有重宝乎?"瀛国公曰:"无有"。固问之,则曰:"今早五更后,舍下生一男子耳。"明宗大喜,因求为子,并其母载以归。

此则直以顺帝为宋后。《佛祖历代统载》三十六,载癸亥至治三年"四月,赐瀛公合尊死于河西。"又谈迁曰(《国榷》元至正十五年):

> 宋帝㬎降元,封瀛国公,俾尚公主。后因侍宴有奇怪之征,忌之,遣学佛法于帝师,遂居漠北。其后明宗逃居沙漠行帐,适与瀛

国公相近,缔好甚密。一夕,明宗方寝,闻瀛国公帐中有笙镛声。问其故,乃婴儿始生而啼也。知其非常人,遂乞归,养为子,妥欢帖睦尔是也。闽人余应有诗纪之,见何乔新郑晓所载。又瀛国薙发号合尊大师,终嫌死。舅氏吴泾梦柬告曰:"吾得请于帝,行报矣。"

此所谓嫌者,不知是何嫌。然至治二年,禁汉人执兵器、出猎及习武艺。(南人之禁当更在先。)时蒙古朝廷防异族更严,瀛国公死,或由于此。必谓瀛国公以为庚申帝父而见杀,亦无据也。此事元末必为世间所侈谈,故袁忠彻《符台外集》亦有之(见《明史·袁忠彻传》)。相传余应诗云(见《菽园杂记》):"是时明宗在沙漠,缔交合尊情颇浓。合尊之妻夜生子,明宗隔帐闻笙镛。乞归行宫养为嗣,皇考崩时年甫童。"然以元末诸王之好乱,顺帝入主,竟无执异称兵者。而刘青田《走马引》责之曰:"鲁庄何以为人为?"盖谓顺帝既为明宗子,何以不报父仇,但去文宗在太庙之位,而诏以将立其子为言而已。(此说本之朱彝尊《毕沅》等。)据此可知庚申帝为宋后之说,民间盛传,而合尊之死,尤足以张此疑虑,然而终不可为确说也。

宋之剪灭于黑鞑,色目番僧,荼毒亿兆,人心思汉,故韩山童以宋为号,强豪依附,郭氏明祖其一。此可见当时人心,而大明之统,固接韩宋者也。永乐所出之野语,固是同一心理所表现,而前之榜样,正为后之葫芦。不有庚申帝之疑闻,亦无顺帝子之妄语也。

附记二。此文所据最重要材料,竟但凭记忆,且忘其名称,实不当即以付印。然旧抄杂记不知后来尚可遇之否?与其久而尽忘,何若记之以待后之补苴?故匆匆写此文,适以志随便将史料放手之过。若承博闻者示以同类材料,以资修改,至为感幸!

此文所引材料,如《枣林杂俎》、《陶庵梦忆》等,皆由陈寅恪先生告我所在,谨志感谢。

(原载1932年《中研院史语所集刊》第二本第四分册)

夷夏东西说

这一篇文是我在"九一八"以前所作《民族与古代中国史》一书中的三章。这一书已成之稿,大致写在"九一八"前两年至半年间。这三章是二十年春天写的,因时局的影响,研究所迁徙两次,我的工作全不能照预定呈规,所以这一书始终不曾整理完。现在把其中的三章,即本文的三章,编成一文,敬为蔡孑民师寿。因为本是一部书,所以中间常提到他章,现在改作"别见某文,未刊"。这一篇中的中心思想,是我十余年前的见解,此数章写成亦在数年前。这几年中我没有在这一线上用工夫,所以除字句略加修正及末一节以外,几全是当年的原文。此文本应附图,现在亦来不及作了。

二十三年十月

自东汉末以来的中国史,常常分南北,或者是政治的分裂,或者由于北方为外族所统制。但这个现象不能倒安在古代史上。到东汉,长江流域才大发达。到孙吴时,长江流域才有独立的大政治组织。在三代时及三代以前,政治的演进,由部落到帝国,是以河、济、淮流域为地盘的。在这片大地中,地理的形势只有东西之分,并无南北之限。历史凭借地理而生,这两千年的对峙,是东西而不是南北。现在以考察古地理为研究古史的一个道路,似足以证明三代及近于三代之前期,大体上有东西不同的两个系统。这两个系统,因对峙而生争斗,因争斗而起混合,因混合而文化进展。夷与商属于东系,夏与周属于西系。以下四章是为求能证明这个设定而写的。先从商代说起,上溯夏后世者,因为后王事迹多,容易看清楚,先讨论他,于了解此文之命意上似乎便当些。

第一章 亳——商——殷

一 商代发迹于东北渤海与古兖州是其建业之地

下列数事,合起来可证成本节标题所假定。

甲 《诗·商颂》:"天命玄鸟,降而生商。"又:"有娀方将,帝立子生商。"这个故事的意义,可以《吕氏春秋·音初篇》所记说明之:

> 有娀有二佚女,为之九成之台,饮食必以鼓。帝令燕往视之,鸣若谥隘。二女爱而争搏之,覆以玉筐。少选,发而视之,燕遗二卵北飞,遂不反。二女作歌,一终曰:"燕燕往飞。"实始作为北音。

《商颂》中所谓"玄鸟"及"有娀"之本事,当即此说之内容。此一神话之核心,在于宗祖以卵生而创业。后代神话与此说属于一源而分化者,全在东北民族及淮夷。现在将此神话之重要材料录于下方:

> 〔《论衡·吉验篇》〕北夷橐离国王侍婢有娠,王欲杀之。婢对曰:"有气如大鸡子,从天而下,我故有娠。"后生子,捐于猪溷中。猪以口气嘘之,不死。复徙置马栏中,欲使马藉杀之。马复以口气嘘之,不死。王疑以为天子,令其母收取,奴畜之,名东明,令牧牛马。东明善射,王恐夺其国也,欲杀之。东明走,南至掩淲水,以弓击水,鱼鳖浮为桥,东明得渡。鱼鳖解散,追兵不得渡,因都王夫馀,故北夷有夫馀国焉。(《魏志》三十《夫馀传·注》引《魏略》同。)

> 〔《魏书·高句丽传》〕高句丽者,出于夫馀。自言先祖朱蒙。朱蒙母河伯女,为夫馀王闭于室中,为日所照,引身避之,日影又逐。既而有孕,生一卵,大如五升。夫馀王弃之与犬,犬不食。弃之与豕,豕又不食。弃之于路,牛马避之。后弃之野,众鸟以毛茹

之。夫馀王割剖之，不能破，遂还其母。其母以物裹之，置于暖处，有一男破壳而出。及其长也，字之曰朱蒙。其俗言朱蒙者，善射也。夫馀人以朱蒙非人所生，将有异志，请除之。王不听，命之养马。朱蒙每私试，知有善恶，骏者减食令瘦，驽者善养令肥。夫馀王以肥者自乘，以瘦者给朱蒙。后狩于田，以朱蒙善射，限之一矢。朱蒙虽矢少，殪兽甚多。夫馀之臣又谋杀之，朱蒙母阴知，告朱蒙曰："国将害汝，以汝才略，宜远适四方。"朱蒙乃与乌引、乌违等二人弃夫馀东南走。中道遇一大水，欲济无梁，夫馀人追之甚急。朱蒙告水曰："我是日子，河伯外孙。今日逃走，追兵垂及，如何得济？"于是鱼鳖并浮，为之成桥。朱蒙得度，鱼鳖乃解，追骑不得渡。朱蒙遂至普述水，遇见三人，其一人著麻衣，一人著衲衣，一人著水藻衣，与朱蒙至纥升骨城，遂居焉。号曰高句丽，因以为氏焉。

〔高丽好大王碑〕惟昔始祖邹牟王之创基也，出自北夫馀，天帝之子，母河伯女郎，剖卵降出。生子有圣□□□□□命驾巡东南下，路由夫馀奄利大水。王临津言曰："我是皇天之子，母河伯女郎，邹牟王，为我连葭浮龟。"应声即为连葭浮龟，然后造渡于沸流谷忽本西城山上而建都焉。永乐□位，因遣黄龙来下迎王，王于忽本东冈黄龙负昇天。

〔高丽王氏朝金富轼撰《三国史记·高句骊纪》〕始祖东明圣王姓高氏，讳朱蒙。（一云邹牟，一云象解）先是，扶馀王解夫娄老，无子，祭山川求嗣。其所御马至鲲渊，见大石，相对流泪。王怪之，使人转其石，有小儿，金色，蛙形。（蛙一作蜗）王喜曰："此乃天赉我令胤乎？"乃收而养之，名曰金蛙。及其长，立为太子。后其相阿兰弗曰："日者天降我曰：'将使吾子孙立国于此，汝其避之东海之滨，有地号曰迦叶原，土壤膏腴，宜五谷，可都也。'"阿兰弗遂劝王移都于彼国，号东扶馀。其旧都有人，不知所从来，自称天帝子解慕漱来都焉。及解夫娄薨，金蛙嗣立。于是时得女子于大白山南优渤水，问之，曰："我是河伯之女，名柳花，与诸弟出游，时有一男子自言天帝子解慕漱,诱我于熊心山下鸭绿边室中私之,即往不返。父母责我无媒而从人,遂谪居优渤水。"金蛙异之,幽闭于室中。为日所炤,引身避之,日影又遂而炤之,因而有孕。生一卵,大如五升许。王弃之于犬豕,皆不食。又弃之路中,牛马避之。后弃之野,鸟覆翼之。王欲剖之,不能破,遂还其母。其母以物裹之,置于暖处,有一男儿破壳而出,骨表英奇。年甫七岁,嶷然异常。自作弓矢射之,百发百中。扶馀俗语善射为朱蒙,故以名云。金蛙有七子,常与朱蒙游戏,其伎能皆不及朱蒙。其长子带素言于王曰:"朱蒙非人所生,其为人也勇,若不早图,恐有后患,请除之。"王不听,使之养马。朱蒙知其骏者而减食令瘦,驽者善养令肥。王以肥者自乘,瘦者给朱蒙。后猎于野,以朱蒙善射,与其矢小,而朱蒙殪兽甚多。王子及诸臣又谋杀之,朱蒙母阴知之,告曰:"国人将害汝,以汝才略,何往而不可?与其迟留而受辱,不若远适以有为。"朱蒙乃与乌伊摩离陕父等三人为友,行至淹滤水,(一名盖斯水,在今鸭绿东北)欲渡无梁,恐为追兵所迫,告水曰:"我是天帝子,河伯外孙,今日逃走,追者垂及,如何?"于是鱼鳖浮出成桥,朱蒙得渡,鱼鳖乃解,追骑不得渡。朱蒙行至毛屯谷,(《魏书》云,至普述水)遇三人,其一人着麻衣,一人着衲衣,一人着水藻衣。朱蒙问曰:"子等何许人也?何姓何名乎?"麻衣者曰:"名再思。"衲衣者曰:"名武骨。"水藻衣者曰:"名默居。"而不言姓。朱蒙赐再思姓克氏,武骨仲室氏,默居少室氏。乃告于众曰:"我方承景命,欲启元基,而适遇此三贤,岂非天赐乎?"遂揆其能,各任以事,与之俱至卒本川。(《魏书》云,至纥升骨城。)观其土壤肥美,山河险固,遂欲都焉,而未遑作宫室,但结庐于沸流水上居之。国号高句丽,因以高为氏。(一云,朱蒙至卒本,扶馀王无子,见朱蒙,知非常人,以其女妻之。王薨,朱蒙嗣位。)时朱蒙年二十二岁,是汉孝元帝建昭二年。

〔朝鲜《旧三国史·东明王本纪》〕(案,原书已佚,日人今西龙在内藤虎次郎颂寿纪念史学论丛中所作"朱蒙传说"据高丽王氏朝李奎报《李相国文集》中之《东明王篇注释》辑录成篇,并以《朝鲜世宗实录》、《地理志·平安道》"平壤"条所载者补订之。此处所引,即据今西龙氏辑文)夫馀王解夫妻老无子,祭山川求嗣。所御马至鲲渊,见大石流泪。王怪之,使人转其石,有小儿金色蛙形。王曰:"此天赐我令胤乎?"乃收养之,名曰金蛙,立为太子。其相阿兰弗曰:"日者天降我曰,将使吾子孙立国于此,汝其避之东海之滨,有地号迦叶原,土宜五谷,可都也。"阿兰弗劝王移都,号东夫馀。于旧都解慕漱,为天帝子来都。汉神雀三年壬戌岁,(四月甲寅)天帝遣太子降游扶余王古都,号解慕漱。从天而下,乘五龙车,从者百余人,皆骑白鹄,彩云浮于上,音乐动云中,止熊心山,经十余日始下。首戴鸟羽之冠,腰带剑光之剑,朝则听事,暮即升天,世谓之天王郎。城北青河河伯(青河今鸭绿江也)有三女,长曰柳花,次曰萱花,季曰苇花。三女自青河出游熊心渊上,神姿艳丽,杂佩锵洋,与汉皋无异。王谓左右曰:"得而为妃,可有后胤。"其女见王,即入水。左右曰:"大王何不作宫殿,俟女入室,当户遮之?"王以为然。以马鞭画地,铜室俄成,壮丽于空中。王三席置樽酒,其女各座其席,相欢,饮酒大醉云云。王俟三女大醉,急出遮。女等惊走,长女柳花为王所止。河伯又怒,遣使告曰:"汝是何人,留我女乎?"王报云:"我是天帝之子,今欲与河伯结婚。"河伯又使告曰:"汝若天帝之子,于我有求婚者,当使媒,云云。今辄留我女,何其失礼?"王惭之。将往见河伯,不能入室。欲放其女,女既与王定情,不肯离去。乃劝王曰:"如有龙车,可到河伯之国。"王指天而告,俄而五龙车从空而下。王与女乘车,风云忽起,至其宫。河伯备礼迎之。坐定,谓曰:"婚姻之道,天下之通规。为何失礼,辱我门宗?"河伯曰:"王是天帝之子,有何神异?"王曰:"唯在所试。"于是河伯于庭前水化为鲤,随浪而游,王化为獭而捕之。河伯又化为鹿而走,王化为豺逐之。河伯化为雉,王化为鹰击之。河伯以为诚是天帝之子,以礼成婚。恐王无将女之心,张乐置酒,劝王大醉,(河伯之酒七日乃醉)与女入于小革舆中,载以龙车,欲令升天。其车未出水,王即酒醒。取女黄金钗,刺革舆,从孔独出升天。河伯大怒其女,曰:"汝不从我训,终辱我门。"令右左绞挽女口,其唇吻长三尺,唯与奴婢二人贬于优渤水中。优渤,泽名,今在太伯山南。渔师强力扶邹告金蛙曰:"近有盗梁中鱼而将去者,未知何兽也?"王乃使渔师以网引之,其网破裂。更造铁网引之,始得一女,坐石而出。其女唇长,不能言。令三截其唇,乃言。王知天帝子妃,以别宫置之。其女怀牖中日曜,因以有娠。神雀四年癸亥岁夏四月,生朱蒙,啼声甚伟,骨表英奇。初生,左腋生一卵,大如五升许。王怪之,曰:"人生鸟卵,可为不祥。"使人置之马牧,群马不践。弃于深山,百兽皆护。云阴之日,卵上恒有日光。王取卵送母养之,卵终乃开,得一男。生未经月,言语并实。谓母曰:"群蝇噆目,不能睡,母为我作弓矢。"其母以苹作弓矢与之,自射纺车上绳,发矢即中。扶余谓善射曰朱蒙。年至长大,才能兼备。金蛙有子七人,常共朱蒙游猎。王子及从者四十余人,唯获一鹿。朱蒙射鹿至多。王子妒之,乃执朱蒙缚树,夺鹿而去。朱蒙树拔而去。太子带素言于王曰:"朱蒙神勇之士,瞻视非常,若不早图,必有后患。"王使朱蒙牧马,欲试其意。朱蒙内怀恨,谓母曰:"我是天帝之孙,为人牧马,生不如死,欲往南土造国家,母在,不敢自专,云云。"其母曰:"此吾之所以日夜腐心也。""吾闻士之涉长途者,顺凭骏足,吾能择马矣。"遂往牧马,即以长鞭乱捶,群马皆惊走,一骅马跳过二丈之栏。朱蒙知马骏逸,潜以针捶马舌,痛不食水草,其马瘦悴。王巡行马牧,见群马悉肥,大喜,仍以瘦锡朱蒙。朱蒙得之,拔其针加喂云。暗结乌伊摩离陕父等三人,南行至淹滤,一名盖斯水,在今鸭绿东北,欲渡无舟。恐追兵奄及,乃以策指天,慨然叹曰:"我天帝之孙,河伯之甥,今避难至此。皇天后土怜我孤子,速致舟桥。"言讫,以弓打水,龟鳖浮出成桥,朱蒙乃得渡。良久,追兵至。追兵至河,鱼鳖桥即灭,已上桥者皆没死。朱蒙临别,不忍睽违。其母曰:"汝勿以一母为念。"乃裹五谷种以送之。朱蒙自切生别之心,忘其麦子。朱蒙息大树之下,有双鸠来集。朱蒙曰:"应是神母使送麦子。"乃引弓射之,一矢俱举,开喉得麦子。以水喷鸠,更苏而飞去,云云。王行至卒本川,庐于沸流水上,国号为高句丽。王自坐蒲绝之上,略定君臣神。(中略)在位十九年,秋九月,王升天不下,时年四十。太子以所遗玉鞭葬于龙山,云云。(下略)

〔《清太祖武皇帝实录》〕(故宫博物院藏本。按《清太祖实录》今已发见者有三本,一名《太祖武皇帝实录》,藏北平故宫博物院,是最初本。一名《太祖高皇帝实录》,是一稿本,涂改数遍,藏中央研究院历史语言研究所。一亦名《太祖高皇帝实录》,藏北平故宫博物院,已由该院印出,此为最后之本。又有《满洲实录》,藏沈阳故宫博物院,已由该院影印,文饰较少,当在故宫第一本及中央研究院稿本之间。今录故宫第一本,而注明沈阳本之异文。)长白山高约二百里,周围约千里。此山之上有一潭名他门,(沈阳本作闼门)周约八十里。鸭绿、混同、爱滹三江,俱从此山流出。鸭绿江自山南泻出向西流,直入辽东之南海。混同江自山北泻出向北流,直入北海。爱滹江向东流,直入东海。此三江中每出珠宝。长白山山高地寒,风劲不休,夏日环山之兽俱投憩此山中。(沈阳本此下有云,此山尽是浮石,乃东北一名山也。又以下提行。《满洲源流》:满洲原起于长白。)山之东北布库里山下一泊,名布尔(沈阳本作勒)瑚里。初,天降三仙女浴于泊,长名恩古伦,次名正古伦,三名佛库伦。浴毕上岸,有神鹊衔一朱果置佛库伦衣上,色甚鲜妍。佛古(沈阳本作库)伦爱之不忍释手,遂衔口中。甫著衣,其果入腹中,即感而成孕。告二姊曰:"吾觉腹重,不能同升,奈何?"二姊曰:"吾等曾服丹药,谅无死理。此乃天意,俟尔身轻上昇未晚。"遂别去。佛库伦后生一男。生而能言,倏尔长成。母告子曰:"天生汝,实令汝为夷国主。(沈阳本作以定乱国)可往彼处将所生缘由一一详说。"乃与一舟。"顺水去,即其地也"。言讫,忽不见。其子乘舟顺流而下,至于人居之处,登岸,折柳条为坐具,似椅形,独踞其上。彼时长白川东南鳌莫惠、(地名)鳌多理,(城名。此两名沈阳本作鄂谟辉鄂多理)内有三姓夷酋争长,(沈阳本作争为雄长)终日互相杀伤。适一人来取水,见其子举止奇异,相貌非常,回至争斗之处,告众曰:"汝等无争。我于取水处遇一奇男子,非凡人也。想天不虚生此人,盍往观之?"三酋长(沈阳本作三姓人)闻言罢战,同众往观。及见,果非常人。异而诘之,答曰:"我乃天女佛库伦所生,姓爱新(华语〔沈阳本作汉言〕金也)觉罗(姓也),名布库理雍顺,天降我定汝等之乱。"因将母所属之言,详告之。众皆惊异曰:"此人不可使之徒行。"遂相插手为舆,拥捧(沈阳本作护)而回。三姓人息争,共奉布库里英雄(沈阳本作哩雍顺)为王,以百里女妻之。其国定号满洲,乃其始祖也。(南朝误名建州)

如上所引,可知此一传说在东北各部族中之普遍与绵长。此即东北人之"人降"神话。在东北人以外,古淮夷亦有此神话:

〔《史记·秦本纪》〕秦之先,颛顼之苗裔,孙曰女修。女修织,玄鸟陨卵,女修吞之,生子大业。大业取少典之子,曰女华,生大费,与禹平水土。

按此虽记秦之祖,然实叙夷淮之祖,因秦本嬴姓,嬴姓在商代,凭殷人西向之势,自岱南出建部落于西北,事见《秦本纪》,淮夷本是东海上部类,《诗·鲁颂》"至于海邦,淮夷来同",是其证。然则淮夷与东北沿海诸族同其人降之神话,本不足怪。且此处之神话,明明归本于颛顼氏;颛顼正是东北方部落之宗神。《晋书》卷一百八(慕容)"廆以大棘城即帝颛顼之墟也"。可以为证。据此考量,淮夷有此神话,正自东北来,即当入之东北一类中也。

然而此一神话殊不以东北为限,殷商亦然。《诗》所谓"天命玄鸟,降而生商",所谓"有娀方将,帝立子生商"者,据郑笺云:"天使鳦下而生商者,谓鳦遗卵,有娀氏之女简狄吞之而生契。"是谓玄鸟之卵,人有娀氏女之腹,遂生商祖。然则《商颂》中此一神话,与上文所举后来东北各部族中之神话,明明白白是一件事,至少是一个来源。持此以证商代来自东北,固为不足;持此以证商代之来源与东北有密切关系,至少亦是文化的深切接触与混合,乃是颇充足,很显然的。①

乙、《诗·商颂》:"宅殷土芒芒。"我们要看商所宅之殷土在何处。自武乙以来所都之处,《史记》称之曰殷墟。殷墟正在洹水南岸,今河南安阳境。不过这是后来的话,不足证殷商之本在河北,当更由他法寻求称殷商部族之本土。《吕氏春秋·慎大览》:"亲郼如夏。"高诱曰:"郼读如衣,今兖州人谓殷氏皆曰衣。毕沅证之曰:'《书》武成殪戎殷,《中庸》作壹戎衣。二字声本相近。'"然则殷即郼,郼韦卫三字当为一字之异体。今能寻卫韦之所在,则殷土之原来地望可知。卫者,康侯封所受之旧名。康侯之国名卫,并非康侯自他处带去,(若燕之本不在蓟,鲁之本不在曲阜)而为其地之旧名者,可以下列考量证之。康叔本封于康,故建侯于卫时犹曰康叔,其子犹曰康伯,从此可知卫为昧邦(即《诗》之"沬乡牧野")之本名,当今彰德卫辉、大名一带之地。韦者,一曰豕韦。《左传》哀二十四杜注曰:"东郡白马县东南有韦城。"晋白马县当今滑县东境一带,其四围正在古所谓河济之间。《吕氏春秋·有始览》又云:"河济之间为兖州,卫也。"此尤明示卫之地望,更由此可知称殷之原来所在。其实殷兖(古作沇)二字,或者也不免是一词之变化,音韵上非不可能。此说如不错,则殷、衣、韦、郼、卫、沇、兖,尽由一源,只缘古今异时,成殊名耳。商之先世,于建业蒙亳之先(说详下)宅此殷土,则成汤以前先公发祥自北而南之踪迹,可以推知矣。

丙、《诗·商颂》:"相土烈烈,海外有截。"试为"景员维河"之国家设想,最近之海为渤海,最近可能之海外为辽东半岛或朝鲜西北境。相土为商代甚早之先王,在契之后,汤之前,并在王恒王亥之前。以如此早之一代,竟能戡定海外,则其根据地必去渤海不远。纣殁后,殷人

---

① 此节含义已见拙著《东北史纲初稿》第一卷一四至二四页。彼处于本文所引资料外,更及"妣乙"一辞。今承董作宾先生告我:"王国维所释'妣乙'二文实是'河'字,其'𡌰'一字,则为'岳'字。"按董说甚确,故删是段。

以亡国之余，犹得凭箕子以保朝鲜，朝鲜如不早在其统治之内，甚难以亡国余烬，远建海邦。然则箕子之东，只是退保辽水之外，"从先王居"而已，犹之金亡后犹在混同江边保其女真族，元亡后犹在漠南北保其蒙古族。①

据以上三事，则最早最可信之史料——《商颂》——已明明告我们，殷代之祖先起自东北方矣！然证据尚不只此。

丁、王恒亦是殷先王世系中甚早者，他与有易有一段相杀的故事。（王国维考之甚确。）按，都邑之名每以迁徙而移，水名则不移。有易之地望可以易水所在推知其概。王恒王亥上甲微三世既皆与有易发生关系，而王恒且为有易虏去作牧夫，则此时殷先公之国境，必与有易毗连可知，即必在今河北省境北部或中部可知。查王国维所证与此事有涉之《天问》十二韵云：

> 该（亥）秉季德，厥父是臧。胡终弊于有扈，（易之误。据王考）牧夫牛羊？干协时舞，何以怀之？平协曼肤，何以肥之？有扈（易）牧竖，云何而逢？击床先出，其命何从？恒秉季德，焉得夫朴牛？何徒营班禄，不但（疑旦之误）远来？昏微遵迹，有狄（易之借字。据王考）不宁。何繁鸟萃棘，（疑林之误）负子肆情？眩（亥）②弟并淫，危害厥兄。何变化以作诈，后嗣而逢长？

今更据文义推测此一故事之大略面目。一个故事，每因同源异流之故，化为几个不同的面目。现在看看《天问》中这个故事的面目，果

---

① 《左·昭九》"肃慎燕亳，吾北土也。"此当为亳之本土。说详下。又，朝鲜一辞不见六经。按之司马相如《上林赋》，"齐……斜与肃慎为界"。西汉齐国之斜界正为朝鲜，或者战国以来所谓朝鲜，即古之肃慎耶？说别详。

② 此处眩字疑亦亥之误字。盖上文正说王女王恒上甲微，下文又说汤之创业，不应中间忽插入舜象故事，如王逸所解者，即使信《国语》"商人禘舜"之舜字不误，亦应列于"简狄在台誉何喜"之前。《天问》骤看似语无伦次者，然若以"故事系统"论其次序，以韵读定其错简或不错，当知实非漫无连贯者。故舜事无论如何解，不当入之此处也。又眩胲二字在篆文虽不可乱，在隶书则甚易讹也。

与其他记同一故事者合否。照这十几韵中的含义,大约殷王季是这个故事中一个重要的人物,大约服牛之功是当归之于季的,所以谈到他的儿子们,一则曰:"该秉季德",再则曰:"恒秉季德"。此点正与《国语》祭统合,二者皆以为冥(据王考,即季)有大功。然则王氏以为"《山海经》、《天问》、《吕览》、《世本》皆以王亥为始作服牛之人",在《天问》或不如此。《天问》既曰该恒秉季德,是此一重要制作,在王亥不过承袭父业,或者《天问》作者心中是以王季担此制作之任者。王季有几个儿子,其中亥恒皆能秉父德,不幸亥(193页②)之诸弟(恒当除外)实行"共妻主义",偏这群人自己没遭祸事,祸事到老兄头上,所谓"危害厥兄"也。此与郭璞《大荒东经注》引《竹书》所云"殷王子亥,宾于有易而淫焉,有易之君绵臣杀而放之",当系一件故事之不同说法;《竹书》归罪于王亥,《天问》归罪于其弟耳。所谓"昏微遵迹,有狄不宁"者,盖上甲微在国败君亡之后,能振作旧业,压迫有狄,有狄为之不宁,此与《鲁语》祭统所谓"上甲微能帅契"者相合。不过,据《天问》之发问者,微不是王亥之子。而是亥之弟之子。故有天道难知之感,以并淫作诈害及子兄之人,其后嗣乃能长盛,为不平也。如上所析解此一故事,诸书用之者大同小异,盖此故事至晚周已有不同之面目。然其中有一点绝无异者,即汤之先世在此期中历与有易斗争,卒能胜有易,故后世乃大。夫易水所在,古今未改,有易所在,即可推知。以数世与有易斗争之国,必为有易之邻国可知,必在今河北省中部或南部亦可知矣。

戊、《山海经》中所说之地望,初看似错乱,如匈奴见于南方,流沙见于东方之类。但全部排比一下,颇有一个线索可寻,而《大荒经》中之东西南北,尤不紊乱。今将《大荒东经》中所载一切帝王之迹抄之如下。

东海之外,大壑,少昊之国,少昊孺帝颛顼于此。

大荒之中,有山名曰合虚,日月所出。有中容之国:帝俊生中容。

有司幽之国:帝俊生晏龙,晏龙生司幽。

有白民之国:帝俊生帝鸿,帝鸿生白民。

有黑齿之国:帝俊生黑齿,姜姓。

东海之渚中有神,人面鸟身,珥两黄蛇,践两黄蛇,名曰禺虢。(《北经》作禺号)黄帝生禺虢,禺虢生禺京。禺京处北海,禺虢处东海,是惟海神。

有困民国,勾姓,而食,(郝懿行云,勾姓下而食上当有阙脱)有人曰王亥。两手操鸟,方食其头。王亥托于有易,河伯仆牛。有易杀王亥,取仆牛。河念有易,有易潜出为国于兽方食之,名曰摇民。帝舜生戏,戏生摇民。

有五采之鸟相乡弃沙,惟帝俊下友。

东荒之中有山,名曰壑明俊疾,日月所出,有中容之国。

东海中有流波山,……其上有兽。……其名曰夔,黄帝得之,以其皮为鼓。

据此我们可说帝俊竟是《大荒东经》中唯一之帝。此外少昊一见,谓其孺颛顼于此;黄帝二见,一谓其为处于东海之禺虢之祖,一谓其得夔;舜一见,谓其为摇民之祖;皆不多见。至于中容王亥,一为俊之子,一则殷先王,正在一系中。又帝俊之见于他卷者,仅《大荒南经》,"帝俊妻娥皇,生此三身之国","帝俊生季釐""羲和者,帝俊之妻";《大荒西经》"帝俊妻常羲",《大荒北经》"东北海之外,大荒之中,河水之间,附禺之山,……帝颛顼有九嫔葬焉。……丘方员三百里,丘南帝俊竹林在焉,大可为舟。……丘西有沉渊,颛顼所浴";及《海内经》末段之综记帝族统系。除《海内经》末段另文详论外,所有《大荒经》南西北三方中之帝俊,多是娥皇一故事之分化。至《大荒北经》所记帝俊竹林,虽列入北经,按其所述之地望,实在东北。由此统计以看帝俊之迹及其宗族,独占东北方最重要之位置。帝俊既见于殷墟文字,称曰高祖,而帝俊之地望如此,则殷代龙兴之所在可知。

综上列五事以看,直接史料与间接史料相互参会,均指示我们商起于东北。此一说,谓之为已经证成可也。

二 亳

然而竟有人把商代也算到西方去,其故大概由于亳之地望未看清楚,太史公又曾胡里胡涂说了一句。他说:"或曰:'东方物所始生,西方物之成熟。'夫作事者必于东南,收功实者常于西北。故禹兴于西羌;汤起于亳;周之王也,以丰镐伐殷;秦之帝用雍州兴;汉之兴自蜀汉。"这话里边,只汤起于亳一说为无着落,而徐广偏"希意承旨",以说"京兆杜县有亳亭",于是三亳阪尹之外,复有此西亳,而商起东北之事实,竟有太史公之权威作他的反证!① 查亳之所在,皇甫谧已辨之,宋人亦有论及。在近代,有孙星衍(见外集《汤都考》)、胡天游(见《石笥山房集》)、郝懿行(见《山海经笺疏》)、金鹗(见《求古录礼说》)、毕亨(见《九水山房文存》)、王国维(见《观堂集林》),皆主偃师之西亳为后起之亳,汤之始都应在东方。汤自东徂西之事,在今日已可为定论。诸家所说,今不具引,仅于所论之外,补申两事:

甲、亳实一迁徙之名。地名之以居者而迁徙,周代犹然。宗周、成周虽于周上冠字,其号周则一。鲁本不在今山东南境,燕本不在今河北北境,皆因徙封而迁。(说见拙箸《大东小东说》)韩本在渭水流域,而《诗·韩奕》"燕师所完"、"以为北伯"之韩,必在今河北省境。魏本在河东,而迁大梁后犹号魏。汉虽仍封梁王于此,而曹魏初建国,仍在此地。后世尚如此,早年"无定居"时迁徙较易,则洛邑号周,韦墟号商,亦甚自然。鲁有亳社之遗,可知亳者乃商人最初之国号,国王易其居,而亳易其地,原来不是亳有好些个,乃是亳王好搬动。或者有亳社

---

① 按,京兆有亳亭一说,《史记》曾言及。《封禅书》记秦地诸祠祀有云:"于社亳有三社主之祠。"《秦本纪》云,"宁公二年。遣兵伐荡社。三年,与亳战,亳王奔戎,遂灭荡社。"索隐曰,"西戎之君,号曰亳王。盖成汤之胤。"集解引皇甫谧曰:"亳王号扬,西夷之国,……非殷也。"据此,知周桓王时之亳王。乃西戎君长,不关殷商。其居京兆杜县,当由犬戎之乱,入据几甸。西周盛时。断不容卧榻之旁由人酣睡。意者殷克鬼方后,子姓有统率戎人部落者。逮殷之灭,遂袭亳王之号;及周之乱,遂据杜县。无论此说当否,此乃后代事,不能据之以证商代之渊源。商人何来,当以早年地理证之,亳人发迹之所在求之,若求之于八九百年后之地名,恐无当矣。

之地皆可称亳。王国维君证汤之亳为汉之山阳郡薄县，(今山东曹县境)以《左传》哀十四年"宋景公曰，薄宗邑也"为证，其说至确，然不可谓汤之所居但以此为限。偃师之亳虽无确证，然汤实灭夏，夏之区宇布于今山西、河南省中，兼及陕西，而其本土在河东。(详下章)《史记》"汤遂率兵以伐夏桀，桀走鸣条"。集解引孔安国曰："地在安邑之西。"按之《吕览》等书记吴起对魏武侯云："夏桀之国左河济，右大行，伊阙在其南，羊肠在其北。"则鸣条在河东或不误。然则汤对夏用兵以偃师一带地为根据，亦非不可能者。且齐侯博钟云："虩虩成唐(阳)，又敢(严)十(在)帝所。専受天命，刻(克)伐颐(履)同，骸(败)乃灵师。伊少(小)臣佳桷(辅)。咸有九州，处禹之堵(都)。"(从孙仲容释)则成汤实灭夏桀而居其土。此器虽是春秋中世之器，然此传说必古而有据。又南亳虽若偏于南隅，然相传成汤放桀于南巢，南巢竟远在庐州境，则南亳未必非汤所曾至。大凡此等传说，无以证明其然，亦无以证明其不然。如以亳为城郭宫室俱备之都邑，则汤之亳自当只有一个。如以其为兵站而有社以祷之所，则正应不只一地。且汤时兵力已甚盛，千里之间，南征北战，当是史实。不过汤之中央都邑，固当以近于商宋者为差是耳。

此外济河流域中以薄或博名者，尚有数处，其来源虽有不可知者，然以声类考之，皆可为亳之音转。

蒲姑。《左传》昭九年："及武王克商，……蒲姑商奄，吾东土也。……肃慎燕亳，吾北土也。"《齐世家》作蒲姑。《诗·毛传》同。杜云："乐安博昌县北有薄姑城。"按，汉志千乘郡已有博昌县，当今山东博兴县。

"肃慎燕亳"之亳。此亳所在杜无说，孔谓小国不知所在。然既与肃慎燕并举，当邻于肃慎及燕。

据司马相如《子虚赋》，齐"斜与肃慎为界"。是古肃慎当即汉之朝鲜，与后世之挹娄无涉。或者此一在东北之亳即亳之初地，亦未可知。

齐博邑。在泰山下。见《齐策》。

汉东郡博平县。在济水之北，今山东博平县境。田齐世家之博陵,苏秦张仪传之博关,当即此博。

杨守敬曰:"余以为秦县之名率本于前,其有地见春秋战国而汉又有其县者,诸家虽不言秦县,安知其非秦置?……使读者知秦之立县皆有所因,而汉志之不详说者,可消息得之矣。"(见《嬴秦郡县图序》)此说甚通。博、博平二名虽见于后,渊源当有自耳。

又按,"亳"、"薄"二字,同在唐韵入声十九铎,傍各切。博"亦在十九铎,补各切。补为帮母之切字,傍为并母之切字,是"亳"、"薄"二字对"博"之异仅在清浊。蒲姑之"蒲"在平声,然其声类与"亳"、"薄"同,而蒲姑又在《诗·毛传》、《左·杜注》中作薄姑,则"蒲"当与"薄"通。又十八铎之字在古有收喉之入声(-k),其韵质当为 ak,而唇声字又皆有变成合口呼之可能,是则"蒲姑"两字正当"亳"之一音。亳字见于殷虚文字,当是本字,(《殷墟文字类编》五卷十五叶)博,薄,薄姑等,为其音转,以声类韵部求之,乃极接近。此虽未能证明之假设,却,颇值得留意。

乙、蒲姑,博,薄,亳等地之分配,实沿济水两岸而逆流上行。试将此数地求之于地图上,则见其皆在济水故道之两岸,薄姑至于蒙亳皆如此。到西亳南亳方离开济水之两岸,但去济水流域仍不远。大凡一切荒古时代的都邑,不论在哪一州,多是在河岸上的。一因取水的供给,二因交通的便利。济水必是商代一个最重要的交通河流。殷墟发现的品物中,海产品甚多,贝类不待说,竟有不少的鲸骨。而《卜辞》所记,王常自渔。《左传》所谓渔"非君所及"者,乃全不适用于商王,使人发生其同于辽代君主在混同江上钓鱼之感。又"济"、"齐"本是一字,如用以标水名,不着水旁亦可。洹水之"洹"有时作"亘",可以为证。《卜辞》中有"齐俫",而"齐俫"又近于夷方,此必指济水上地名而言。(《殷墟书契前编》卷二第十五叶:"癸巳,卜贞王旬亡鳞,在二月,在齐俫,隹王来正〔征〕人〔夷〕方。"董彦堂先生示我此条。)商之先世或者竟逆济水而向上拓地,至于孟诸,遂有商丘,亦未可定。薄姑旧址去海滨不远。此一带海滨,近年因黄河之排沙,增加土地甚速。古时济漯诸水虽不能如黄河,亦当有同样而较弱之作用。然则薄姑地望正合于当年济水之入海口,是当时之河海大港无疑。至于"肃慎燕亳"之亳,既与肃慎燕并举,或即为其比邻。若然,则此之一亳正当今河北省之渤海岸,去薄姑亦在数百里以至千里之内。今假定商之先世起源于此之一亳,然后入济水流域,逆济水西上,沿途所迁,凡建社之处皆以旧名名之,直到陕西省境,于是有如许多之亳。此设想虽不能直接证明,然如上文所排列之事实,惟似惟有此解能适合之。

三 商代拓土之三期

商代享国六百年之说,今无从确证。《史记》所载之世系,按之《卜辞》,大体不差。虽帝王之历世甚多,然其间不少兄弟。或者《史记集解》引《汲冢纪年》"汤灭夏,以至于受,二十九王,用岁四百九十六年"之一说,较为可信。在此五百年中,大约有两个时期拓土最力,一是成汤时,一是武丁时。合之汤前之相土,共三个时期。此情形《商颂》中说得很明白:于《相土》曰"相土烈烈,海外有截"。于《汤》曰"武王载旆,……九有有截。韦顾既伐,昆吾夏桀"。于《武丁》曰"在武丁孙子。武丁孙子,武王靡不胜。龙旂十乘,大糦是承。邦畿千里,维民所止,肇域彼四海。四海来假"。照这样看,并参以他书所记载,这三个时期拓土的范围,当如下文所列:

一、相土的东都既在太山下,则其西部或及于济水之西岸。又曾戡定海外,当是以渤海为宇的。

二、汤时建国在蒙亳,其广野即是所谓空桑,其大渚即是孟诸。(即孟渚)盖已取东夷之国,少昊之故域,而为邦畿,而且北向对韦,西向对夏,南向对淮水流域,均拓土不少。

三、盘庚涉河迁殷后,其西北向之势力更发达。重以"中宗祖乙"(参看初版《观堂集林》九卷二十叶)"治民祗惧,不敢荒宁……享国七十有五年"。"高宗(武丁)时旧劳于外,爰暨小人……不敢荒宁……嘉靖殷邦……享国五十有九年"。"祖甲……旧为小人,作其即位,爰知小人之依,能惠保于庶民,享国三十有三年"。(均见《书·无逸》)故其势力能越太行,过伊洛,而至渭水。彼时南方之疆域今虽不可考,然既至南巢,已越淮水矣。又周称周侯,崇侯之国在丰,此虽藩国不同邦畿,然亦可见其声威所至。且"高宗伐鬼方,三年克之"一传说(见《易·下经》),证以《诗经》,尤可信。《大雅·荡》云:"文王曰咨,咨女殷商。如蜩如螗,如沸如羹。小大近丧,人尚由乎行。内奰于中国,覃及鬼方。"此虽记殷之衰乱,然衰乱时尚能波及于鬼方,强武时鬼方必为其臣属可知。关于鬼方之记载,初不见于发现之卜辞,今春中央研究院始发现一骨,其辞曰:"己酉,卜贞鬼方,囚。"这样记载的希少,似是鬼方既为殷人平定或威服之证。及纣之将亡,周人尚称之曰:"殷商之旅,其会如林。"而周人之翦服东方,历文武周公成王三世而"康克安之"。然则商人所建之帝国,盛时武力甚大,败后死而难僵。此一东起海东、西至岐阳之大帝国,在当时的文化程度中能建设起来,不能不算是一件绝伟大的事。想必凭特殊的武器及坚固的社会组织,方能做到。

第二章 夏　　迹

商代发迹自东徂西的综迹,已在上一章大致条别清楚。向上推一步便是夏代,我们且看夏代的踪迹分布在何一方。

禹的踪迹的传说是无所不在的,北匈奴南百越都说是禹后,而龙门会稽禹之迹尤著名,即在古代僻居汶山(岷山)一带不通中国的蜀人,也一般的有治水传说。(见扬雄《蜀王本纪》,臧氏辑本)虽东方系之商人,也说"浚哲维商,长发其祥。洪水芒芒,禹敷下土方"。明明以禹为古之明神。不过春秋以前书中,禹但称禹,不称夏禹,犹之稷但称稷,不称夏稷或周稷;自启以后方称夏后,启之一字盖有始祖之意。汉避景帝讳改为开,足征启字之诂。其母系出于涂山氏,显见其以上所蒙之禹若虚悬者。盖禹是一神道,即中国之 Osiris。禹鲧之说,本中国之创世传说(Genesis)。虽夏后氏祀之为宗神,然其与夏后有如何之血统关系,颇不易断。若匈奴号为夏后之裔,于越号称少康之后,当皆是奉禹为神,于是演以为祖者。如耶稣教之耶和华上帝,本是犹太一族之宗神,故创世纪言其世系,而耶稣教推广到他民族时,奉其教之民族,亦群认耶和华为人祖,亚当为始宗矣。然则我们现在排比夏迹,对于关涉禹者应律除去,以后启以下为限,以免误以宗教之范围,作为国族之分布。

所谓夏后氏者,其名称甚怪。氏是族类,后为王号,何以于殷曰殷人,于周曰周人,独于夏曰夏后?意者诸夏之部落本甚多,而有一族为诸夏之盟长,此族遂号夏后氏。今将历代夏后之踪迹辑次如下:

(1)见于《左传》者

帝丘　僖三十一:"卫迁于帝丘。……卫成公梦康叔曰:'相夺予享。'公命祀相。宁武子不可,曰:'鬼神非其族类,不歆其祀。杞鄫何事!相之不享,于此久矣,非卫之罪也!'"杜云:"帝丘,今东郡濮阳县。"

淆　僖三十二:"淆有二陵焉:其南陵,夏后皋之墓也;其北陵,文王之所以避风雨也。"杜云:"淆在弘农渑池县西。"

穷石　此为夏之敌国,事见襄四年,本文及讨论均见下章。空桑又曰穷桑,见昭二十九年。穷石当即空桑之音转。至斟灌过戈鬲诸地所在,则杜云:"有鬲国名,今平原鬲县。""乐安寿光县东南有灌亭,北海平寿县东南有斟亭。""东莱掖县北有过乡,戈在宋郑之间。"

有莘　僖二十八,记晋文城濮之战,有云:"晋侯登有莘之虚以观师,曰:'少长有礼,其可用也。'遂伐其木,以益其兵。己巳,晋师陈于莘北。"据此,有莘必去城濮甚近。有莘相传为夏诸侯,伊尹其一代之小臣也。

斟灌　斟寻　襄四,杜云:"乐安寿光县东南有灌亭,北海平寿县东南有斟亭。"按,《水经注·巨洋水篇》引薛瓒《汉书集注》云:"汲郡古文,相居斟灌,东郡观是也。"(段玉裁云:〔《经韵楼集》五〕今本《水经注》观讹为灌,而戴校未正)据此,斟灌仍在东郡,去帝丘不远。杜释此之误显然。此地既误释,其释斟寻之误亦可推知矣。

东夏 襄二十二:"晋人征朝于郑,郑人使少正公孙侨对曰,……间二年,闻君将靖东夏。四月,又朝以听事期。"杜云:"谓二十年澶渊盟,先澶渊二月往朝,以听事期。"按以二十年经传所载事,杜说不误。至澶渊所在,杜云:"在顿丘县南,今名繁污。此卫地,又近戚田。"按,卫为东夏,则夏之本土当在东夏卫地之西。但持此一条以证夏境不在东土,已充足矣。

又昭元年:"子相晋国,以为盟主,于今七年矣。再合诸侯,三合大夫,服齐狄,宁东夏,平秦乱,城淳于。"杜于"宁东夏"下注云:"襄二十八年,齐侯白狄朝晋。"

又昭十五:"文公受之,以有南阳之田,抚征东夏。"按,晋文东征者为曹卫,此又以曹卫为东夏。

华夏 襄二十六:"子仪之乱,析公奔晋。晋人置诸戎车之殿,以为谋主。……晋人从之,楚师宵溃,晋遂侵蔡,袭沈,获其君,败申息之师于桑隧,获申丽而还。郑于是不敢南面。楚失华夏,则析公之为也。"此指蔡沈及邻于楚北境诸国为华夏。

观扈 昭元:"夏有观扈。"杜云:"观国在今顿丘县,扈在始平鄠县。"此皆夏之敌国,当即夏之边境。

大夏 昭元:"子产曰:'昔高辛氏有二子,伯曰阏伯,季曰实沈,居于旷林,不相能也。日寻干戈,以相征讨。后帝不臧,迁阏伯于商丘,商人是因,故辰为商星。迁实沈于大夏,主参,唐人是因,以服事夏商。……及成王灭唐,而封太叔焉,故参为晋星。'"杜曰:"大夏,晋阳也。"按,大夏与夏墟究竟在晋阳抑在翼,在地理书有异说,(如《括地志》)近代学人有异论,(如顾亭林、全谢山)二地相去亦数百里。然皆在汾水之旁,不关山东也。

钧台 昭四:"夏启有钧台之享。"杜云:"河南阳翟县南有钧台陂。"

仍缯 昭四:"夏桀为仍之会,有缗叛之。"杜于此不能指其所在,但云:"仍缯皆国名。"哀元年注亦然。《史记正义》引《帝王世纪》云:"浞之杀帝相也,妃仍氏女曰后缗,归有仍,生少康。"(此本哀元年传)《正义》于他地名几皆有说,于此亦无说。

夏墟　定四:"分唐叔以大路密须之鼓,阙巩沽洗,怀姓九宗,职官五品,命以唐诰,而封于夏墟。启以夏政,疆以戎索。"此更直示吾人,晋为夏之本土。

涂山　哀七:"禹合诸侯于涂山,执玉帛者万国。"杜云:"涂山在寿春东北。"按昭四有"三涂"之名,杜云:"在河南陆浑县南。"涂山或即三涂之一。

(2)见于《国语》者

伊洛　《周语》上:"幽王二年,西周三川皆震。伯阳父曰:'……昔伊洛竭而夏亡,河竭而商亡,今周德若二代之季矣。'"按伊洛于夏,犹西周三川之于周,河之于殷,据此可知夏之地望以伊洛为本土矣。

崇山　聆隧　《周语》上,"昔夏之兴也,融降于崇山。其亡也,回禄位于聆隧。"韦云:"崇,崇高山也。夏居阳城,崇高所近。"又云:"聆隧,地名也。"按,韦以崇为嵩高。

有崇　《周语》下:"其在有虞,有崇伯鲧,播其淫心,称遂共工之过,尧用殛之于羽山。其后伯禹念前之非……"据上节所引韦解,崇即嵩高。然《诗·文王篇》云:"既伐于崇,作邑于丰。"是崇国境当殷末在渭南。渭南之山境亦东与崇高接。又《左传》宣元:"晋欲求成于秦,赵穿曰:'我侵崇,秦急崇,必救之,(杜云:崇,秦之与国。)吾以求成焉。'冬,赵穿侵崇,秦弗与成。"然则春秋时晋秦界上犹有以崇为号之国,此亦可知崇在西土。

杞鄫　同节:"有夏虽衰,杞鄫犹在。"按,杞在春秋时由今杞县境东迁,鄫则杜云:"在琅琊鄫县。"(僖十四)然《国语》记西周亡时事云:"申缯西戎方彊,王室方骚。……王欲杀太子以成伯服,必求之申。申人弗畀,必伐之。若伐申而缯与西戎会以伐周,周不守矣。"果鄅本在琅琊,势难与申西戎会伐周。然则鄅在琅琊,亦是后来东迁所至。

戎夏　《晋语》一:"献公卜伐骊戎,史苏占之。……对曰:'……戎夏交捽。……若晋以男戎胜戎,而戎亦必以女戎胜晋。……诸夏从戎,非败而何?'"此以晋为夏,与《左传》定四封唐叔于夏墟事合。

昆吾　《郑语》:"昆吾为夏伯矣。"准以《诗·商颂》"韦顾既伐,昆吾夏桀"之说,昆吾当非诸夏之一,而别为一族,然与夏族当有若何关系。至昆吾所在,则《左传》昭十二楚子云:"昔我祖伯父昆吾旧许是宅,今郑人贪赖其田而不我与。"可知昆吾在许,即今许昌一带。

东夏　《楚语》上:"析公奔晋,晋人用之,实谮败楚,使不规东夏。"韦云:"东夏,沈蔡也。"按此即《左·襄二十六》事。彼处称华夏,此处称东夏。

诸夏　《吴语》:"昔楚灵王不君,……不修方城之内,逾诸夏而图东国。"韦云:"诸夏,陈蔡。东国,徐夷吴越。"此更明明证夏之不在东土。

(3)见于《诗》者

雅　雅之解说不一。《诗·序》云:"雅者,正也,言王政之所由废兴也。"此真敷衍语。《小雅·鼓钟篇》云:"以雅以南。"南是地域名,(详见《诗经讲义》)则雅之一辞当亦有地名性。《读书杂志》荀子荣辱篇君子安雅条云:"雅读为夏,夏谓中国也,故与楚越对文。儒效篇:居楚而楚,居越而越,居夏而夏。是其证。古者夏雅二字互通,故左传齐大夫子雅,韩子外储说右篇作子夏。杨注云,正而有美德谓之雅,则与上下二句不对矣。"(阮元亦以雅言之雅为夏)此真确解,可破历来一切传说者之无知妄解。由此看来,《诗经》中一切部类皆是地名,诸国风不待说,雅为夏,颂分周鲁商。然则国风之名,四始之论,皆后起之说耳。雅既为夏,而夏辞之大小雅所载,若一一统计其地望,则可见宗周成周文辞较多,而东土之文辞较少。周自以为承夏绪,而夏朝之地望如此,恰与《左传》、《国语》所记之夏地相合。(此说详见我所作《诗经讲义》,未刊。其略见《新获卜辞写本后记跋》〔安阳发掘报告第三八五叶〕)

(4)见于周诰者

区夏　康诰:"惟乃丕显考文王,克明德慎罚,不敢侮鳏寡,庸庸,祇祇,威威,显民,用肇造我区夏,越我一二邦,以修我西土。"按,区字不见《说文》,薛综注《东京赋》云:"区,区域也。"然则区夏犹曰有(域)夏,犹曰夏域,即夏国也。文王造邦于西土,而云始造我夏国,则夏之在西土可知。

(5)此外见于《史记》、《战国策》者一段
(按《史记》所引杂乱,故不遍举,此节甚关重要,不可遗之。)

河洛　太华　伊阙　羊肠　《吴起列传》:"起对曰……夏桀之居,左河济,右泰华,伊阙在其南,羊肠在其北。"按此语见今本《战国策》二十二。然彼处作"左天门之阴,而右天谿之阳",虽亦谓左带水而右倚山,未如《史记》言之质实,故录《史记》。金鹗(求《古录礼说》八)据此以证夏桀之都在雒阳。今按,桀都正当雒阳否,另是一问题,然桀之国环洛阳,则依此语当无可疑。

据以上各书所记夏地,可知夏之区域,包括今山西省南半,即汾水流域,今河南省之西部中部,即伊洛嵩高一带,东不过平汉线,西有陕西一部分,即渭水下流。东方界线,则其盛时曾有济水上流,至于商邱,此便是与夷人相争之线,说详下章。最西所至,我们现在不知究到何处,汉陇西郡有大夏县,命名不知何本,更不知与夏后之夏有否关

系。最南所至,我们也不知。《汉·地理志》谓汉水将入江时名夏水,今尚保存江夏诸名,或者诸夏不能如此南被。且《荀子·儒效篇》云"君子居楚而楚,居夏而夏",楚夏对称,自不能以楚为夏。楚国之最大版图中,尽可包含一部分诸夏,而诸夏未必能过荆襄而括江汉,或者此之名夏竟是同音异辞。陈范记关羽据荆州北伐曹操事云"威震华夏",是汉末犹以华夏为三辅三河汝颍等地之专名,未尝括九州而言。我们现在知诸夏西南北三方所至之大齐,而以东夏之称,夷夏之战,(此事详上章)确知夏之东界,则以古代河济淮泗的中国全部论,夏实西方之帝国或联盟,曾一度或数度压迫东方而已。与商殷之为东方帝国,曾两度西向拓土,灭夏克鬼方者,正是恰恰相反,遥遥相对。知此形势,于中国古代史之了解,不无小补也。

第三章　夏夷交胜

　　严格意义的诸夏所据之地域已如上章所述,至于夏后一代的大事现在可得而考见的,是些什么呢?答曰:统是和所谓夷人的斗争。夷一个名词应如何解,留在下一章中说明。其字在殷周文书每与人字一样,音亦与人相近,这是很可注意的。现在假定,凡在殷商西周以前,或与殷商西周同时所有今山东全省境中,及河南省之东部,江苏之北部,安徽之东北角,或兼及河北省之渤海岸,并跨海而括辽东朝鲜的两岸,一切地方,其中不是一个民族,见于经典者,有太皥少皥有济徐方诸部,风盈偃诸姓,全叫做夷。《论语》有九夷之称,明其非一类。夏后一代的大事正是和这些夷人斗争。此事现在若失传,然一把经典的材料摆布起来,这事件十分明显。可惜太史公当真不是一位古史家,虽羿浞少康的故事,竟一字不提,为其作正义者所讥。求雅驯的结果,弄到消灭传说中的史迹,保留了哲学家的虚妄。

　　现在说羿浞与夏后少康的故事,先将材料排列出来。

　　(1)见于《左传》者

魏绛曰……"夏训有之,曰有穷后羿。"公曰:"后羿何如?"对曰:"昔有夏之方衰也,后羿自鉏迁于穷石,因夏民以代夏政。恃其射也,不修民事,而淫于原兽。弃武罗,伯因,熊髡,龙圉,而用寒浞。寒浞,伯明氏之谗子弟也,伯明后寒弃之。夷羿收之,信而使之,以为己相。浞行媚于内,而施赂于外,愚弄其民,而虞羿于田。树之诈慝,以取其国家,外内咸服。羿犹不悛,将归自田,家众杀而亨之,以食其子。其子不忍食诸,死于穷门。靡奔有鬲氏。(杜曰:靡,夏遗臣事羿者。有鬲,国名,今平原鬲县)浞因羿室生浇及豷。恃其谗慝诈伪,而不德于民。使浇用师灭斟灌及斟寻氏,处浇于过,处豷于戈。靡自有鬲氏收二国之烬以灭浞,而立少康。少康灭浇于过,后杼灭豷于戈。有穷由是遂亡,失人故也。昔周辛甲之为太史也,命百官,官箴王阙。于虞人之箴曰:'芒芒禹迹,画为九州。经启九道,民有寝庙,兽有茂草。各有攸处,德用不扰。在帝夷羿,冒于原兽。忘其国恤,而思其麀牡。武不可重,用不恢于夏家。兽臣司原,敢告仆夫。'"(襄四年)

昔有仍氏生女,黰黑而甚美,光可以鉴,名曰玄妻。乐正后夔取之,生伯封,实有豕心,贪婪无餍,忿类无期,谓之封豕。有穷后羿灭之,夔是以不祀。(昭二十八年)

伍员曰:不可。臣闻之,"树德莫如滋,去疾莫如尽。"昔有过浇,杀斟灌,以伐斟鄩,灭夏后相。后缗方娠,逃出自窦,归于有仍,生少康焉,为仍牧正。惎浇能,戒之。浇使椒求之,逃奔有虞,为之庖正,以除其害。虞思于是妻之以二姚,而邑诸纶,有田一成,有众一旅。能布其德,而兆其谋,以收夏众,抚其官职。使女艾谍浇,使季杼诱豷,遂灭过戈,复禹之绩。祀夏配天,不失旧物。(哀元年)

(2)见于《论语》者

南宫适问于孔子曰:"羿善射,奡荡舟,俱不得其死然。禹稷

躬稼而有天下。"夫子不答。南宫适出,子曰:"君子哉若人,尚德哉若人!"(《宪问》篇)

(3)见于《楚辞》者

羿淫游以佚畋兮,又好射夫封狐。固乱流其鲜终兮,浞又贪夫厥家。浇身被强围兮,纵欲而不忍。日康娱而自忘兮,厥首用夫颠陨。(《离骚》)

羿焉彃日?乌焉解羽?……帝降夷羿,革孽夏民。胡射夫河伯,而妻彼雒嫔?冯珧利决,封豨是射。何献蒸肉之膏,而后帝不若?浞娶纯狐,眩妻爰谋。何羿之射革而交吞揆之?阻穷西征,岩何越焉?化为黄熊,巫何活焉?咸播秬黍,莆藿是营。何由并投,而鲧疾修盈?白霓婴茀,胡为此堂?安得夫良药不能固臧?天式从横,阳离爰死。大鸟何鸣,夫焉丧厥体?萍号起雨,何以兴之?撰体协胁,鹿何膺之?鳌戴山抃,何以安之?释舟陵行,何以迁之?惟浇在户,何求于嫂?何少康逐犬,而颠陨厥首?女歧缝裳,而馆同爰止,何颠易厥首,而亲以逢殆?(《天问》)

(4)见于《山海经》者

羿与凿齿战于寿华之野,羿射杀之,在昆仑虚东。羿持弓矢,凿持盾。一曰戈。(《海外南经》。按一曰戈三字,或是注文羼入者)

有人曰凿齿,羿杀之。(《大荒东经》)

帝俊赐羿彤弓素矰以扶下国,羿是始去恤下地之百艰。(《海内经》)

非仁羿莫能上。(按仁字当为夷字之读,两字皆从人,形近故致误。)

(5)见于《吕氏春秋》者

夷羿作弓。(《勿躬》)

(6)见于《说文》者

羿,羽之羿风,亦古诸侯也,一曰射师。(四,羽部)

𢎵,帝喾射官,夏少康灭之。从弓羿声。《论语》曰:"𢎵,善射。"(十二,弓部。又同部弹下引《楚辞》"羿焉彃日","羿亦作𢎵"。)

又,《史记》于羿事不载,《正义》讥之。《世本》(见各辑本)谓夷羿作弓。《帝王世纪》所记羿事特详。(见宋翔凤辑本)然数书皆不出上文所举,故不录。

据以上材料,有数点须分解。

一、羿的地位。如罗泌所作传,及其比之于安史,则羿浞只是夏之叛臣。然此说完全无据,以上一切材料全不曾说羿是夏之属臣。然则夷羿必是夏之敌国之君,且此敌国之君并不等闲。以《天问》、《山海经》所说,居然是天神,而奉天帝命降于下土者,为夷之君,自鉏迁穷桑,而为后人号为帝羿或曰羿帝。(《御览》八十二引《帝王世纪》)

二、夷为东方主。此说可由其称夷羿及《说文》称羿为帝喾(据王国维考,即帝俊)射官,及其地望等事证之。

三、夷夏之争数十年,在夷一面经羿、浞二宗,在夏一面经相、少康二世,战斗得必然很厉害。《天问》所谓"阻穷西征"者,王逸解之曰:"言尧放鲧羽山,西行度越岑岩之地,因堕死也。"洪兴祖补曰:"羽山东裔,此云西征者,自西徂东也。上文言永遏在西山,夫何三年不施,则鲧非死于道路,此但言何以越岩险而至羽山耳。"按王说无稽,洪已辩之,然洪强释西征曰自西徂东,古书中全无此文法。此处明明谓阻(即鉏)穷(石)之后帝羿西征,而越山岩,不然,西征一词全不可解,正不得以同韵之下句中说鲧化为黄熊事而谓此句亦是鲧事。

四、《左传》之神话故事已很伦理化,且《左传》之成分大体为晋楚鲁三国之语,而其立点是偏于西国夏周之正统传说,所以说羿、羿甚不好。但《山海经》之为书,虽已系统化,尚未伦理化,且记东方的帝系较多。这部书中所举夷羿事,很足以表显战国时羿、羿的传说尚甚盛。《山海经》与《天问》互相发明处甚多,《天问》称羿之重要全与《山海经》合。所谓"羿焉彃日",正在《天问》中论创世纪一节中,则羿本是天神。所谓"帝降夷羿"者,正《山海经》所谓"帝俊赐羿彤弓素矰,以扶下国,羿是始去恤下地之百艰"。《天问》一篇,本颇有次序,王逸以为不次序者,乃由于不知《天问》所陈是流行神话故事之次序,不与汉代人之古史传说同,故不能解。(余另有说见他处)其羿浞之间插入鲧之一段若甚错乱者,当由于《天问》之次叙乃神话之次叙;一神话中有数人关涉者,则一次说出,不嫌前后错综。"阻穷西征,岩何越焉"一句,至下文"释舟陵行,何以迁之",凡十二句中,有涉及鲧处,并有若干因失其神话而不可解之故事,皆可据上下文细释之,以知其正是说夷夏交战事。此节盖谓羿、羿相继西征,曾越山地,自鲧永遏于羽山后,禹平水土,柜黍蘿皆茂长,巫乃将鲧化为黄熊。(《天问》所记鲧事,与《左传》、《尚书》等皆不同。《尚书》、《左传》皆谓舜殛鲧于羽山,然《天问》云:"永遏在羽山,夫何三年不施")当夏代危急,遂与能荡舟之羿战,适其时羿妻窃药而行(本文"安得夫良药不能固藏")并有其他怪异,("白霓婴茀"、"天式从横"等语)于是大战得雨起山扑,荡舟者不得不释舟陵行,逃归其嫂,而卒为太康并得之。如此解来,则《论语》南宫适之问正甚明白。南宫适这话并不是泛举古帝王羿羿禹稷而强比之,乃是论一段故事,东土强有力者失其国,西土务耕稼者有天下。《鲁语》上:"昔烈山氏之有天下也,其子曰柱,能殖百谷百蔬。夏之兴也,周弃继之。"明禹稷可作一事论。孔子对神话也如对鬼神一样敬而远之,且以其"君子相"之故,不愿于此等圣帝明王有所议论,故当面不答,而背后称赞南宫适对此神话之题旨西洋故事中所谓 Moral 者,甚能了解。若不如此,而是泛做一篇秦皇汉武与汉文宋仁之优劣论,殊不免于糊里糊涂。《论语》

中论一事皆以一事为论,尚无策论八股气。南宫适这一段话,正可证明夷羿在当时的传说中并不大坏。若羿、奡不是当时神话中的大人物,何至与传说中功在生民之禹、稷相提并论,岂不不伦的很、不需要的很?

然则夷羿之故事,我们在现在尚可见到三种传说。一、以夷羿为白天而降甚高明者,《山海经》、《天问》属之。二、以夷羿与夏后为对,而以为一崇力一崇德,故一兴一替者。此等之成败论人,《论语》记南宫适所问之背景如此。三、以夷羿为不合道理者,《左传》如此。然尚称之曰"后",记其曾"因夏民而代夏政"。(夏民者,夏所服属之民,不必改作夏族。)凡读一切神话故事,都须注意及同一题目常因流传之不同而其中是非倒置。此是一例,鲧亦是一例。同在《国语》中,《周语》下谓"崇伯鲧播其淫心,称遂共工之祸"。《鲁语》上谓"鲧鄣洪水",故夏后"郊鲧"。吴语亦谓"鲧禹之功"。我们不可不注意传说之演变及其道德批评之改易。

夏后一代中夷夏之争,不仅见于有穷后羿一段故事,夏代开国亡国时皆有同样的争斗。现在分别说。

(一)夏后启与伯益之争统。关于这件事,战国的传说有两种:一谓启益相让,二谓启益相争。

《孟子》:禹荐益于天。七年,禹崩。三年之丧毕,益避禹之子于箕山之阴。朝觐讼狱者,不之益而之启,曰:"吾君之子也!"讴歌者不讴歌益,而讴歌启,曰:"吾君之子也。"

《天问》:启代益作后,卒然离蠥。何启惟忧,而能拘是达?皆归射鞠,而无害厥躬?何后益作革,而禹播降?

古本《竹书》:益干启位,启杀之。(引见《晋书·束晳传》。《史通》《疑古篇》、《杂说篇》两引之)

孟子的古史都是些伦理化的话,然这一段中还看出这个故事本来面目的背景。此背景即是说,代禹者几几乎是益,而启卒得之。这话里虽不直说有何争执,但还可隐约看出对峙的形势来。至于《竹书》的话,虽不能即信,但益启之有争执,虽孟子的话中也表示个破绽。因为让争本是一事的两面,不是相争的形势,不需相让的态度。《天问》的话,因故事遗失不大好讲,然益称后,又曾一度革夏命,则甚明白。

我们再看伯益是如何人。经籍中有伯益伯翳二人,太史公在《陈杞世家》中分为二人,然在他处则不分。索隐议之曰:"秦祖伯翳,解者以翳益别为一人。今言十一人,叙伯翳,而又别言垂益,则是二人也。且按《舜本纪》叙十人,无翳,而有彭祖。彭祖亦坟典不载,未知太史公意如何,恐多是误。然据《秦本纪》叙翳之功云,佐舜驯调鸟兽,与《尧典》'命益作虞,若予上下草木鸟兽'文同,则为一人必矣。今未详其所以。"案,此议甚是。太史公在此处诚糊涂。罗泌重申二人不同之说,然全无证。金仁山辩之曰:

>《尚书》之伯益,即《秦纪》之柏翳也。秦声以入为去,故谓益为翳也。《秦纪》谓柏翳佐禹治水,驯服鸟兽,岂非《书》所谓随山刊木,暨益奉庶鲜食,益作朕虞,若予上下鸟兽者乎?其事同,其声同,而太史公独以书纪字异,乃析一人而二之,可谓误矣。唐虞功臣,独四岳不名,其余未有无名者。走岂别有伯翳,其功如此,而《书》反不及乎?太史公于《二帝本纪》言益,见《秦本纪》为翳,则又从翳,岂疑而未决,故于《陈杞世家》叙伯益与伯翳为二乎?抑出于谈迁二手,故其前后谬误也?(梁玉绳说同,〔见《史记志疑·人表考》〕不具引。)

金氏此说甚明白,此疑可以更无问题。益翳既是一人,翳又为秦赵公认之祖,然则即是嬴姓之祖,亦即是徐方之祖,亦即是《逸周书·作雒解》所谓"周公立,相天子,三叔及殷东(东亦地域名,说别见)徐奄及熊盈以略"之盈族之祖,然则伯益正是源源本本的东夷之祖,更无疑义。益启之争,不即是夷夏之争吗?

(二)汤放桀,等于夷灭夏。商人虽非夷,然曾抚有夷方之人,并用其文化,凭此人民以伐夏而灭之,实际上亦可说夷人胜夏。商人被周人呼为夷,有经典可证,说另详。

然则夏后一代的三段大事,开头的益启之争便是夏夷争,中间的羿少康之争又是夷夏之争,末后的汤桀之争还是夷夏之争。夏代东西的斗争如此厉害,而春秋战国的大一统主义哲学家都把这些显然的史迹抹杀了,或曲解了!

第四章　诸夷姓

诸夏所在既如上章所述,与之对峙之诸夷,乃并不如诸夏之简单。所谓"夷"之一号,实包括若干族类,其中是否为一族之各宗,或是不同之族,今已不可详考。然各夷姓有一相同之处,即皆在东方,淮济下流一带。现将古来为人称为夷者各族,或其子孙列为东夷者,或其地望正所谓夷地者,分别疏解如下。

一　太皞之族

太皞与太昊为一辞,古经籍多谓即是伏羲氏,或作包牺氏。关于太皞之记载见于早年经籍者如下。

《左传》僖二十一:"任,宿,须句,颛臾,风姓也,实司大皞与有济之祀,以服事诸夏。邾人灭须句,须句子来奔,因成风也。成风为之言于公曰:'崇明祀,保小寡,周礼也;蛮夷猾夏,周祸也。若封须句,是崇皞济而修祀,纾祸也。'"杜云:"四国,伏羲之后。任,今任城县。颛臾在泰山南武阳县东北,须句在东平须昌县西北。四国封近于济,故世祀之。"按,杜释有济误。有济正如有夏有殷,乃是古国名,四国其后,或其同姓耳。

又昭十七:"太皞氏以龙纪官,故为龙师而龙名。"

又同年:"陈,太皞之虚也。"

《论语》:"季氏将有事于颛臾,……孔子曰:'……昔者先王以为东蒙主,且在邦域之中矣,是社稷之臣也。何以伐为?'"按,此足证颛臾本为鲁之附国。

《易·系辞》下："古者包牺氏之王天下也，仰则观象于天，俯则观法于地，观鸟兽之文，与地之宜，近取诸身，远取诸物，于是始作八卦，以通神明之德，以类万物之情。作结绳而为罔罟，以佃以渔，盖取诸离。"按，《御览》七百二十引《帝王世纪》与此大同，惟"作结绳"作"造书契以代结绳之政"，与此异。

《帝王世纪》："太昊帝庖牺氏，风姓也。蛇身人首。有圣德，都陈。作瑟三十六弦。燧人氏没，庖牺氏代之。继天而生，首德于木，为百王先。帝出于震，未有所因，故位在东方，主春，象日之明，是称太昊，制嫁娶之礼，取牺牲以充庖厨，故号曰庖牺氏。后世音谬，故或谓之虙牺。"（《御览》七十八引作《皇王世纪》。自此以下皆据宋翔凤辑本）

又："太皞帝庖牺氏，风姓也。母曰华胥。燧人之世，有大人之迹，出于雷泽之中，华胥履之，生庖牺于成纪，蛇身人首。有圣德，为百王先。帝出于震，未有所因，故位在东，主春，象日之明，是以称太皞。"（《礼记·月令正义》引）

又："女娲氏亦风姓也，承庖牺制度，亦蛇身人首。一号女希，是为女皇。其末，诸侯有共工氏，任智刑，以强伯，而不王。以水承木，非行次，故易不载。及女娲氏没，次有大庭氏，柏皇氏，中央氏，栗陆氏，骊连氏，赫胥氏，尊卢氏，混沌氏，昊英氏，有巢氏，朱襄氏，葛天氏，阴康氏，无怀氏，凡十五世，皆袭庖牺之号。"（《御览》七十八）

又："庖牺作八卦。神农重之为六十四卦。黄帝尧舜引而申之，分为二易。至夏人因炎帝曰连山。殷人因黄帝曰归藏。文王广六十四卦，著九六之爻，谓之《周易》。"

《古史考》："伏牺作瑟。"（《毛诗谱序正义》引）

又："庖牺作易，弘开大道。"（《书钞·帝王部引》）

综合上列诸说，归纳之可得下之二事。

一、太皞族姓之国部之分配，西至陈，东括鲁，北临济水，大致当今河南东隅，山东西南部之平原，兼包蒙峄山境，空桑在其中，雷泽在其域。古代共认太皞为东方之部族，乃分配于淮济间之族姓。

二、太皞继燧人而有此土，在古代之礼乐系统上，颇有相当之供献，在生活状态上，颇能作一大进步。当是已进于较高文化之民族，其后世并不为人所贱。在周代虽居采卫，而为"小寡"，世人犹以为"明祀"也。

二　少皞之族

关于少昊之记载，见于早年经籍者如下。

《左》昭十七："郯子来朝，公与之宴，昭子问焉，曰：'少皞氏鸟名官，何故也？'郯子曰：'吾祖也，我知之。昔者黄帝氏以云纪，故为云师而云名。炎帝氏以火纪，故为火师而火名。共工氏以水纪，故为水师而水名。大皞氏以龙纪，故为龙师而龙名。我高祖少皞挚之立也，凤鸟适至，故纪于鸟，为鸟师而鸟名。凤鸟氏，历正也；玄鸟氏，司分者也；伯赵氏，司至者也；青鸟氏，司启者也；丹鸟氏，司闭者也；祝鸠氏，司徒也；鴡鸠氏，司马也；鸤鸠氏，司空也；爽鸠氏，司寇也；鹘鸠氏，司事也。五鸠，鸠民者也。五雉，为五工正，利器用，正度量，夷民者也。九扈，为九农正，扈民无淫者也。自颛顼以来，不能纪远，乃纪于近，为民师而命以民事，则不能故也。'仲尼闻之，见于郯子而学之。既而告人曰：'吾闻之，天子失官，学在四夷，犹信。'"（按此乃古代之图腾制。古代称图腾曰"物"，说别详。）

昭二十九："少皞氏有四叔，曰重，曰该，曰修，曰熙，实能金木及水。使重为句芒，该为蓐收，修及熙为玄冥。世不失职，遂济穷桑。此其三祀也。"（杜云，穷桑地在鲁北。按，即空桑。）

定四："因商奄之民，命以伯禽，而封于少皞之虚。"（据此，知曲阜为少皞氏之本邑。）

《楚语》："及少皞之衰也，九黎乱德。民神杂糅，不可方物。"

《帝王世纪》:"少昊帝,名挚,字青阳,姬姓也。母曰女节。黄帝时,有大星如虹,下流华渚。女节梦接,意感生少昊。是为玄嚣,降居江水。有圣德,邑于穷桑,以登帝位,都曲阜,故或谓之穷桑。帝以金承土,……故称少昊,号金天氏。"(引见《御览》七十九)

《古史考》:"穷桑氏,赢姓也。以金德王,故号金天氏。或曰,宗师太皞之道,故曰少皞。"(《太平御览·帝王部》引)

《海内经》:"少皞生般,般是始为弓矢,帝俊赐羿彤弓素矰,以扶下国。"

综合以上所记,除其矛盾处以外,其地望大致与太皞同,而位于空桑之野之曲阜,尤为少皞之本邑。太皞少皞皆是部族名号,不是个人私名,在古代记载上本甚明白。所谓伏牺氏、金天氏者,亦非能名之于一人者。至战国末汉初年之易系,始有"尧舜氏"一类的名词。然"尧舜氏"亦是统指一派,而非单指一人。氏本为部类家族之义,《左传》及其他古籍皆如此用。至于太少二字,金文中本即大小,大小可以地域大小及人数众寡论,如大月氏、小月氏。然亦可以先后论,如大康、少康。今观太皞、少皞,既同处一地,当是先后有别。且太皞之后今可得而考见者,只风姓三四小国,而少皞之后今可考见者,竟有嬴己偃允四著姓,当是少皞之族代太皞之族而居陈鲁一带。太皞族之孑遗,仅存太山之南,为零数小部落,而少皞一族,种姓蕃衍。春秋所谓淮夷,每从其姓,商末所谓奄人,亦是嬴姓。且秦赵之祖,皆称嬴姓,比起太皞来,真是有后福的了。今分述少皞四姓于下。

嬴。嬴姓国今可考者有商末之奄,淮夷之徐,西方之秦、赵、梁。(《左传》僖十七年,"梁嬴孕过期")中原之葛,(僖十七,"葛嬴")东南之江、黄。(《史记索隐》引《世本》)据《史记》,伯翳(按即伯益,详下)为秦赵之祖,嬴姓之所宗。(《世本》同)秦赵以西方之国,而用东方之姓者,盖商代西向拓土,嬴姓东夷在商人旗帜下入于西戎。《秦本纪》说此事本甚明白。少皞在月令系中为西方之帝者,当由于秦赵先祖移其传

说于西土,久而成土著,后世作系统论者,遂忘其非本土所生。《史记》载嬴氏之西封如下:

《秦本纪》:"秦之先,帝颛顼之苗裔。(按颛顼在古帝系统中应属东系,说别详。)孙曰女脩。女脩织,玄鸟陨卵。女脩吞之,生子大业。(此东夷之传说,辨详上文)大业取少典之子,曰女华。女华生大费,与禹平水土。已成,帝锡玄圭。禹受曰:'非予能成,亦大费为辅。'帝舜曰:'咨尔费,赞禹工,其赐尔皂游,尔后嗣将大出。'乃妻之姚姓之玉女,大费拜受。佐舜调驯鸟兽,鸟兽多驯服。(按此即皋陶谟之伯益故事)是为柏翳,舜赐姓嬴氏。大费生子二人,一曰大廉,实鸟俗氏。(按此即所谓少皞以鸟纪官)二曰若木,实费氏。(按鲁有费邑,见《左传》《论语》,当即费氏之故居。曲阜为少皞之墟,费氏之居去之不远也。)其玄孙曰费昌,子孙或在中国,或在夷狄。费昌当夏桀之时,去夏归商,为汤御,以败桀于鸣条。(此盖汤创业时,先服东夷,后克夏后,故费昌在汤部队中。)太廉玄孙曰孟戏,中衍,鸟身人言。帝大戊闻而卜之使御,吉,遂致使御而妻之。自太戊以下,中衍之后,遂世有功,以佐殷国,故嬴姓多显,遂为诸侯。其玄孙中潏,在西戎,保西垂。(此盖殷人拓土西陲,东夷之费氏为之守戍,遂建部队于西陲。)生蜚廉,蜚廉生恶来,恶来有力,蜚廉善走,父子俱以材力事殷纣。周武王之伐纣,并杀恶来。是时蜚廉为纣在北方,还无所报,为坛霍太山而报。得石棺,铭曰:'帝令处父不与殷乱,赐尔石棺。'以华氏死,遂葬于霍太山。蜚廉复有子曰季胜,季胜生孟增,孟增幸于周成王,是为宅皋狼。(《赵策》:"智伯之赵,请皋狼之地。"盖智伯自大,故请人之皋狼。在汉为县。曰"宅皋狼"者,谓居于皋狼也。)皋狼生衡父,衡父生造父。造父以善御幸于周缪王,得骥温骊骅驵骝耳之驷。西巡狩,乐而忘归。徐偃王作乱,造父为缪王御,长驱归周以救乱。缪王以赵城封造父,造父族由此为赵氏。自蜚廉生季胜已下五世至造父,别居赵,赵衰其后也。恶来革者,蜚廉子也,早死,有子曰女防。女防生旁皋,旁皋生太几,太几生大骆,大骆生非子。以造父之宠,皆蒙赵城,姓赵氏。非子居犬丘,好马及畜,善养息之。犬丘人言之周孝王,孝王召使主马于汧渭之间,马大蕃息。孝王欲以为大骆适嗣。申侯之女,为大骆妻,生子成,为适。申侯乃言孝王曰:'昔我先郦山之女,为戎胥轩妻,生中潏。以亲故,归周,保西垂。西垂以其故和睦。今我复兴大骆妻,生适子成。申骆重婚,西戎皆服,所以为王。王其图之。'(按周人惯呼殷人曰戎,"戎商必克","殪戎殷",皆其证。则称胥轩为戎者,当亦因其为东方族类也。嬴姓〔费氏〕为商人置之西垂后,婚于西戎之姜姓,〔申为姜姓,则郦山氏亦当为姜姓〕所生之子,在殷周之末,以母系故,归顺周人。所谓"西垂和睦"者,此其义也)于是孝王曰:'昔柏翳为舜主畜,畜多息,故有土,赐姓嬴。今其后世亦为朕息马,朕其分土为附庸,邑之秦,使复续嬴氏祀。'号曰秦嬴,亦不废申侯之女子为骆适者,以和西戎。秦嬴生秦侯。"(按秦史记未与六国同亡,太史公书所记秦之先世必有所本,且此说正与少皞之其他传说相合。纵使秦有冒充之嫌,其由来已旧矣。)

《赵世家》:"赵氏之先,与秦共祖,至中衍,为帝大戊御。其后世蜚廉,有子二人,而命其一子曰恶来。事纣,为周所杀,其后为秦。恶来弟曰季胜,其后为赵。季胜生孟增,孟增幸于周成王,是为宅皋狼。皋狼生衡父,衡父生造父,造父幸于周缪王。造父取骥之乘匹与桃林盗骊骅骝绿耳献之缪王。缪王使造父御,西巡狩,见西王母,乐之忘归。而徐偃王反,缪王日驰千里马,攻徐偃王,大破之。乃赐造父以赵城,由此为赵氏。"

按,伯翳即伯益。(说前详)伯益与夏有争统之事,其人亦号有平水土之功,已见上文论夷夏交胜一章中,此亦嬴为东夷姓之一证。又《逸周书·作雒解》:"周公立,相天子,三叔及殷东徐奄及熊盈以略。……凡所征熊盈族十有七。"所谓熊者,或是楚之同族。(按楚芈姓,而其王名皆曰熊某。金文中熊作酓。)所谓盈者,当即嬴之借字。

又，宣八年《左传》经文"夫人嬴氏薨"，"葬我小君敬嬴"，公、穀经文皆作"熊氏"、"顷熊"，因此近人有疑熊嬴为一名者。然楚王号之熊字本借字，其本字在金文为酓，不可强比。《作雒解》熊嬴并举，不可以为一。且果熊嬴是一姓者，《郑语》详述祝融八姓，不应略此重事，反曰"姜，嬴，荆芈，实与诸姬代相干"。从此可知嬴熊二词同源之说之无根。果此说不误，则《书》所谓践奄，即《逸周书》所谓略盈族也。此固未可谓为确证，然求之地望，按之传说，差为近是矣。

又《秦本纪·赞》记嬴姓诸氏云："秦之先为嬴姓，其后分封以国为姓。有徐氏，郯氏，莒氏，终黎氏，运奄氏，菟裘氏，将梁氏，黄氏，江氏，脩鱼氏，白冥氏，蜚廉氏，秦氏。然秦以其先造父封赵城，为赵氏。"此亦东方之徐郯、西方之秦赵同出一祖之证。

己。按，己本祝融八姓之一。然《世本》云："莒己姓。"（隐二正义引）杜预云："少皞金天氏，己姓之祖也。"（昭十七注）又云："莒嬴姓，少昊之后。周武王封兹舆于莒，初都计，后徙莒，今城阳莒县是也。《世本》自纪公以下为己姓，不知谁赐之姓者。"（隐二正义引杜预世族谱）据此，祝融八姓之己与莒国之己本非一源，不可混为一事。莒之中道改姓，殊费解。按之文七年《左传》"穆伯娶于莒，曰戴己"。是莒己姓有明征，改姓之说，虽或由于"易物"，究不能证明或反证之。今应知者，所谓己姓，不出同一之祖，或祖祝融，或祖少皞，或祖黄帝。下文之表，但以祖少皞者为限。

偃。皋陶之后为偃姓，偃姓与嬴姓之关系，可以皋陶与少皞之关系推求之。自《列女传》曹大家注以为"皋陶之子伯益"，（《诗·秦风·疏》引。）郑玄以为"伯翳实皋陶之子"，（《诗谱·秦风》）王符以为"皋陶……其子伯翳"，（《潜夫论·氏姓》）此说在后世著书者遂多所尊信。梁玉绳详辨此说之非，（《史记志疑》十九《人表考二·许繇下》）其所举证多近理。至其举《左传》臧文仲皋陶庭坚不祀之叹，以证徐秦之不祖皋陶，即皋陶非伯益之父，尤为确不可易。然古代传说中既有此盛行之一说，自当有所本。盖"皋益同族而异支"，（梁玉绳语）以族姓论，二者差近；以时代论，皋陶氏略先于伯益。后世之追造《世本》者，（周末此风甚炽,帝系即如此出来者)遂以为伯益父皋陶矣。今固不当泥于皋陶为伯益父之说,同时亦当凭此传说承认偃嬴二宗种姓上有亲属关系。

然则皋陶之皋,当即大皞少皞之皞,曰皋陶者,皋为氏,陶为名,犹丹朱、商均,上字是邑号,下字是人名。《易林》需之大畜称之曰陶叔,足征陶为私名。《路史·后纪》七云:"封之于皋,是曰皋陶。"(按《路史》卖弄文词而不知别择,好以己意补苴旧文,诚不可据。然宋时所见古书尚多,《世本》等尚未佚,《路史》亦是一部辑佚书,只是书辑得不合法度而已,终不当尽屏而不取)此说或有所本,亦可为此说之一旁证。皋陶之裔分配在英六群舒之地,似去徐州嬴姓较远。然若信皋陶之陶即少皞之皞,又知周初曾压迫熊盈(即嬴)之族,所谓平淮夷,惩舒人,皆对此部类用兵者,则当知此部类古先所居,当较其后世所居偏北;少皞之虚,未尝不可为皋陶之邑。

所有少皞诸姓国之地望,今列表如下:

国	姓	时 代	地 望	附 记
郯	嬴(见《史记》、《汉·志》、《潜夫论》)己(杜说)	始建国不知在何时,当为古代部落,春秋后始亡。	今山东有郯城县。	《汉·地理志》:"郯嬴姓国";《春秋》文四年见。杜于郯姓未明说,然昭十七传云:"郯氏来朝,……昭子问焉,曰:少皞氏鸟名官,何故也?郯子曰:吾祖也。"杜云:"少皞金天氏,己姓之祖也。"是杜意以郯为己姓。
莒	嬴己(二姓或同出一源,说见前)	始建国不知在何时,当为古代部落,春秋后灭于楚。	杜云:"今城阳莒县。"	

国	姓	时代	地望	附记
奄	嬴（《左传》昭二疏，襄二十疏引《世本》）	商代东方大国，灭于周初。	奄在鲁境。	定四："因商奄之民，命以伯禽，而封于少皞之虚。"按，克商为武王事，践奄为周公事，是奄亡于周公成王时。
徐	嬴（见《左传》、《史记》等）	殷时旧国，西周中曾一度强大称王。西伐济河，见《檀弓》。齐桓时服事诸夏，后灭于楚。	其本土应在鲁，后为周公鲁公逐之。保淮水。《左传》僖三年杜注："徐国在下邳僮县东南。"	《书·费誓》，《诗·大雅》、《小雅》、《鲁颂》，《逸周书·作雒解》等，多记徐事。金文中自称郐王。
江	嬴（《陈杞世家索隐》引《世本》）	不知建国于何时，文四年，灭于楚。	杜云："江国在汝南安阳县。"	《索隐》引《世本》：江黄并嬴姓
黄	嬴（同上）	不知建国于何时，僖十二年灭于楚。	杜云："黄国，今弋阳县。"	
赵	嬴（见《左传》、《史记》等）	《秦本纪》：缪王以赵城封造父。自晋献公时，赵氏世为晋大夫，始大。	《集解》引徐广云："赵城在河东永安县。"《正义》引《括地志》云："今晋州赵城县本彘县地，后改永安，即造父之邑。"	
秦	嬴（同上）	《秦本纪》：周孝王封非子，邑之秦。	《集解》引徐广曰："今天水陇西县秦亭。"	
梁	嬴（见《左传》、《潜夫论》）	不知何时建国，僖十九，灭于秦。	杜云："梁国在冯翊夏阳县。"	

国	姓	时代	地望	附记
葛	嬴（见《左传》、《潜夫论》）	《春秋》桓十五，葛人来朝。	杜云："梁国宁陵县东北。"	《左传》僖十七有葛嬴为齐桓众夫人之一。据《孟子》，葛与汤为邻。春秋嬴姓之葛与古葛有若何关系，今不可考。
菟裘	嬴（《史记》、《潜夫论》）	隐十一："公曰：……使营菟裘。"盖春秋前已亡，为鲁邑。	《寰宇记》："菟裘故城在泗水县北五十里。"	
费	嬴（《史记·秦本纪》）	《书》有《费誓》，盖灭于周初。	春秋鲁邑，后为季氏私邑，今犹名费县。	《书·费誓》，盖即对徐方嬴姓族用兵之誓。
群舒	偃（文十二疏引《世本》。杜注）	群舒部落，位于淮南。春秋时初灭于徐，卒灭于楚。	僖五杜曰："舒国，今庐江舒县。"	《左传》文十二："群舒叛楚。"杜曰："群舒偃姓，舒庸舒鸠之属。今庐江有舒城，舒城西南有龙舒。"《正义》曰："《世本》：偃姓。舒庸，舒蓼，舒鸠，舒龙，舒鲍，舒龚。以其非一，故言属以包之。"
六	偃（《陈杞世家索隐》引《世本》）	《春秋》文五："楚人灭六。"	杜云："今庐江六县。"	

国	姓	时代	地望	附记
蓼	偃(同上)	《左》文五:"楚子灭蓼。"	杜云:"今安丰蓼县。"	《左传》文五:"楚子燮灭蓼。臧文仲闻六与蓼灭,曰:皋陶庭坚,不祀忽诸,德之不建,民之无援,哀哉!"
英氏	偃(同上)	《春秋》僖十七年:"齐人徐人伐英氏。"杜云:"英氏,楚与国。"又《陈杞世家》:"皋陶之后,或封英六,楚穆王灭之。"		

以上所列,但以见于《左传》、《史记》、《世本》佚文、左氏《杜注》者为限,《潜夫论》所举亦略采及,至于《姓纂》、《唐宰相世系表略》等书所列,材料既太后,又少有头绪,均不列入。

据右表,足知少皞后世之嬴姓一支(宗少皞之己姓国在内)分配在今山东南境,河南东端,南及徐州一带。殷代有奄,为大国。有费,鲁公灭之。盖鲁地本嬴姓本土。所谓"奄有龟蒙,遂荒徐宅,至于海邦,淮夷蛮貊",是指周人略嬴族之故事。因周人建国于奄土,嬴姓乃南退保淮水,今徐州一带。及周人势力稍衰,又起反抗,西伐济河。周人只能压迫之,却不能灭之,故曰"徐方不回,王曰旋归"。可见是灭不了的。入春秋,徐始式微,而殷人所置嬴姓在西土者,转而强大,其一卒并天下。其别系偃姓在今安徽北部、河南东南隅以及湖北东境者,当亦西周时淮夷部队中人,入春秋,为楚所并。夏商虽有天下,其子孙犹不若此之延绵。若东方人作三代系,必以之为正统无疑。

此外,"夷"名号下之部落,有穷后羿,即所谓夷羿,说已见前。又有所谓伯夷者,为姜姓所宗,当与叔齐同为部族之号,别见姜姓篇。又祝融八姓之分配在东海者,亦号曰夷,别见祝融八姓篇,今俱不入此文。

又殷有所谓人方者,似不如释作夷方,其地不知在何处。董彦堂先生示我甲骨文一片,其词云:"……在二月,在齐𬳾,佳王来正人方。"是夷方当在济水流域中矣。

上列各部族国邑皆曾为人呼之曰夷,或其后世为人列于夷之一格中。综合其区域所包括,西至今河南之中心,东尽东海,北达济水,南则所谓淮夷徐舒者皆是。这个分布在东南的一大片部族,和分布在偏于西方的一大片部族名诸夏者,恰恰成对峙的形势。这里边的部族,如太皞,则有制八卦之传说,有制嫁娶用火食之传说。如少皞,则伯益一支以牧畜著名,皋陶一支以制刑著名。而一切所谓夷,又皆以弓矢著名。可见夷之贡献于文化者不少。殷人本非夷族,而抚有夷之人民土地,故《吕览》曰:"商人服象,为虐于东夷。"虽到宋襄公,还是忘不了东夷,活活的牺牲了夏代的后人,以取悦于东夷。殷曾部分的同化于夷。《逸书》曰:"纣越厥夷居而不事上帝。"似乎殷末已忽略其原有之五方帝的宗教,改从夷俗,在亡国时飞廉恶来诸夷人犹为之死。周武王灭商之后,周公之践奄憝熊盈国,鲁公成王之应付"淮夷徐戎并兴",仍全是夷夏交争之局面,与启益间,少康羿浞间之斗争,同为东西之斗争。西周盛时,徐能西伐济于河,俨然夷羿陵夏之风势。然经籍中所谓虞夏商周之四代,并无夷之任何一宗,这当是由于虞夏商周四代之说,乃周朝之正统史观,不免偏重西方,忽略东方。若是殷人造的,或者以夷代夏。所谓"裔(疑即衣〔殷〕字)不谋夏,夷不乱华"者,当是西方人的话。夏朝在文化上的供献何若,今尚未有踪迹可寻,然诸夷姓之供献却实在不少。春秋战国的思想家,在组织一种大一统观念时,虽不把东夷放在三代之系统内,然已把伯夷皋陶伯益放在舜禹庭中,赓歌揖让,明其有分庭抗礼的资格。(四岳为姜姓之祖,亦是另一部落。非一庭之君臣,乃异族之酋长。说详姜姓篇。)《左传》中所谓才子不才子,与《书·尧典·皋陶谟》所举之君臣,本来是些互相斗争的部族和不同时的酋长或宗神,而哲学家造一个全神堂,使之同列在一个朝庭中。"元首股肱",不限于千里之内,千年之间。这真像希腊的全神堂，本是多元，而希腊人之综合的信仰，把他们硬造成一个大系。只是夷夏列国列族的地望世系尚不尽失，所以我们在今日尚可从哲学家的综合系统中，分析出族部的多元状态来。

第五章　总结上文

说到这里，我们可以综合前几章中所论的结果，去讨论古代中国由部落进为王国（后来又进为帝国）的过程中，东西对峙的总局面。

随便看一个有等高线的中国地图，例如最近申报出版的丁文江、翁文灏、曾世英合著中国分省图，不免觉得黄河下流及淮济流域一带，和太行山及豫西群山以西的地域，有个根本的地形差别。这样东边的一大片，是个水道冲积的大平原，除山东半岛上有些山地以外，都是些一二百公尺以下的平地，水道改变是极平常的事；若非用人工筑堤防，黄河直无水道可言。西边的一大片是些夹在山中的高地，城市惯分配在河流的两岸。平汉铁路似乎是这个东西地形差别的好界线，不过在河南省境内郑州以下东平原超过平汉线西而几百里，在湖北情形更不整齐了。

我们简称东边一片平地曰东平原区，简称西边一片夹在大山中的高地曰西高地系。

东平原区是世界上极平的大块土地之一，平到河流无定的状态中，有人工河流始有定路，有堤防黄河始有水道。东边是大海，还有两个大半岛在望，可惜海港好的太少，海中岛屿又太少，是不能同希腊比的。北边有热察两省境的大山作屏障，只是这些山脉颇有缺口，山外便是直把辽洮平原（外国书中所谓满洲平原）经天山北路直到南俄罗斯平原连作一气的无障大区域，专便于游牧人生活的。东平原本有她的姊妹行，就是辽洮平原，不过两者中间以热河山地之限制，只有沿海一线可通，所以本来是一个的，分而为不断的两个了。辽洮平原与东平原的气候颇有差别，这个差别在初期农业中很有意义的，但此外相同处远在东平原与任何平原之上。东平原如以地平论，南端可以一直算到浙西，不过南渡淮水不远，雨量也多了，溪沼也多了，地形与地利全不是一回事了。所以我们的东平原中可有淮南，却不能有江北。东平原中，在古代有更多的泽渚为泄水之用，因垦地及人口之增加，这些泽渚一代比一代少了。这是绝好的大农场而缺少险要形胜，便于扩大的政治，而不便于防守。

西高地系是几条大山夹着几条河流造成的一套高地系。在这些高地里头关中高原最大，兼括渭泾洛三水下流冲积地，在经济及政治的意义上也最重要。其次是汾水区，汾水与黄河夹着成一个"河东"，其重要仅次于渭水区。又其次是伊雒区，这片高地方本不大，不过是关中河东的东面大口，自西而东的势力，总要以雒阳为控制东平原区的第一步重镇。在这三片高地之西，还有陇西区，是泾渭的上游。有洮湟区，是昆仑山脚下的高地。在关中之北，过了洛水的上游，又是大块乎的高原了。这大高原在地形上颇接近蒙古高原，甚便于游牧人，如无政治力量，阴山是限不住胡马的。在这三片之南，过了秦岭山脉，便是汉水流域。汉水流域在古代史上大致可分汉中、江汉、汉东三区。就古代史的意义说，汉水是长江的正原，不过这一带地方，因秦岭山脉之隔绝，与我们所谓西高地系者不能混为一谈。西高地系在经济的意义上，当然不如东平原区，然而也还不太坏，地形尤其好，攻入易而受攻难。山中虽不便农业，但天然的林木是在早年社会发展上很有帮助的，陵谷的水草是便于畜牧的。这样的地理形势，容易养成强悍部落。西高地系还有一个便利处，也可以说是一种危险处，就是接近西方，若有文化自中央亚细亚或西方亚细亚带来，他是近水楼台。

人类的住家不能不依自然形势，所以在东平原区中好择高出平地的地方住，因而古代东方地名多叫作丘。在西高地系中好择近水流的平坦地住，因而古代西方地名多叫作原。

在前四章中，我们把夷夏殷的地望条理出来，周代之创业岐阳又是不用证的，现在若把他们分配在本章的东西区域，我们可说夷与殷显然属于东系，夏与周显然属于西系。

同在东区之中，殷与夷又不同。诸夷似乎以淮济间为本土，殷人却是自北而南的。殷人是不是东方土著,或是从东北来的,自是可以辨论的问题,却断乎不能是从西北来的,如太史公所说。他们南向一过陇海线,便向西发展,一直伸张到陕甘边界或更西。夷人中,虽少皞一族,也不曾在军事上政治上有殷人的成功。但似乎人口非常众多,文化也有可观。殷人所以能建那样一个东起辽海西至氐羌的大帝国,也许是先凭着蓟辽的武力,再占有淮济间的经济与人力,所以西向无敌。

同在西系之中,诸夏与周又不尽在一处。夏以河东为土,周以岐渭为本。周在初步发展时,所居比夏更西,但他们在东向制东平原区时,都以雒邑为出口,用同样的形势临制东方。(夏都洛阳说,考见《求古录·礼说》。)

因地形的差别,形成不同的经济生活,不同的政治组织。古代中国之有东西二元,是很自然的现象。不过,黄河淮水上下流域到底是接近难分的地形。在由部落进为帝国的过程达到相当高阶段时,这样的东西二元局势,自非混合不可,于是起于东者,逆流压迫西方。起于西者,顺流压迫东方。东西对峙,而相争相灭,便是中国的三代史。在夏之夷夏之争,夷东而夏西。在商之夏商之争,商东而夏西。在周之建业,商奄东而周人西。在东方盛时,"自彼氐羌,莫敢不来享,莫敢不来王,曰商是常"。在西方盛时,"东人之子,职劳不来。西人之子,粲粲衣服"。秦并六国,虽说是个新局面,却也有夏周为他们开路。关东亡秦,虽说是个新局面,却也有夷人"释舟陵行",殷人"覃及鬼方",为他们作前驱。且东西二元之局,何止三代,战国以后数百年中,又何尝不然?秦并六国是西胜东,楚汉亡秦是东胜西,平林赤眉对新室是东胜西,曹操对袁绍是西胜东。不过,到两汉时,东西的混合已很深了,对峙的形势自然远不如三代时之明了。到了东汉,长江流域才普遍的发达。到孙氏,江南才成一个政治组织。从此少见东西的对峙了,所见多是南北对峙的局面。然而这是汉魏间的新局面,凭长江发展而生之局面,不能以之追论三代事。

现在将自夏初以来"东西对峙"的局面列为一表,以醒眉目。

正线的东西相争		结　局	斜线的东西相争		结　局
东	西		东	西	
夷	夏	东西互胜，夷曾一度灭夏后氏，夏亦数度克夷，但夏终未尽定夷地			东胜西虽淮夷曾再度危及成周，终归失败
商	夏	东胜西	殷	鬼方	
殷	周	西胜东	淮夷	周	
六国	秦	西胜东			
陈、项等	秦	东胜西			
楚	汉	西胜东			

据此表，三代中东胜西之事较少，西胜东之事甚多。胜负所系，不在一端，或由文化力，或由战斗力，或由组织力。大体说来，东方经济好，所以文化优。西方地利好，所以武力优。在西方一大区兼有巴蜀与陇西之时，经济上有了天府，武力上有了天骄，是不易当的。然而东方的经济人文，虽武力上失败，政治上一时不能抬头，一经多年安定之后，却是会再起来的。自春秋至王莽时，最上层的文化只有一个重心，这一个重心便是齐鲁。这些话虽在大体上是秦汉的局面，然也颇可以反映三代的事。

谈到这里，读者或不免要问，所谓东平原区，与所谓西高地系，究竟每个有没有他自己的地理重心，如后世之有关洛、邺都、建业、汴京、燕山等。答曰：在古代，社会组织不若战国以来之发达时，想有一个历代承继的都邑，是不可能的。然有一个地理的重心，其政治的，经济的，因而文化的区域，不随统治民族之改变而改变，却是可以找到的。这样的地理重心，属于东平原区者，是空桑，别以韦为辅。属于西高地系者，是雒邑，别以安邑为次。请举其说如下：

在东平原区中，其北端的一段，当今河北省中部偏东者，本所谓九河故道,即是黄河近海处的无定冲积地。这样地势,在早期社会中是很难发达的,所以不特这一段(故天津府、河间府、深冀两直隶州一带)在夏殷无闻,就是春秋时也还听不到有何大事在此地发生。齐燕之交,仿佛想像有一片瓯脱样的。到了春秋下半,凭借治水法子之进步,(即是堤防的法子进步,所谓以邻国为壑)这一带"河济间之沃土"始关重要。这样的一块地方,当然不能成为早期历史中心的。至于山东半岛,是些山地,便于小部落据地固守,在初时的社会阶段之下,亦难成为历史的重心。只有这个大平原区的南部,即是西起陈、东至鲁一带,是理想的好地方。自荥泽而东,接连不断的有好些蓄水湖泽,如菏泽孟诸等,又去黄河下游稍远,所以天然的水患不大,地是最肥的,交通是最便当的。果然,历史的重心便在此地排演。太昊都陈,炎帝自陈徙曲阜。(《周本纪·正义》引《帝王世纪》)曲阜一带,即空桑之地。穷桑有穷,皆空桑一名之异称。所谓空桑者,在远古是一个极重要的地方。少昊氏的大本营在这里,后羿立国在这里,周公东征时的对象奄国在这里,这些事都明白指示空桑是个政治中心。五祀之三,勾芒、蓐收、玄冥,起于此地。(《左传》昭二十九及他书。)后羿立国在此地。此地土著之伊尹,用其文化所赋之智谋以事汤,遂灭夏。此地土著之孔子凭借时势,遂成儒宗。这些事都明白指示空桑是个文化中心。古代东方宗教中心之太山,有虞氏及商人所居之商丘及商人之宗邑蒙亳,皆在空桑外环。这样看,空桑显然是东平原区之第一重心,政治的及文化的。

在东平原区中,地位稍次于空桑之重心,是邶。邶读如衣,衣即是殷。(见《吕氏·慎大览》高诱注)殷地者,其都邑在今河南省北端安阳县境,汤灭韦而未都,其后世自河南迁居于此。在商人统治此地以前,此地之有韦,大约是一个极重要的部落,所以《诗·商颂》中拿他和夏桀并提。商人迁居此地之目的,大约是求便于对付西方,自太行山外而来的戎祸,即所谓鬼方者,恰如明成祖营北平而使子孙定居,是为对付北鞑者一般。商人居此地数百年,为人称曰殷商,即等于称在殷之商。末世虽号称都朝歌,朝歌实尚在邶地范围,所以成王封唐叔于卫,曰"封于殷虚"。(定四)此地入周朝，犹为兵政之重镇。(看白懋父敦等)又八百年后入于秦，为东郡，又成控制东方之重镇。到了汉末，邺为盛都，五胡时，割据中原者多都之，俨然为长安雒阳的敌手。

在西高地系内，正中有低地一条，即汾洛泾渭伊雒入河之规形长条。此长条在地形上之优点，地图已明白宣示，不待历史为他说明。他是一群高地所环绕的交通总汇，东端有一个控制东平原的大出口。利用这个形势成为都邑，便是雒阳。如嫌雒阳过分出于形胜的高地之外，则雒阳以西经过渚函之固，又过了河，便是安邑。雒阳为夏周两代所都，其政治的重要不待说。(夏亦曾都雒阳，见《求古录·礼说》)安邑一带，是夏代之最重要区域。在后世，唐叔受封，而卒成霸业。魏氏受邑，而卒成大名。直到战国初，安邑仍为三晋领袖之魏国所都，用以东临中原，西伺秦胡者。河东之重要，自古已然，不待刘渊作乱，李氏禅隋，方才表显他的地理优越性。

以上所举，东方与西土之地理重心，在东平原区中以南之空桑为主，以北之有郲为次；在西高地系中，以外之雒阳为主，内之安邑为次，似皆是凭借地形，自然长成，所以其地之重要，大半不因朝代改变而改变。此四地之在中国三代及三代以前史中，恰如长安、雒邑、建康、汴梁、燕山之在秦汉以来史。秦汉以来，因政治中心之迁移，有此各大都邑之时隆时降。秦汉以前，因部落及王国之势力消长，有本文所说。四个地理重心虽时隆时降，其为重心却是超于朝代的。认识此四地在中国古代史上的意义，或者是一件可以帮助了解中国古代史"全形"的事。

(本文系《民族与古代中国史》一书中的三章，
发表于1933年《中研院史语所集刊》外编第一种
《庆祝蔡元培先生六十五岁论文集》)

与顾颉刚论古史书

颉刚足下：

我这几年到欧洲，除最初一时间外，竟不曾给你信，虽然承你累次的寄信与著作。所以虽在交情之义激如我们，恐怕你也轻则失望，重则为最正当之怒了。然而我却没有一天不曾想写信给你过，只是因为我写信的情形受牛顿律的支配，"与距离之自成方之反转成比例"，所以在柏林朋友尚每每通信以代懒者之行步，德国以外已少，而家信及国内朋友信竟是稀得极厉害，至于使老母发白。而且我一向懒惰，偶然以刺激而躁动一下子，不久又回复原状态。我的身体之坏如此，这么一个习惯实有保护的作用，救了我一条命。但因此已使我三年做的事不及一年。我当年读嵇叔夜的信说他自己那样懒法，颇不能了解，现在不特觉得他那样是自然，并且觉得他懒得全不尽致。我日日想写信给你而觉得拿起笔来须用举金箍棒之力，故总想"明天罢"。而此明天是永久不来的明天，明天，明天……至于今天，或者今天不完，以后又是明天，明天，明天……这真是下半世的光景！对于爱我的朋友如你，何以为情！

私事待信末谈，先谈两件《努力》周报上事物。在当时本发愤想写一大篇寄去参加你们的论战，然而以懒的结果不曾下笔而《努力》下世。我尚且仍然想着，必然写出寄适之先生交别的报登，窃自比季子挂剑之义，然而总是心慕者季子，力困若叔夜，至今已把当时如泉涌的意思忘到什七八。文章是做不成的了，且把尚能记得者寄我颉刚。潦草，不像给我颉刚的信，但终差好于无字真经。只是请你认此断红上相思之字，幸勿举此遐想以告人耳。

第一件是我对于丁文江先生的《历史人物与地理的关系》一篇文章的意见。(以下见《评丁文江历史人物与地理的关系》文,不复载。)

其二、论颉刚的古史论。三百年中,史学、文籍考订学,得了你这篇文字,而有"大小总汇"。三百年中所谓汉学之一路,实在含括两种学问:一是语文学,二是史学、文籍考订学。这两以外,也更没有什么更大的东西;偶然冒充有之,也每是些荒谬物事,如今文家经世之论等。拿这两样比着看,量是语文学的成绩较多。这恐怕是从事这类的第一流才力多些,或者也因为从事这科,不如从事史学、文籍考订者所受正统观念限制之多。谈语言学者尽可谓"亦既觏止"之觏为交媾,"握椒"之为房中药。汉宋大儒,康成、元晦如此为之,并不因此而失掉他的为"大儒"。若把"圣帝明王"之"真迹"布出,马上便是一叛道的人。但这一派比较发达上差少的史学、考订学,一遇到颉刚的手里,便登时现出超过语文学已有的成绩之形势。那么,你这个古史论价值的大,还等我说吗?这话何以见得呢?我们可以说道,颉刚以前,史学、考订学中真正全是科学家精神的,只是阎若璩、崔述几个人。今文学时或有善言,然大抵是些浮华之士;又专以门户为见,他所谓假的古文,固大体是假,他所谓真的今文,亦一般的不得真。所有靠得住的成绩,只是一部《古文尚书》和一部分的左氏《周官》之惑疑(这也只是提议,未能成就);而语文那面竟有无数的获得。但是,这语文学的中央题目是古音,汉学家多半"考古之功多,审音之功浅",所以最大的成绩是统计的分类通转,指出符号来,而指不出实音来。现在尚有很多的事可作,果然有其人,未尝不可凌孔彝轩而压倒王氏父子。史学的中央题目,就是你这"累层地造成的中国古史",可是从你这发挥之后,大体之结构已备就,没有什么再多的根据物可找。前见《晨报》上有李玄伯兄一文,谓古史之定夺要待后来之掘地。诚然掘地是最要事,但不是和你的古史论一个问题。掘地自然可以掘出些史前的物事,商周的物事,但这只是中国初期文化史。若关于文籍的发觉,恐怕不能很多。(殷墟是商社,故有如许文书的发现。这等事例岂是可以常希望的。)而你这一个题目,乃是一切经传子家的总锁钥,一部中国古代方术思想史的真线索,一个周汉思想的摄镜,一个古史学的新大成。这是不能为后来的掘地所掩的,正因为不在一个题目之下。岂特这样,你这古史论无待于后来的掘地,而后来的掘地却有待于你这古史论。现存的文书如不清白,后来的工作如何把他取用?偶然的发现不可期,系统的发掘须待文籍整理后方可使人知其地望。所以你还是在宝座上安稳的坐下去罢,不要怕掘地的人把你陷了下去。自然有无量题目要仔细处置的,但这都是你这一个中央思想下的布列。犹之乎我们可以造些动力学的 Theorem,但这根本是 Newton 的。我们可以研究某种动物或植物至精细,得些贯通的条理,但生物学的根本基石是达尔文。学科的范围有大小,中国古史学自然比力学或生物学小得多。但他自是一种独立的、而也有价值的学问。你在这个学问中的地位,便恰如牛顿之在力学,达尔文之在生物学。去年春天和志希、从吾诸位谈,他们都是研究史学的。"颉刚是在史学上称王了,恰被他把这个宝贝弄到手;你们无论再弄到什么宝贝,然而以他所据的地位在中央的原故,终不能不臣于他。我以不弄史学而幸免此危,究不失为'光武之故人也'。几年不见颉刚,不料成就到这么大!这事原是在别人而不在我的颉刚的话,我或者不免生点嫉妒的意思,吹毛求疵,硬去找争执的地方;但早晚也是非拜倒不可的。"

颉刚,我称赞你够了么!请你不要以我这话是朋友的感情;此间熟人读你文的,几乎都是这意见。此时你应做的事,就是赶快把你这番事业弄成。我看见的你的文并不全,只是《努力》《读书杂志》9,10,11,12,14(13 号未见过,14 后也未见过)所登的。我见别处登有你题目,14 号末又注明未完;且事隔已如此之久,其间你必更有些好见解,希望你把你印出的文一律寄我一看。看来禹的一个次叙,你已找对了,此外的几个观念,如尧、舜、神农、皇帝、许由、仓颉等等,都仔细照处理禹的办法处置他一下子。又如商汤、周文、周公虽然是真的人,但其传说也是历时变的。龟甲文上成汤并不称成汤。《商颂》里的武王是个光大商业、而使上帝之"命式于九围"的,克夏不算重事。《周诰》里周公说到成汤,便特别注重他的"革夏",遂至结论到周之克殷,"于汤有光"的滑稽调上去（此恰如满酋玄晔诔孝陵的话）。到了孟子的时代想去使齐梁君主听他话，尤其是想使小小滕侯不要短气，便造了"汤以七十里兴，文王以百里兴"的话头，直接与《诗·颂》矛盾。到了嵇康之薄汤武，自然心中另是一回事。至于文王、周公的转变更多。周公在孔子正名的时代，是建国立制的一个大人物。在孟子息邪说距诐行的时代，是位息邪说距诐行的冢相。在今文时代，可以称王。在王莽时代，变要居摄。到了六朝时，真个的列爵为五、列卿为六了，他便是孔子的大哥哥，谢夫人所不满意事之负责任者。（可惜满清初年不文，不知"文以诗书"，只知太后下嫁。不然，周公又成满酋多尔衮，这恐怕反而近似）这样变法，岂有一条不是以时代为背景？尤其要紧的，便是一个孔子问题。孔子从《论语》到孔教会翻新了的梁漱溟，变了真正七十二，而且每每是些剧烈的变化，简直摸不着头脑的。其中更有些非常滑稽的，例如苏洵是个讼棍，他的《六经论》中的圣人（自然是孔子和其他），心术便如讼棍。长素先生要做孔老大，要改制，便做一部《孔子改制托古考》；其实新学伪经，便是汉朝的康有为做的。梁漱溟总还勉强是一个聪明人，只是所习惯的环境太陋了，便挑了一个顶陋的东西来，呼之为"礼乐"，说是孔家真传：主义是前进不能，后退不许，半空吊着，简直使孔丘活受罪。这只是略提一二例而已，其实妙文多着哩。如果把孔子问题弄清一下，除去历史学的兴味外，也可以灭掉后来许多梁漱溟，至少也可以使后来的梁漱溟但为梁漱溟的梁漱溟，不复能为孔家店的梁漱溟。要是把历来的"孔丘七十二变又变……"写成一本书，从我这不庄重的心思看去，可以如欧洲教会教条史之可以解兴发噱。从你这庄重的心思看去，便一个中国思想演流的反射分析镜，也许得到些中国历来学究的心座(Freudian Complexes)来，正未可料。

你自然先以文书中选择的材料证成这个"累层地"。但这个累层地的观念大体成后，可以转去分析各个经传子家的成籍。如此，则所得的效果，是一部总括以前文籍分析，而启后来实地工作的一部古史，又是一部最体要的民间思想流变史，又立一个为后来证订一切古籍的标准。这话是虚吗？然则我谓他是个"大小总汇"，只有不及，岂是过称吗？

大凡科学上一个理论的价值，决于他所施作的度量深不深，所施作的范围广不广，此外恐更没有甚么有形的标准。你这个古史论，是使我们对于周汉的物事一切改观的，是使汉学的问题件件在他支配之下的，我们可以到处找到他的施作的地域来。前年我读你文时，心中的意思如涌泉。当时不写下，后来忘了一大半。现在且把尚未忘完的几条写下。其中好些只是你这论的演绎。

一、试想几篇《戴记》的时代

大小《戴记》中，材料之价值不等，时代尤其有参差，但包括一部古儒家史，实应该从早分析研究一回。我从到欧洲来，未读中国书，旧带的几本早已丢去。想《戴记》中最要四篇，《乐记》、《礼运》、《大学》、《中庸》，当可背诵，思一理之。及一思之，恨《乐记》已不能背。见你文之初，思如涌泉，曾于一晚想到《大学》、《中庸》之分析。后来找到《戴记》一读，思想未曾改变。又把《礼运》一分量，觉得又有一番意思。今写如下：

《大学》 孟子说："人有恒言，皆曰天下国家。天下之本在国，国之本在家，家之本在身。"可见孟子时尚没有《大学》一种完备发育的"身家国天下系统哲学"。孟子只是始提这个思想。换言之，这个思想在孟子时是胎儿，而在《大学》时已是成人了。可见孟子在先，《大学》在后。《大学》老说平天下，而与孔子、孟子不同。孔子时候有孔子时候的平天下，"九合诸侯，一匡天下"，如桓文之霸业是也。孟子时候有孟子时候的平天下，所谓"以齐王"是也。列国分立时之平天下，总是讲究天下定于一。姑无论是"合诸侯，匡天下"，是以公山弗扰为"东周"，是"以齐王"，总都是些国与国间的关系。然而《大学》之谈"平天下"，但谈理财。理财本是一个治国的要务；到了理财成了平天下的要务，必在天下已一之后。可见《大学》不见于秦皇。《大学》引《秦誓》，《书》是出于伏生的，我总疑心《书》之含《秦誓》是伏生为秦博士的痕迹。这话要真，《大学》要后于秦代了。且《大学》末后大骂一阵聚敛之臣。汉初兵革扰扰,不成政治,无所谓聚敛之臣。文帝最不会用聚敛之臣,而景帝也未用过。直到武帝时才大用而特用,而《大学》也就大骂而特骂了。《大学》总不能先于秦,而汉初也直到武帝才大用聚敛之臣。如果《大学》是对时而立论,意者其作于孔桑登用之后,轮台下诏之前乎?且《大学》中没有一点从武帝后大发达之炎炎奇怪的今文思想,可见以断于武帝时为近是。不知颉刚以我这盐铁论观的《大学》为何如?

《中庸》《中庸》显然是三个不同的分子造成的,今姑名为甲部、乙部、丙部。甲部《中庸》从"子曰君子中庸"起,到"子曰父母其顺矣乎"止。开头曰中庸,很像篇首的话。其所谓中庸,正是两端之中,庸常之道,写一个 Petit bourgeois 之人生观。"妻子好合,如鼓瑟琴;兄弟既翕,和乐且耽"。不述索隐行怪而有甚多的修养,不谈大题而论社会家庭间事,显然是一个世家的观念(其为子思否,不关大旨),显然是一个文化甚细密中的东西——鲁国的东西,显然不是一个发大议论的笔墨——汉儒的笔墨。从"子曰鬼神之为德"起,到"治国其如示诸掌乎"止,已经有些大言了,然而尚不是大架子的哲学。此一节显然像是甲部、丙部之过渡。至于第三部,从"哀公问政"起到篇末,还有头上"天命之谓性"到"万物育焉"一个大帽子,共为丙部,纯粹是汉儒的东西。这部中所谓中庸,已经全不是甲部中的"庸德之行,庸言之谨",而是"中和"了。中庸本是一家之小言,而这一部中乃是一个会合一切,而谓其不冲突——太和——之哲学。盖原始所谓中者,乃取其中之一点而不从其两端;此处所谓中者,以其中括合其两端,所以仲尼便祖述尧舜(法先王),宪章文武(法后王),上律天时(羲和),下袭水土(禹)。这比孟子称孔子之集大成更进一步了。孟子所谓"金声玉振"尚是一个论德性的话,此处乃是想孔子去包罗一切人物;孟荀之所以不同,儒墨之所以有异,都把他一炉而熔之。"九经"之九事,在本来是矛盾的,如亲亲尊贤是也,今乃并行而不相悖。这岂是晚周子家所敢去想的。这个"累层地",你以为对不对?

然而《中庸》丙部也不能太后,因为虽提祯祥,尚未入纬。

西汉人的思想截然和晚周人的思想不同。西汉人的文章也截然与晚周人的文章不同。我想下列几个标准可以助我们决定谁是谁。

（一）就事说话的是晚周的，做起文章来的是西汉的。

（二）研究问题的是晚周的，谈主义的是西汉的。

（三）思想也成一贯，然不为系统的铺排的是晚周，为系统的铺排的是西汉。

（四）凡是一篇文章或一部书，读了不能够想出他时代的背景来的，就是说，发的议论对于时代独立的，是西汉。而反过来的一面，就是说，能想出他的时代的背景来的却不一定是晚周。因为汉朝也有就事论事的著作家，而晚周却没有凭空成思之为方术者。

《吕览》是中国第一部一家著述，以前只是些语录。话说得无论如何头脑不清，终不能成八股。以事为学，不能抽象。汉儒的八股，必是以学为学，不窥园亭，遑论社会。

《礼运》　《礼运》一篇，看来显系三段。"是谓疵国，故政者之所以藏身也"（应于此断，不当从郑）以前（但其中由"言偃复问曰"到"礼之大成"一节须除去）是一段，是谈谈鲁生的文章。"夫政必本于天……"以下是一段，是炎炎汉儒的议论，是一个汉儒的系统玄学。这两段截然不同。至于由"言偃复问曰"到"礼之大成"一段，又和上两者各不同，文词略同下部而思想则不如彼之侈。"是为小康"，应直接"舍鲁何适矣"。现在我们把《礼运》前半自为独立之一篇，并合其中加入之一大节去看，鲁国之乡曲意味，尚且很大。是论兵革之起，臣宰之僭，上规汤武，下薄三家的仍类于孔子正名，其说先王仍是空空洞洞，不到《易传》实指其名的地步。又谈禹汤文武成王周公而不谈尧舜，偏偏所谓"大道之行也"云云即是后人所指尧舜的故事。尧舜禹都是儒者之理想之 Incarnation，自然先有这理想，然后再 Incarnated 到谁和谁身上去。此地很说了些这个理想，不曾说是谁来，像是这篇之时之尧舜尚是有其义而无其词，或者当时尧舜俱品之传说未定，尚是流质呢。所谈禹的故事，反是争国之首，尤其奇怪。既不同雅颂，又不如后说，或者在那个禹观念进化表上，这个礼运中的禹是个方域的差异。

我们不能不承认传说之方域的差异,犹之乎在言语学上不能不承认方言。又他的政治观念如"老有所终"以下一大段,已是孟子的意思,只不如《孟子》详。又这篇中所谓礼,实在有时等于《论语》上所谓名。又"升屋而号"恰是墨子引以攻儒家的。又"玄酒在室"至"礼之大成也"一段,不亦乐乎的一个鲁国的Petitbourgeois之Knltur。至于"呜呼哀哉"以下,便是正名论。春秋战国间大夫纷纷篡诸侯,家臣纷纷篡大夫,这篇文章如此注意及此,或者去这时候尚未甚远。这篇文章虽然不像很旧,但看来总在《易·系》之前。

《易·系》总是一个很迟的东西,恐怕只是稍先于太史公。背不出,不及细想。

二、孔子与六经

玄同先生这个精而了然的短文,自己去了许多云雾。我自己的感觉如下:

《易》《论语》:"夏礼吾能言之,杞不足征也。殷礼吾能言之,宋不足征也。文献不足故也;足,则吾能征之矣。"《中庸》:"吾说夏礼,杞不足征也。吾学殷礼,有宋存焉。吾学周礼,今用之,吾从周。"《礼运》:"吾欲观夏道,是故之杞,而不足征也,吾得夏时焉。吾欲观殷道,是故之宋,而不足征也,吾得坤乾焉。坤乾之义,夏时之等,吾以是观之。"附《易》于宋,由这看来,显系后起之说。而且现在的《易》是所谓《周易》,乾上坤下,是与所谓归藏不同。假如《周易》是孔子所订,则传说之出自孔门,决不会如此之迟,亦不会如此之矛盾纷乱。且商瞿不见于《论语》,《论语》上孔子之思想绝对和《易·系》不同。

《诗》 以《墨子》证《诗》三百篇,则知《诗》三百至少是当年鲁国的公有教育品,或者更普及(墨子,鲁人)。看《左传》、《论语》所引《诗》大同小异,想见其始终未曾有定本。孔子于删诗何有焉。

《书》 也是如此。但现在的《今文尚书》,可真和孔子和墨子的书不同了。现在的今文面目,与其谓是孔子所删,毋宁谓是伏生所删。终于《秦誓》,显出秦博士的马脚来。其中真是有太多假的,除虞夏书一望而知其假外，周书中恐亦不少。

《礼》、《乐》　我觉玄同先生所论甚是。

《春秋》　至于《春秋》和孔子的关系，我却不敢和玄同先生苟同。也许因为我从甚小时读孔广森的书，印下一个不易磨灭的印像，成了一个不自觉的偏见。现在先别说一句。从孔门弟子到孔教会梁漱溟造的那些孔教传奇，大别可分为三类，一怪异的，二学究的，三为人情和社会历史观念所绝对不能容许的。一层一层的剥去，孔丘真成空丘（或云孔，空）了。或者人竟就此去说孔子不是个历史上的人。但这话究竟是笑话。在哀公时代，鲁国必有一个孔丘字仲尼者。那末，困难又来了。孔子之享大名，不特是可以在晚周儒家中看出的，并且是在反对他的人们的话中证到的。孔子以什么缘由享大名虽无明文，但他在当时享大名是没有问题的。也许孔子是个平庸人，但平庸人享大名必须机会好；他所无端碰到的一个机会是个大题目，如刘盆子式的黎元洪碰到武昌起义是也。所以孔丘之成名，即令不由于他是大人物，也必由于他借到大题目，总不会没有原因的。不特孔丘未曾删定六经，即令删定，这也并不见得就是他成大名的充足理由。在衰败的六朝，虽然穷博士，后来也以别的缘故做起了皇帝。然当天汉盛世，博士的运动尚且是偏于乘障落头一方面；有人一朝失足于六艺，便至于终其身不得致公卿。只是汉朝历史是司马氏、班氏写的，颇为儒生吹吹，使后人觉得"像煞有介事"罢了。但有时也露了马脚，所谓"主上所戏弄，流俗所轻，优倡之所蓄"也。何况更在好几百年以前。所以孔丘即令删述六经，也但等于东方朔的诵四十四万言，容或可以做哀公的幸臣，尚决不足做季氏的冢宰，更焉有驰名列国的道理？现在我们舍去后来无限的孔子追加篇，但凭《论语》及别的不多的记载，也可以看出一个线索来。我们说，孔丘并不以下帷攻《诗》、《书》而得势，他于《诗》、《书》的研究与了解实在远不及二千四百年后的顾颉刚，却是以有话向诸侯说而得名。他是游谈家的前驱。游谈家靠有题目，游谈家在德谟克拉西的国家，则为演说家，好比雅典的 Demosthenes，罗马的 Cicero，都不是有甚深学问，或甚何 Originality 的人。然而只是才气过人,把当时时代背景之总汇抓来,做一个大题目去吹擂,于是乎"太山北斗",公卿折节了。孔丘就是这样。然则孔丘时代背景的总汇是什么?我想这一层《论语》上给我们一个很明白的线索。周朝在昭穆的时代尚是盛的时候,后来虽有一乱,而宣王弄得不坏。到了幽王,不知为何原因,来了一个忽然的瓦解,如渔阳之变样的。平王东迁后的两个局面,是内面上陵下僭,"团长赶师长,师长赶督军";外边是四夷交侵,什么"红祸白祸",一齐都有。这个局面的原始,自然也很久了,但成了一个一般的风气,而有造成一个普遍的大劫之势,恐怕是从这时起。大夫专政,如鲁之三桓,宋之华氏,都是从春秋初年起。晋以杀公族,幸把这运命延迟上几世。(其实曲沃并晋已在其时,而六卿增势也很快。)至于非文化民族之来侵,楚与鲁接了界,而有灭周宋的形势;北狄灭了邢卫,殖民到伊川,尤其有使文化"底上翻"之形势。应这局面而出来的人物,便是齐桓、管仲、晋文、舅犯。到孔子时,这局面的迫逼更加十倍的利害,自然出来孔子这样人物。一面有一个很好的当时一般文化的培养,一面抱着这个扼要的形势,力气充分,自然成名。你看《论语》上孔子谈政治的大节,都是指这个方向。说正名为成事之本,说三桓之子孙微,说陪臣执国命,论孟公绰,请讨田氏,非季氏之兼并等等,尤其清楚的是那样热烈的称赞管仲。"管仲相桓公,九合诸侯,……微管仲,吾其披发左衽矣"。但虽然这般称许管仲,而于管仲犯名分的地方还是一点不肯放过。这个纲目,就是内里整纲纪,外边攘夷狄,使一个乱糟糟的世界依然回到成周盛世的文化上,所谓"如有用我者,吾其为东周乎"?借用一位不庄者之书名,正所谓"救救文明"(Salvaging the Civilization)。只有这样题目可以挪来为大本;也只有这个题目可以挪来说诸侯;也只有以这个题目的原故,列国的君觉着动听,而列国的执政大臣都个个要赶他走路了。颉刚:你看我这话是玩笑吗?我实在是说正经。我明知这话里有许多设定,但不这样则既不能解孔子缘何得大名之谜,又不能把一切最早较有道理的孔子传说联合贯串起来。假如这个思想不全错,则《春秋》一部书不容一笔抹杀,而《春秋》与孔子的各类关系不能一言断其为无。现在我们对于

《春秋》这部书,第一要问他是鲁史否?这事很好决定,把书上日食核对一番,便可马上断定他是不是当时的记载。便可去问,是不是孔子所笔削。现在我实在想不到有什么确据去肯定或否定了,现在存留的材料实在是太少了。然把孔子"论其世"一下,连串其《论语》等等来,我们可以说孔子订《春秋》,不见得不是一个自然的事实。即令《春秋》不经孔子手定,恐怕也是一部孔子后不久而出的著作,这著作固名为《春秋》或即是现在所存的"断烂朝报"。即不然,在道理上当与现在的"断烂朝报"同类。所以才有孟子的话。这书的思想之源泉,总是在孔子的。既认定纲领,则如有人说"孔子作《春秋》",或者说"孔子后学以孔子之旨作《春秋》",是没有原理上的分别。公羊家言亦是屡变。《传》、《繁露》,何氏,各不同。今去公羊家之迂论与"泰甚",去枝去叶,参着《论语》,旁边不忘孟子的话,我们不免觉得,这公羊学的宗旨是一个封建制度正名的,确尚有春秋末的背景,确不类战国中的背景,尤其不类汉。三世三统皆后说,与公羊本义无涉。大凡一种系统的伪造,必须与造者广义的自身合拍,如古文之与新朝政治是也。公羊家言自然许多是汉朝物事,然他不泰不甚的物事实不与汉朝相干。

大凡大家看不起《春秋》的原因,都是后人以历史待他的原故,于是乎有"断烂朝报"之说。这话非常的妙。但知《春秋》不是以记事为本分,则他之为断烂朝报不是他的致命伤。这句绝妙好词,被梁任公改为"流水账簿",便极其俗气而又错了。一、《春秋》像朝报而不像账簿;二、流水账簿只是未加整理之账,并非断烂之账。断烂之账簿乃是上海新闻大家张东荪先生所办时事新报的时评,或有或无,全凭高兴,没有人敢以这样的方法写流水账的。"史"之成一观念,是很后来的。章实斋说六经皆史,实在是把后来的名词,后来的观念,加到古人的物事上而齐之,等于说"六经皆理学"一样的不通。且中国人于史的观念从来未十分客观过。司马氏、班氏都是自比于孔子而作经。即司马君实也是重在"资治"上。郑夹漈也是要去贯天人的。严格说来,恐旧客观的历史家要从顾颉刚算起罢。其所以有鲁之记载,容或用为当时贵族社会中一种伦理的设用,本来已有点笔削,而孔子或孔子后世借原文自寄其笔削褒贬，也是自然。我们终不能说《春秋》是绝对客观。或者因为当时书写的材料尚很缺乏，或者因为忌讳，所以成了《春秋》这么一种怪文体，而不得不成一目录，但提醒其下之微言大义而已。这类事正很近人情。鲁史纪年必不始于隐公，亦必不终于哀公，而《春秋》即始于东迁的平王，被弑的隐公，终于获麟或孔丘卒，其式自成一个终始。故如以朝报言，则诚哉其断烂了；如以一个伦理原则之施作言，乃有头有尾的。

孟子的叙《诗》和《春秋》虽然是"不科学的"，但这话虽错而甚有注意的价值。从来有许多错话是值得注意的。把《诗》和伦理混为一谈，孔子时已成习惯了。孔子到孟子百多年，照这方面"进化"，不免到了"《诗》亡《春秋》作"之说。孟子说："其事则齐桓晋文，其文则史，其义则丘窃取之矣。"头一句颇可注意。以狭义论，《春秋》中齐桓晋文事甚少。以广义论，齐桓晋文之事为霸者之征伐会盟，未尝不可说《春秋》之"事则齐桓晋文"。孔子或孔子后人做了一部书，以齐桓晋文之事为题目，其道理可想。又"其文则史，其义则丘窃取之矣"。翻作现在的话，就是说，虽然以历史为材料，而我用来但为伦理法则之施用场。

《春秋》大不类孟子的工具。如孟子那些"于传有之"的秘书，汤之圃，文王之囿，舜之老弟，禹之小儿，都随时为他使唤。只有这《春秋》，大有些不得不谈，谈却于他无益的样子。如谓《春秋》绝杀君，孟子却油油然发他那"诛一夫"、"如寇仇"、"则易位"的议论。如谓《春秋》道名分"，则孟子日日谈王齐。《春秋》之事则齐桓晋文，而孟子则谓"仲尼之徒无道桓文之事者"。这些不合拍都显出这些话里自己的作用甚少，所以更有资助参考的价值。

当年少数人的贵族社会，自然有他们的标准和舆论，大约这就是史记事又笔削的所由起。史决不会起于客观的纪载事迹。可以由宗教的意思，后来变成伦理道德的意思起；可以由文学的意思起。《国语》自然属下一类，但《春秋》显然不是这局面，孔子和儒宗显然不是戏剧家。

总括以上的涉想，我觉得《春秋》之是否孔子所写是小题，《春秋》

传说的思想是否为孔子的思想是大题。由前一题，无可取证。由后一题，大近情理。我觉得孔子以抓到当年时代的总题目而成列国的声名，并不是靠什么六艺。

孔子，六艺，儒家三者的关系，我觉得是由地理造成的。邹鲁在东周是文化最深密的地方。六艺本是当地的风化。所以孔子与墨子同诵《诗》《书》，同观列国《春秋》。与其谓孔子定六艺，毋宁谓六艺定孔子。所以六艺实在是鲁学。或者当时孔子有个国际间的大名，又有好多门徒，鲁国的中产上流阶级每牵引孔子以为荣，于是各门各艺都"自孔氏"。孔子一生未曾提过《易》，而商瞿未一见于《论语》，也成了孔门弟子了。孔门《弟子列传》一篇，其中真有无量不可能的事。大约是司马子长跑到鲁国的时候，把一群虚荣心造成的各"书香人家"的假家谱抄来，成一篇《孔子弟子列传》。我的意思可以最简单如此说：六艺是鲁国的风气，儒家是鲁国的人们；孔子所以与六艺儒家生关系，因为孔是鲁人。与其谓六艺是儒家，是孔学，毋宁谓六艺是鲁学。

世上每每有些名实不符的事。例如后来所谓汉学，实在是王伯厚、晁公武之宋学；后来所谓宋学，实在是明朝官学。我想去搜材料，证明儒是鲁学，经是汉定（今文亦然）。康有为但见新学有伪经，不见汉学有伪经。即子家亦是汉朝给他一个定订。大约现行子书，都是刘向一班人为他定了次叙的。《墨子》一部书的次叙，竟然是一个儒家而颇芜杂的人定的；故最不是墨子的居最先。前七篇皆儒家言，或是有道家言与墨绝端相反者（如太盛难守），知大半子书是汉朝官订本（此意多年前告适之先生，他未注意），则知想把古书古史整理，非清理汉朝几百年一笔大帐在先不可也。

三、在周汉方术家的世界中几个趋向

我不赞成适之先生把记载老子、孔子、墨子等等之书呼作哲学史。中国本没有所谓哲学。多谢上帝，给我们民族这么一个健康的习惯。我们中国所有的哲学，仅多到苏格拉底那样子而止，就是柏拉图的也尚不全有，更不必论到近代学院中的专技哲学，自贷嘉、来卜尼兹以来

的。我们若呼子家为哲学家,大有误会之可能。大凡用新名词称旧物事,物质的东西是可以的,因为相同;人文上的物事是每每不可以的,因为多是似同而异。现在我们姑称这些人们(子家)为方术家。思想一个名词也以少用为是。盖汉朝人的东西多半可说思想了,而晚周的东西总应该说是方术。

禹、舜、尧、伏羲、黄帝等等名词的真正来源,我想还是出于民间。除黄帝是秦俗之神外,如尧,我拟是唐国(晋)民间的一个传说。舜,我拟是中国之虞或陈或荆蛮之吴民间的一个传说。尧舜或即此等地方之君(在一时)。颛顼为秦之传说,誉为楚之传说,或即其图腾。帝是仿例以加之词(始只有上帝,但言帝),尧舜都是绰号。其始以民族不同方域隔膜而各称其神与传说;其后以互相流通而传说出于本境,迁土则变,变则各种之装饰出焉。各类变更所由之目的各不同,今姑想起下列几件:

(一)理智化——神秘之神成一道德之王。

(二)人间化——抽象之德成一有生有死之传,又有下列一种趋势可寻:

满意于周之文化尤其是鲁所代表者(孔子);

不满意于周之文化而谓孔子损益三代者;

举三代尽不措意,薄征诛而想禅让,遂有尧舜的化身。

此说又激成三派:

(1)并尧舜亦觉得太有人间烟火气,于是有许由、务光。——与这极端反背的便是"诛华士",《战国策》上请诛於陵仲子之论。

(2)宽容一下,并尧舜汤武为一系的明王。(孟子)

(3)爽性在尧舜前再安上一个大帽子,于是有神农、黄帝、伏羲等等。

这种和他种趋势不是以无目的而为的。

上条中看出一个古道宗思想与古儒宗思想的相互影响,相互为因果。自然儒宗道宗这名词不能安在孔子时代或更前,因为儒家一名不过是鲁国的名词,而道家一名必然更后,总是汉朝的名词,或更在汉名词"黄老"以后。《史记》虽有申不害学"黄老刑名以干昭侯"的话,但汉初所谓黄老实即刑名之广义,申不害学刑名而汉人以当时名词名之,遂学了黄老刑名。然而我们总可为这两个词造个新界说,但为这一段的应用。我们第一要设定的,是孔子时代已经有一种有遗训的而又甚细密的文化,对这文化的处置可以千殊万别,然而大体上或者可分为两项:

一、根本是承受这遗传文化的,但愿多多少少损益于其中。我们姑名此为古儒宗的趋势。

二、根本上大不承认,革命于其外。我们姑名此为古道宗的趋势。

名词不过界说的缩短,切勿执名词而看此节。我们自不妨虚位的定这二事为朋,但这种代数法,使人不快耳。造这些名词如尧、舜、许由、务光、黄(这字先带如许后来道士气)帝、华士、神农,和《庄子》书中的这氏那氏,想多是出于古道宗,因为这些人物最初都含些道宗的意味。《论语》上的舜,南面无为。许行的神农,是并耕而食。这说自然流行也很有力,儒宗不得不取适应之法。除为少数不很要紧者造个谣言,说"这正是我们的祖师所诛"(如周公诛华士)外,大多数已于民间有势力者是非引进不可了。便把这名词引进,加上些儒家的意味。于是乎绝世的许由成了士师的皋陶(这两种人也有共同,即是俱为忍人);南面无为的舜,以大功二十而为天子;并耕的神农本不多事,又不做买卖,而《易·系》的神农"耒耨之利,以教天下",加上做买卖,虽许子亦应觉其何以不惮烦也。照儒宗的人生观,文献征者征之,本用不着造这些名词以自苦;无如这些名词先已在民间成了有势力的传说,后又在道宗手中成了寄理想的人物,故非取来改用不可。若道宗则非先造这些非历史的人物不能资号召。既造,或既取用,则儒宗先生也没有别法对付,只有翻着面过来说,"你所谓者正是我们的'于传有之',不过我们的真传所载与你这邪说所称名一而实全不同,词一而谓全不同"。反正彼此都没有龟甲钟鼎做证据,谁也莫奈得谁何。这种方法,恰似天主教对付外道。外道出来,第一步是不睬。不睬不能,第二步便是加以诛绝,把这书们加入"禁书录"上。再不能,第三步便是扬起脸来说,"这些物事恰是我们教中的"。当年如此对付希腊哲学,近世如此对付科学。天主教刑了盖理律,而近中天文学、算学在教士中甚发达。

我这一篇半笑话基于一个假设,就是把当年这般物事分为二流,可否?我想大略可以得,因为在一个有细密文化久年遗训的社会之下,只有两个大端:一是于这遗训加以承认而损益之,一是于遗训加以否认。一般的可把欧洲千年来的物事(直至十九世纪末为止)分为教会的趋向与反教会的趋向。

何以必须造这一篇半笑话?我想,由这一篇半笑话可以去解古书上若干的难点。例如《论语》一部书,自然是一个"多元的宇宙",或者竟是好几百年"累层地"造成的。如"凤鸟不至"一节,显然是与纬书并起的话,但所说尧、舜、禹诸端,尚多是抽象以寄其理想之词,不如孟子为舜象做一篇越人让兄陈平盗嫂合剧。大约总应该在孟子以前,也应该是后来一切不同的有事迹的人王尧舜禹论之初步。且看《论语》里的尧、舜、禹,都带些初步道宗的思想。尧是"无能名",舜是"无为"。禹较两样些,"禹无间然"一段也颇类墨家思想之初步。然卑居处,薄食服,也未尝违于道宗思想。至于有天下而不与,却是与舜同样的了。凡这些点儿,都有些暗示我们,尧舜一类的观念起源应该在邻于道宗一类的思想,而不该在邻于儒宗一类的思想。

尧舜等传说之起,在道理上必不能和禹传说之起同源,此点颉刚言之详且尽。我想禹与墨家的关系,或者可以如下:禹本是一个南方民族的神道,一如颉刚说。大约宗教的传布,从文化较高的传入文化较低的民族中,虽然也多,然有时从文化较低的传到文化较高的,反而较易。例如耶稣教之入希腊罗马;佛教之由北印民族入希腊文化殖民地,由西域入中国;回教之由亚剌伯入波斯(此点恐不尽由武力征服之力)。大约一个文化的社会总有些不自然的根基,发达之后,每每成一种矫揉的状态,若干人性上初基的要求,不能满足或表现。故文化越繁丰,其中越有一种潜流,颇容易感受外来的风气,或自产的一种与上层文化不合的趋向。佛教之能在中国流行,也半由于中国的礼教、道士、黄巾等,不能满足人性的各面,故不如礼教、道士、黄巾等局促之佛教,带着迷信与神秘性,一至中国,虽其文化最上层之皇帝,亦有觉得中国之无质,应求之于印度之真文。又明末天主教入中国,不多时间,竟沿行于上级士大夫间,甚至皇帝受了洗(永历皇帝);满洲时代,耶稣会士竟快成玄晔的国师。要不是与政治问题混了,后来的发展必大。道光后,基督教之流行,也很被了外国经济侵略武力侵略之害。假如天主耶稣无保护之强国,其销路必广于现在。我们诚然不能拿后来的局面想到春秋初年,但也难保其当年不有类似的情形。这一种禹的传说,在头一步传到中国来,自然还是个神道。但演进之后,必然向别的方面走。大约墨家这一派信仰,在一般的社会文化之培养上,恐不及儒家。《墨子》虽然也道《诗》、《书》,但这究竟不是专务雅言。这些墨家,抓到一个禹来作人格的标榜,难道有点类似佛教入中国,本国内自生宗派的意思吗?儒家不以孔名,直到梁漱溟才有孔家教;而墨家却以墨名。这其中或者是暗示墨子造作,孔丘没有造作,又墨经中传有些物理学、几何学、工程学、文法学、名学的物事。这或者由于当年儒家所吸收的人多半是些中上社会,只能谈人文的故事,雅言诗书执礼。为墨家所吸收的,或者偏于中下社会,其中有些工匠技家,故不由得包含着这些不是闲吃饭的物事下来,并非墨家思想和这些物事有何等相干。大约晚周的子家最名显的,都是些游谈之士,大则登卿相,小则为清客,不论其为是儒家或道家,孟轲或庄周。儒家是吸收不到最下层人的,顶下也是到士为止。道家也是 leisured 阶级之清谈。但如许行等等却很可以到了下层社会。墨家却非行到下层社会不为功。又墨家独盛于宋,而战国子家说到傻子总是宋人,这也可注意。或者宋人当时富于宗教性,非如周郑人之有 Sophistry 邹鲁人之有 Conventional?

至于汉朝思想趋势中,我有两个意思要说。一、由今文到纬书是自然之结果。今文把孔子抬到那样,舍成神道以外更无别法。由《易经》到纬书不容一发。今文家把他们的物事更民间化些,更可以共喻而普及,自然流为纬学。信今文必信孔子之超人入神;信孔子如此加以合俗,必有祯祥之思想。二、由今文及动出古文,是思想的进步。造伪经在现在看来是大恶,然当时人借此寄其思,诚恐不觉其恶,因为古时著作人观念之明白决不如后人重也。但能其思想较近,不能以其造伪故而泯其为进步。古文材料虽伪,而意思每比今文合理性。

不及详叙,姑写为下列两表:

(专反者之例)
一切弃世,所谓 墨子(《非命》)
道家。(《论语》荀子(《非相》) 古文学 桓谭、王充等
多记此等人物。)

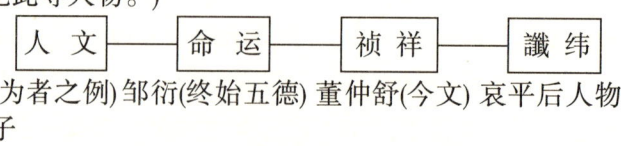

(专为者之例)邹衍(终始五德) 董仲舒(今文) 哀平后人物
孔子

四、殷周间的故事

十年前,我以子贡为纣申冤一句话,想起桀纣传说之不可信,因疑心桀纣是照着幽王的模型造的,有褒姒故有妲己等等。这固是少时一种怪想。后来到英国,见英国爵虽五等而非一源,因而疑心中国之五等爵也有参差,有下列涉想(德国爵亦非一源):

公　公不是爵名,恐即与"君"字同义。三公周召宋公及王畿世卿都称公,而列国诸侯除称其爵外亦称公。公想是泛称人主之名,特稍尊耳。犹英语之 Lord 一称,自称上帝以至于世族无爵者之妻或仆称其夫或主。如德国语之 Herr 亦自上帝称到一切庶人。宋是殷后,王号灭犹自与周封之诸侯不同,故但有泛称而无诸侯之号。其所以列位于会盟间次于伯而先于其他一切诸侯者,正因其为殷后,不因其称公。如若传说,一切诸侯自称公为僭,则《鲁颂》"乃命周公,俾侯于东",岂非大大不通。

子　遍检《春秋》之子爵，全无姬姓（除吴）。姬姓不封子，而封子爵者，凡有可考，立国皆在周前，或介戎狄，不与中国同列。莒子，郯子，邾子，杞子，古国也。潞子，骊子，不与中国之列者也。楚子，一向独立之大国也。吴子虽姬姓，而建国亦在周前。见殷有箕子微子，我遂疑子是殷爵，所谓子自是王子，同姓之号，及后来渐成诸侯之号，乃至一切异姓亦如此称。我疑凡号子者大多是殷封之国，亦有蛮夷私效之。要均与周室无关系。（吴子、楚子解见后）

且看子一字之降级：

诸　　　侯——微子，箕子。

诸侯之大夫——季文子，赵简子。

士　　　人——孔子，孟子。

乃　至　于——小子，婊子。

这恰如老爷等名词之降级。明朝称阁学部院曰老爷，到清朝末年虽县知事亦不安于此而称大老爷。

至于侯，我们应该先去弄侯字古来究如何写法，如何讲法。殷亦有鬼侯、鄂侯、崇侯。鬼、鄂、崇，皆远方之邑，或者所谓侯者如古德意志帝国（神圣罗马帝国）之边侯（Msrkgraf）。在殷不特不见得侯大于子，而且微子箕子容或大于鬼侯鄂侯。固定后，不用子封人而一律用侯。以"新鬼大，故鬼小"之义及"周之宗盟，异姓为后"之理，侯遂跑到子上。

同姓侯甚多，凡姬姓的非侯即伯。其异姓之侯，如齐本是大国，另论；如陈是姻戚，如薛也是周（先封），都是些与周有关系的。

伯　这一件最奇。伯本与霸同字，应该很大。且受伯封者，如燕伯，召公之国也。如曹伯，"文之昭也"。如郑伯，平王依以东迁者也。如秦伯，周室留守，助平王东迁者也。然而爵均小于侯，岂不可怪？我疑心伯之后于侯，不是由于伯之名后于侯，而是由于封伯爵者多在后；或者伯竟是一个大名，愈后封而号愈滥，遂得大名，特以后封不能在前耳。

男　苦想只想到一个许男，或者由来是诸侯之诸侯？

以上的话只是凭空想,自然不能都对;但五等爵决非一源,且其参差耳。

太伯入荆蛮,我疑心是伦常之变。伦常之变,本是周室"拿手好戏",太王一下,周公一下,平王又一下。因太伯不得已而走,或者先跑到太王之大仇殷室,殷室封他为子爵,由他到边疆启土,所以武王伐纣时特别提出这件事,"唯四方之多罪逋逃,是崇是用"。言如此之痛,正因有他之伯祖父在也。(《牧誓》亦正不可信,此地姑为此戏想耳)吴既不在周列,周亦莫奈他何,遂于中国封虞。吴仍其子爵,至于寿梦。吴民必非中国种,只是君室为太伯虞仲后耳。虞仲应即是吴仲。

齐太公的故事,《史记》先举三说而不能断。我疑心齐本是东方大国,本与殷为敌,而于周有半本家之雅(厥初生民,时惟姜嫄),又有亲戚(爰及姜女,聿来胥宇),故连周而共敌殷。《商颂》"相土烈烈,海外有截",当是有汤前已有了北韩辽东,久与齐逼。不然,箕子以败丧之余,更焉能越三千里而王朝鲜?明朝鲜本殷地,用兵力所不及,遂不臣也。齐于周诸侯中受履略大,名号最隆,——尚父文王师一切传说,必别有故。且《孟子》、《史记》均认齐太公本齐人,后来即其地而君之。且《史记》记太公世家,太公后好几世,直到西周中晚,还是用殷法为名,不同周俗,可见齐自另一回事,与周之关系疏稀。《檀弓》所谓太公五世返葬于周,为无稽之谈也。(如果真有这回事,更是以死骨为质的把戏。)齐周夹攻殷,殷乃不支,及殷被堪定,周莫奈齐何,但能忙于加大名,而周公自命其子卜邻焉。

世传纣恶,每每是纣之善。纣能以能爱亡其国,以多力亡其国,以多好亡其国,诚哉一位戏剧上之英雄,虽 Siegfired 何足道哉!我想殷周之际事可作一出戏:纣是一大英雄,而民疲不能尽为所用,纣想一削"列圣耻",讨自矍父以下的叛房,然自己多好而纵情,其民老矣,其臣迁者如比干,鲜廉寡耻如微子,箕子则为清谈,诸侯望包藏阴谋,将欲借周自取天下,遂与周合而夹攻,纣乃以大英雄之本领与命运争,终于不支,自焚而成一壮烈之死。周之方面,毫无良德,父子不相容,然狠而有计算,一群的北房自有北房的品德。齐本想不到周能联一切西戎南蛮,《牧誓》一举而定王号。及齐失望,尚想武王老后必有机会,遂更交周。不料后来周公定难神速,齐未及变。周公知破他心,遂以伯禽营少昊之墟。至于箕子,于亡国之后,尚以清谈归新朝,一如王夷甫。而微子既如谯周之劝降,又觉纣死他有益耳。

这篇笑话,自然不是辩古史,自然事实不会如此。然遗传的殷周故事,隆周贬纣到那样官样文章地步,也不见得比这笑话较近事实。

越想越觉世人贬纣之话正是颂纣之言。人们的观念真不同:伪孔《五子之歌》上说,"内作色荒,外作禽荒,甘酒嗜音,峻宇雕墙。"此正是欧洲所谓 Prince 之界说,而东晋人以为"有一必亡"。内作色荒是圣文,外作禽荒是神武,甘酒嗜音是享受文化,峻宇雕墙是提倡艺术,有何不可,但患力不足耳。

周之号称出于后稷,一如匈奴之号称出于夏氏。与其信周之先世曾窜于戎狄之间,毋宁谓周之先世本出于戎狄之间。姬姜容或是一支之两系,特一在西,一在东耳。

鲁是一个古文化的中心点,其四围有若干的小而古的国。曲阜自身是少昊之墟。昊容或为民族名。有少昊必有太昊,犹大宛小宛,大月氏小月氏也。我疑及中国文化本来自东而西:九河济淮之中,山东辽东两个半岛之间,西及河南东部,是古文化之渊源。以商兴而西了一步,以周兴而更西了一步。不然,此地域中何古国之多也?齐容或也是一个外来的强民族,遂先于其间成大国。

齐有齐俗,有齐宗教,虽与鲁近,而甚不同。大约当年邹鲁的文化人士,很看不起齐之人士,所以孟子听到不经之谈,便说是"齐东野人之语也";而笑他的学生时便说:"子诚齐人也,知管仲、晏子而已矣",正是形容他们的坐井观天的样子。看来当年齐人必有点类似现在的四川人,自觉心是很大的,开口苏东坡,闭口诸葛亮,诚不愧为夜郎后世矣。鲁之儒家,迂而执礼。齐之儒家,放而不经。如淳于、邹衍一切荒唐之词人,世人亦谓为儒家。

荆楚一带,本另是些民族,荆或者自商以来即是大国,亦或者始受殷号,后遂自立。楚国话与齐国话必不止方言之不同,不然,何至三年庄岳然后可知？孟子骂他们鴃舌，必然声音很和北方汉语不类。按楚国话语存在者，只有"谓乳彀、谓虎於菟"一语。乳是动词，必时有变动；而虎是静词，尚可资用。按吐蕃语虎为Stag，吐蕃语字前之S每在同族语中为韵。是此字易有线索，但一字决不能为证耳。又汉西南夷君长称精夫，疑即吐蕃语所谓Rgyal－po，唐书译为赞普者。《汉书·西南夷传》有几首四字诗对记，假如人能精于吐蕃语、太语、缅甸语，必有所发现。这个材料最可宝贵。楚之西有百濮，今西藏自称曰濮。又蛮闽等字音在藏文为人，或即汉语民字之对当？总之，文献不足，无从征之。

秦之先世必是外国，后来染上些晋文化，但俗与宗教想必同于西戎。特不解西周的风气何以一下子精光？

狄必是一个大民族。《左传》、《国语》记他们的名字不类单音语。且说到狄，每加物质的标记，如赤狄、白狄、长狄等等。赤白又长，竟似印度日耳曼族的样子，不知当时吐火罗等人东来，究竟达到什么地方。

应该是中国了，而偏和狄认亲(有娥，简狄)。这团乱糟糟的样子，究竟谁是诸夏，谁是戎狄？

中国之有民族的、文化的、疆域的一统，至汉武帝始全功，现在人曰汉人，学曰汉学，土曰汉土，俱是最合理的名词，不是偶然的。秦以前本不一元，自然有若干差别。人疑生庄周之土不应生孔丘。然如第一认清中国非一族一化，第二认清即一族一化之中亦非一俗，则其不同亦甚自然。秦本以西戎之化，略收点三晋文俗而统一中国。汉但接秦，后来鲁国齐国又渐于文化上发生影响。可如下列看：

统一中国之国家者——秦。

统一中国之文教者——鲁。

统一中国之宗教者——齐。

统一中国之官术者——三晋。

此外未得发展而压下的东西多得很啦。所以我们觉得汉朝的物事少方面，晚周的物事多方面。文化之统一与否，与政治之统一与否相为因果；一统则兴者一宗，废者万家。

五、补说(《春秋》与《诗》)

承颉刚寄我《古史辨》第一册,那时我已要从柏林起身,不及细看。多多一看,自然不消说如何高兴赞叹的话,前文已说尽我所能说,我的没有文思使我更想不出别的话语来说。现在只能说一个大略的印象。

最可爱是那篇长叙,将来必须更仔细读他几回。后面所附着第二册拟目,看了尤其高兴,盼望的巴不得马上看见。我尤其希望的是颉刚把所辨出的题目一条一条去仔细分理,不必更为一般之辨,如作《原经》一类的文章。从第二册拟目上看来,颉刚这时注意的题目在《诗》,稍及《书》。希望颉刚不久把这一堆题目弄清楚,俾百诗的考伪孔后更有一部更大的大观。

我觉得《春秋》三传问题现在已成熟,可以下手了。我们可以下列的路线去想:

(一)《春秋》是不是鲁史的记载?这个问题很好作答,把二百多年中所记日食一核便妥了。

(二)左氏经文多者是否刘歆伪造?幸而哀十四年有一日食,且去一核,看是对否。如不对,则此一段自是后人意加。如对,则今文传统说即玄同先生所不疑之"刘歆伪造"堕地而尽。此点关系非常之大。

(三)孔子是否作《春秋》?此一点我觉得竟不能决,因没有材料。但这传说必已很久,而所谓公羊春秋之根本思想实与《论语》相合。

(四)孟子所谓《春秋》是否即今存之断烂朝报?此一段并非不成问题。

(五)春秋一名在战国时为公名,为私名?

(六)公羊传思想之时代背景。

(七)公羊大义由《传》,《繁露》,到何氏之变迁,中间可于断狱取之。

(八)穀梁是仿公羊而制的,或者是一别传?

(九)《史记》与《国语》的关系。

(十)《史记》果真为古文家改到那个田地吗?崔君的党见是太深

的,决不能以他的话为定论。

(十一)《左氏传》在刘歆制成定本前之历史。此一端非常重要。《左传》决不是一时而生,谅亦不是由刘歆一手而造。我此时有下一个设想:假定汉初有一部《国语》,又名《左氏春秋》,其传那个断烂朝报者实不能得其解,其间遂有一种联想,以为《春秋》与《国语》有关系,此为第一步。不必两书有真正之银丁扣,然后可使当时人以为有关系;有此传说,亦可动当时人。太史公恐怕就是受这个观念支配而去于《史记》中用其材料的。这个假设小,康、崔诸君那个假设太大。公羊学后来越来越盛,武帝时几乎成了国学。反动之下,这传说亦越进化,于是渐渐的多人为《国语》造新解,而到刘向、刘歆手中,遂成此"左氏传"之巨观。古文学必不是刘歆一手之力,其前必有一个很长的渊源。且此古文学之思想亦甚自然。今文在当时成了断狱法,成了教条,成了谶纬阴阳,则古文之较客观者起来作反动,自是近情,也是思想之进化。

(十二)《左传》并不于材料上是单元。《国语》存本可看出,《国语》实在是记些语。《左传》中许多并不是语,而且有些矛盾的地方。如吕相绝秦语文章既不同,而事实又和《左传》所记矛盾。必是当年作者把《国语》大部分采来做材料,又加上好些别的材料,或自造的材料。我们要把他分析下去的。

(十三)《左传》、《国语》文字之比较。《左传》、《国语》的文字很有些分别,且去仔细一核,其中必有提醒人处。

(十四)东汉左氏传说之演进。左氏能胜了公羊,恐怕也有点适者生存的意思。今文之陋而夸,实不能满足甚多人。

(十五)古《竹书》之面目。

现在我只写下这些点。其实如是自己作起功来,所有之假设必然时时改变。今文、古文之争,给我们很多的道路和提醒。但自庄孔刘宋到崔适,都不是些极客观的人物,我们必须把他所提醒的道路加上我们自己提醒的道路。

现在看《诗》,恐怕要但看白文。训诂可参考而本事切不可问,大约本事靠得住的如硕人之说庄姜是百分难得的;而极不通者一望皆是。如君子偕老为刺卫宣姜,真正岂有此理!此明明是称赞人而惜其运命不济,故曰"子之不淑",犹云"子之不幸"。但论白文,反很容易明白。

《诗》的作年,恐怕要分开一篇一篇的考定,因为现在的"定本",样子不知道经过多少次的改变,而字句之中经流传而成改变,及以今字改古字,更不知有多少了。《颂》的作年,古文家的家论固已不必再讨论。玄同先生的议论,恐怕也还有点奉今文家法罢?果如魏默深的说法,则宋以泓之败绩为武成,说"深入其阻,裒荆之旅",即令自己不腼厚脸皮,又如何传得到后人?且殷武之武,如为抽象词,则哀公亦可当之,正不能定。如为具体词,自号武王是汤号。且以文章而论,《商颂》的地位显然介于邹鲁之间,《周颂》自是这文体的初步,《鲁颂》已大丰盈了。假如作《商颂》之人反在作《鲁颂》者之后,必然这个人先有摹古的心习,如宇文时代制诰仿《大诰》,石鼓仿《小雅》,然后便也。但即令宋人好古,也未必有这样心习。那么,《商颂》果真是哀公的东西,则《鲁颂》非僖公时物了。玄同先生信中所引王静安先生的话,"时代较近易于摹拟",这话颇有意思,并不必如玄同先生以为臆测。或者摹拟两个字用得不妙。然由《周颂》到《商颂》,由《商颂》到《鲁颂》,文体上词言上是很顺叙,反转则甚费解。

《七月》一篇必是一遗传的农歌;以传来传去之故,而成文句上极大之Corruption,故今已不顺理成章。这类诗最不易定年代,且究是《豳风》否也未可知。因为此类农歌,总是由此地传彼地。《鸱鸮》想也是一个农歌;为鸟说话,在中国诗歌中有独无偶。《东山》想系徂东征戍者之词,其为随周公东征否则未可知。但《豳风》的东西大约都是周的物事,因为就是《七月》里也有好些句与《二南》、《小雅》同。《大雅》、《小雅》,十年前疑为是大京调小京调。风雅本是相对名词,今人意云雅而曰风雅,实不词(杜诗"别裁伪体亲风雅"),今不及详论矣。

《破斧》恐是东征罢敝国人自解之言。如是后人追叙,恐无如此之实地风光。《破斧》如出后人,甚无所谓。下列诸疑拟释之如下:

如云是周公时物,何以周诰如彼难解,此则如此易解?答:诰是官话,这官话是限于小范围的,在后来的语言上影响可以很小。诗是民间通俗的话,很可以为后来通用语言之所自出。如蒙古白话上谕那末不能懂,而元曲却不然,亦复一例。且官书写成之后,便是定本,不由口传。诗是由口中相传的,其陈古的文句随时可以改换,故显得流畅。但虽使字句有改换,其来源却不以这字句的改换而改换。

周公东征时称王,何以……(未完)

抄到此地,人极倦,而船不久停,故只有付邮。尾十多张,待于上海发。

抄的既潦草,且我以多年不读中国书后,所发议论必不妥者多,妥者少。希望不必太以善意相看。

弟　斯年

颉刚案:傅孟真先生此书,从一九二四年一月写起,写到一九二六年十月卅日船到香港为止,还没有完。他归国后,我屡次催他把未完之稿写给我;无奈他不忙便懒,不懒便忙,到今一年余还不曾给我一个字。现在《周刊》需稿,即以此书付印。未完之稿,只得过后再催了。书中看不清的草书字甚多,恐有误抄,亦俟他日校正。

一九二八、一、二

(原载1928年1月23日、31日《中山大学语言历史学研究所周刊》第二集第十三、十四期)

故书新评

我们杂志的第一号里,曾有过这"故书新评"一栏。一般读者对这一栏的意见很不同:有的人很欢迎;有的人以为《新潮》里不必有它。为这缘故,我有两层意思要说明:

(1)我以为中国人读故书实在是件不急的事:因为披沙拣金是件不容易的事。所以照真正道理说起来,应当先研究西洋的有系统的学问,等到会使唤求学问的方法了,然后不妨分点余力,去读旧书。只可惜这件事很不容易办到。一般的人对于故书,总有非常的爱情,总不肯稍须放后些,所以不得不"因利乘便",就读故书的方法讨论一番了。

(2)我做这《故书新评》并不是就一部旧书的本身批评,只是取一部旧书来,借题发挥,讨论读故书的方法。简截说来,不是做"提要",是做"读书入门"。倘若照着一部旧书的本身仔细考索起来,我们杂志岂不要变成"旧潮"了吗?

宋朱熹的《诗经集传》和《诗序辨》

这两部书很被清代汉学家的攻击——其实朱子同时的人,早已有许多争论了。——许多人认他做全无价值的"杜撰"书。但是据我看来,他实在比毛公的传,郑君的笺,高出几百倍。就是后人的重要著作,像陈启源的《毛诗稽古编》、陈奂的《毛诗传疏》、马瑞辰的《毛诗传笺通释》,虽然考证算胜场了,见识仍然是固陋的很,远敌不上朱晦庵。我且分成三个问题,逐条回答。

(1)《诗经》里的"诗"究竟是什么

后来的学者,都说它是孔子删定的"经",其中"有道在焉",决不是

"玩物丧志"的。其实这话非特迂腐的可笑,并且就诗的本文而论,也断断讲不通。所以必须先把诗叙根本推翻,然后"诗"的真义可见;必须先认定"诗"是文学,不是道学,然后"诗"的真价值可说。孔子在《论语》上论诗的话非常明白,决非毛公以下的学究口中的话。现在就用他的话,证明诗的性质。

"'唐棣之华,偏其反而。岂不尔思,室是远尔'。子曰:'未之思也,夫何远之有'"?这是孔子删去的诗。孔子所以删去它的缘故,正为它说的不通,没有文学的意味。从此可见孔子删定的标准,只靠着文学上的价值。拿这章诗和《卫风》的《河广》来比,这章诗是无味的。那章诗是有味的(那章诗的本文是"谁谓河广,曾不容刀;谁谓宋远,曾不崇朝")。因而去此存彼。

"尝独立,鲤趋而过庭曰:'学诗乎?'对曰:'未也。''不学诗,无以言。'鲤退而学诗。"他日,又独立,鲤趋而过庭,曰,'学礼乎?'对曰,'未也。''不学礼,无以立。'鲤退而学礼。"此节把诗、礼两事分得清楚。诗是文学,所以学了诗,语言会好的:有个雅驯的风度,去了那些粗浮固陋的口气了。礼是治身的仪节,所以学了礼,行事才有可方。道学先生讲的诗正是孔子说的礼。

"子曰:'兴于诗,立于礼,成于乐。'"照这一节看来,可以见得孔子的教育,很注重美感的培养。诗是文学,所以能兴发感情。若如道学家的意思,不应当说"兴于诗",应当说"立于诗"了。

"子曰:'诵诗三百,授之以政,不达,使于四方,不能专对,虽多,亦奚以为?'"这节里说从政,是因为《诗经》里的《雅》多半说当日的政治和风俗,从政必须知道当日的情形,才可以"达",所以孔子有这话,并不是学了诗然后"心正意诚,可以从政"。至于"专对"一说,同上面说的"无以言"一样。当日使命往来,总要语言讲究,所以有了文学的培养,才可以做"行人"。

"子曰:'诗,可以兴,可以观,可以群,可以怨。迩之事父,远之事君。多识于草木鸟兽之名。'"所谓"兴"、"观"、"群"、"怨",都是感情上的名词、文学上的事件。至于事父、事君两句,大可为道学先生所藉口。但是仔细想来,孔子说这两句话,不过是把文学的感化力说重了(emphasized)。其意若曰,有了诗的培养,才可以性情发展的得宜,一切行事,都见出效用来,和那些"夫妇之道,人伦之始"的说话,是不相干的。

就以上的证据,可以断定诗的作用只是文学一件事。胡适之先生的《中国哲学史大纲》里有一段说:"孔子是一个有文学眼光的人。他选那部《诗经》,替人类保存了三百篇极古的绝妙文章。这部书有无上的文学价值,没有丝毫别的用意。不料被后来的腐儒,以为孔子所删存的诗,一定是有腐儒酸气的。所以他们做造诗叙,把那些绝妙的情诗艳歌,都解作道学先生的寓言。如《周南》各篇,本多是痴男怨女、征夫思妇的情诗,那些腐儒却要说是'后妃之德,文王之化'。如《关雎》一篇,本写男女爱情,从无可奈何的单想思到团圆,所以孔子说'乐而不淫,哀而不伤';腐儒偏要说是'后妃悦乐君子之德,慎固幽深,云云'。文学变成了道学。"这一段话,说得痛快极了。同我的意见完全一致。我还记得去年曾对一位朋友说:"孔子独许子贡、子夏可与言诗。子贡是以言语著名的,子夏是以文学著名的。他两个有推此知彼的力量,用到文学上,最能兴发想像,所以可与言诗。若果《诗经》真是道学书,还要让颜渊、闵子骞干去了。"(但是这话很有点酸气)

总而言之,诗是文学,可用孔子的话证明,可就诗的本文考得。诗是道学,须得用笺注家的话证明,须得离开诗的文笺,穿凿而得。我们既不便"信口说而悖传记,是末师而非往古"。还是就诗沦涛,不牺牲了诗,去服从毛亨、卫宏的说话为是。

(2)《诗经》里的诗对于我们有甚么教训

现在虽然断定诗是文学了,但是从古以来的文学,正是多得很,为甚么专来标举《诗经》呢? 我自己回答这问题道:正因为《诗经》的文学,在中国的韵文里,古今少有。现在我们想在四、五、七言诗、词、曲等类以外,新造一种自由体的白话诗,很有借重《诗经》的地方。换句话说,《诗经》虽然旧了,然而对于我们还有几条新教训哩!

《诗经》对于我们的第一条教训是真实两字。拿《诗经》和《楚辞》

比，文章的情趣恰恰相反。《楚辞》里最动人的地方是感想极远，虽然是虚而不实，幻而不真，可也有独到的长处，但是这种奇想的妙用，到了后人手里，愈弄愈糟了。起初是意思奇特，其后是语言奇特，最后是字面奇特；起初仅仅是不自然，结果乃至于无人性。《诗经》里的《国风》《小雅》，没有一句有奇想的，没有一句不是本地风光的。写景便历历如在目前，写情便事事动人心绪。画工所不能画的，它能写出来。如：

  蒹葭苍苍，白露为霜。所谓伊人，在水一方。溯洄从之，道阻且长；溯游从之，宛在水中央。
  日之夕矣，羊牛下来。
  或降于河，或饮于池。或寝或讹，尔牧来思。何蓑何笠，或负其餱……麾之以肱，毕来既升。
  手如柔荑，肤如凝脂，领如蝤蛴，齿如瓠犀，螓首蛾眉。巧笑倩兮，美目盼兮。
  淇水在右，泉源在左。巧笑之瑳，佩玉之傩。

又有"声情兼至"，真是"移我情"的，如：

  女曰"鸡鸣"，士曰"昧旦"。"子兴视夜，明星有烂"。
  风雨潇潇，鸡鸣胶胶。
  萧萧马鸣，悠悠旆旌。
  燕燕于飞，参差其羽。之子于归，远送于野。瞻望弗及，泣涕如雨。
  鹳鸣于垤，妇叹于室。洒扫穹室，我征聿至。

又有情事逼真，我们一想便堕落到里头的，如：

  夏之日，冬之夜，百岁之后，归于其居。

其新孔嘉,其旧如之何?

谁谓荼苦,其甘如荠。宴尔新婚,如兄如弟。毋逝我梁,毋发我笱。我躬不阅,遑恤我后。

采采卷耳,不盈顷筐。嗟我怀人,置彼周行。

微我无酒,以敖以游。……薄言往诉,逢彼之怒。

……忧心悄悄,愠于群小。觏闵既多,受侮不少。静言思之,寤辟有摽。

昔我往矣,杨柳依依。今我来思,雨雪霏霏。

死生契阔,与子成说。执子之手,与子偕老。

有洸有溃,既诒我肄。不念昔者,伊余来塈。

彼黍离离,彼稷之苗。行迈靡靡,中心摇摇。知我者,谓我心忧;不知我者,谓我何求。悠悠苍天,此何人哉?

诸如此类的例,举不胜举。《大雅》和《颂》,因为被体裁所限制,应当另论外,若《国风》、《小雅》里的诗,没有一句不是真景、真情、真趣,没有一句是做作的文章。为着这样的真实,所以绝对的自然,为着绝对的自然,所以虽然到了现在,已经隔了两千多年,仍然是活泼泼的,翻开一读,顿时和我们的心思同化。文人做诗,每每带上几分做作气,情景是字面上的情景,趣味是他专有的趣味。所以就在当时,也只得说是假文学。《诗经》的文章,有三种独到的地方:一、普遍;二、永久;三、情深言浅。这都是自然的结果。我们把《楚辞》和它对照一看,《离骚》里千言万语,上天下地,终不如《诗经》里的三言两语能够丰满啊!

《诗经》对于我们的第二条教训是朴素无饰。一句话,(Primitive)文学到了文人手里,每每要走左道。所以初民的文学,传到现在的社会里,仍然占据文学界的一大部。《诗经》的《国风》、《小雅》既不是文人作的,又不是文化大备的时代作的,所以只有天趣,不见人工;是裸体的美人,不是"委委佗佗,如山如河"的"不淑"夫人。例如:

七月流火,九月授衣。春日载阳,有鸣仓庚。女执懿筐,遵彼微行,爰求柔桑。春日迟迟,采蘩祁祁。女心伤悲,殆及公子同归。

五月斯螽动股,六月莎鸡振羽,七月在野,八月在宇,九月在户,十月蟋蟀入我床下。穹室熏鼠,塞向墐户。嗟我妇子,曰为改岁,入此室处。

二之日凿冰冲冲,三之日纳于凌阴,四之日其蚤,献羔祭酒。九月肃霜,十月涤场。朋酒斯飨,曰杀羔羊。跻彼公堂,称彼兕觥,万寿无疆。

自伯之东,首如飞蓬。岂无膏沐,谁适为容?

《七月》一篇,真是绝妙的"农歌"。此外的文章,也是篇篇有初民的意味——质直、朴素,因而逼真。即如《褰裳》的头一章说:"子惠思我,褰裳涉溱。子不我思,岂无他人?狂童之狂也且!"可以说是鄙污极了。但是揣想那话的情景,止欢喜它的逼真,活灵活现,忘了它的鄙污了。后人做诗,意思尽管极好,文章尽管很修饰,情气每每免不了一个游字。《诗经》里全没有巧言妙语,都是极寻常的话,惟其都是极寻常的话,所以总有极不寻常的价值。Chaucer 的 Tales 到了现在,还给一般人做师资,只因为是初民的(Primitive)文学。《诗经》对于我们的教训,也是如此。

《诗经》对于我们的第三教训是体裁简单。文章里最讨厌的毛病,是滔滔刺刺,说个不休。后来的赋家,是不消说的,很犯这病了。就是五七言的诗家、词家、曲家,也多半专求尽量的发泄,不知道少说比多说更有效。《诗经》的诗,除去《大雅》和《颂》有点铺张外,其余都合最简单的体裁。须知天地间的文章,最怕的是说尽了;最可爱的是作者给读者以极少的话头,却使读者生无限的感想。换句话说来,作者不把他的情景全盘托出,却使读者自己感悟去。《小雅》、《国风》没有多说的话,因而结构没有松散的,因而没有没含蓄的,因而没有缺少言外的意境的。作者不全盘托出,就是使读者完全陷入。这是《诗经》里惟一的文学手段。

《诗经》对于我们的第四条教训是音节的自然调和。做诗断离不了音节,全没音节便是散文。但是这音节一桩事,颇不容易讲。律诗重音节了,只是它那音节,全是背了天真,矫揉造作而成的"声病"。《诗经》里的体裁,真可说是自由诗。然而音节的讲究,还比律诗更觉自然,更觉精致。押韵的方法不限一格;句里又有声韵的组织。双声叠韵的字,上下互相勾连,成就了"一片宫商"。总而言之,《诗经》里的诗,体裁是自由的,押韵法是参差不齐的,句里边都是有声韵的组织的。这样又自由又精致的音节,是我们做白话诗的榜样(孔巽轩先生的《诗声类》,讲《诗经》的韵法很详;钱晓征先生的《养新录》里,也有一段,论《诗经》里音节的组织的,都可参看;今人丁以此先生的《毛诗正韵》,我曾经见过稿本,实在是讲诗声最详最完的书)。

以上的四条,不过一时偶尔想到,顺便写了下来。其实《诗经》对于我们的教训,还不只此。约略来说,《诗经》可分两大项:一项是《国风》、《小雅》,一项是《大雅》、《颂》。后一项是后来庙堂文学的起源,我们对它不能得甚么有益的教训。至于前一项,是二千年前的自由体白话诗,不特用白话做质料,并且用白话做精神;不特体裁自由,思想、情趣、意旨等项,也无一不自由。我们有这样的模范白话诗,当然要分点工夫,研究一番了。

(3)为甚么单要举出朱晦庵的《诗集传》和《诗序辩》

朱晦庵的这两部书,在清代一般汉学家的眼光里,竟是一文不值了;其实这是很不公允的见解。据我个人偏陋之见,关于《诗经》的著作,还没有超过他的。先就训诂而论,训诂固然不是这部集传的特长。但是世人以为训诂最当的《毛传》,也不见有什么好处:如"施,移也";"济济,难也";"京,大也";真个不通极了。后人不明白他的意思,"从而为之辞",说他是说文字的本训。他明明白白是做《诗经》的注,偏牵连到文字的本训上,弄得意思愈加不明白了。算甚么营生呢?又如"履帝武敏歆"一句,《毛传》的穿凿,可谓达于极点了。平情而论,毛公只是个冬烘先生,幸而生的较早些,因而粗略记得几个故训;这可谓生逢其时的人,他自己何曾有深密的学问。后人说他和《左传》、《周礼》

互相发明,其实《左传》、《周礼》是伪经,他和它们互相发明,更见其不安了。况且小序尚是卫宏做的,《后汉书》上有明文,故训传也就可想了。还不知道是真是假呢。郑康成的笺,实在比故训传好些。凡是笺传不同的地方,总是笺是传非。现在举一个例:《豳·七月》说"女心伤悲,殆及公子同归"。传说,"尔公子躬率其民,同时出,同时归也"。笺说,"悲则始有与公子同归之志,欲嫁焉"。这真比《毛传》通多了。我平日尝玩笑着说:"郑康成免不了几分学究气,还不至于像小毛公的冬烘气象。"《正义》一部书更是不足道的。每逢传笺反背的地方,他先替传说话,再替笺说话,自己和自己打架。这简直是明朝的大全,清朝的高头讲章了。宋朝人关于《诗经》的著作,零碎的多。训诂一层,除朱子的《集传》外,其他是全无所得的。清朝人对于《诗经》训诂,很有些整理发明的功劳。散见的不必说了,即以专书而论,《毛诗稽古篇》、《毛诗传笺通释》、《毛诗传疏》全是重要著作。但是这些著作都是依附着荒谬的《诗序》而作的,都有点"根本错谬"的毛病,所以一经讲起礼,谈起故,论到"诗人之义"来,便剌剌不休的胡说一片。朱子这本《集传》,在训诂上虽然不免粗疏,却少有"根本误谬"的毛病。他既把小序推翻了,因而故训一方面也就着实点儿,不穿凿了,况且朱子在宋儒中,原是学问极博的一个人。他那训诂,原不是抄袭来的,尽多很确当的地方。就是反对他的戴东原,注起诗来,还不能不引用他呢。还有一层,我们读《诗经》,无非体会他的文章,供我们的参考,那里有整工夫去"三年而通一艺"的办呢?所以那些繁重的训诂,大可以不闻不问,还是以速议为是。朱子这部书,虽然不精博,却还简单啊!

至于诗义一层,朱子这两部书真可自豪了。朱子是推翻诗序的。他推翻诗序的法子,只以《诗经》的本文证他的不通。这真可谓卓识了。诗序上的高子,就是孟子所说的"固哉高叟";诗序从这种人的徒子徒孙做出来,还能要得吗?所以《关雎》等篇必定加上后妃,真个傅会迂腐的可笑。后妃是谁,谁也说不清楚,至于"淑女",更难定了。郑康成竟然硬把太姒安上,章太炎先生又异想天开的说,"文王与纣之事也。后妃淑女,非鬼侯女莫之任"。更曲喻穿凿了一大篇,读者不曾看完,必要发笑的。然而这事不能怪太炎,都是诗序上妄加后妃二字,勾引出来的。总而言之,诗序的大毛病,是迂腐、穿凿、附会、妄引典礼、杜撰事实。"正心"、"诚意"、"修齐治平"(这几个名词虽然不是汉儒所重,但是毛诗已有这气象)的道气,已经很重了,所以自他而降,讲诗的人,都不免有"先生帽子高"的气象。和毛诗同时或者较前的鲁、韩两家,都是道学派的诗。《韩诗外传》有很多的道气,齐诗、翼氏诸家,弄上些五行谶纬,道气变而为妖气,成了方士派的诗学(这都本胡适之先生的话;道学、方士两个名字,也是胡先生造的)。宋元人讲诗,都是学道派,其中还有几家,把诗论政,大讲起功利主义的,尤其可笑。就是王柏疑诗,也还是道气重的紧。他敢于删诗,固算有强毅的魄力了,然而他所以疑诗的缘故,仍是道学先生恨情诗的心理,所以要删郑卫。只有章如愚的见解是极透彻的。他说:"正使学者深维其义,而后可以自得。诗人之义,不若《春秋》、《易》之微。学者能深思之,不待序而自知。"这真透彻极了。程伯子是个聪明不过的人,对于《诗经》很有些远妙的见境。他虽然说诗序是国史做的,我们却可翻过来借他这话证明诗序的不可靠。因为他说,若"不是国史做的,孔子又如何凭空做出来"(这话的原文忘了,意思确是如此)。朱子这部《集传》也还有几分道气,但是它的特长是:

(1)拿诗的本文讲诗的本文,不拿反背诗本文的诗序讲诗的本文。
(2)很能阙疑,不把不相干的事实牵合去。
(3)敢说明某某是淫奔诗。

就这几项而论,真是难能可贵了。虽然他还有他的大缺点,但是总算此善于彼的。他虽不曾到了"文学的诗"的境界,却也在道学的诗派中,可称最妥当的,实在是有判断、有见识、能分析、能排众议的著作(朱子这两部书,很被当时人和后人攻击)。现在我把他解一番,奉请读者诸君:(1)学他的敢于推翻千余年古义的精神;(2)学他敢于称心所好,不顾世论的魄力;(3)再把《诗经》的研究更进一步,发明文学主义的《诗经》。

这篇文章写完之后,忽然想起《诗经》的诗,只有一种最大的长处,就是能使用文学的正义。文学的至高用处,只是形状人生,因而动起人的感情,去改造生活;决不是丧志的玩物。《诗经》里的哀怨之词,虽然出在劳夫怨妇的口里,却含有许多哲义。这种"不平之鸣"、天地间的至文,都如此的。所以《诗经》(专指《国风》《小雅》)的文学主义比它的文学手段更是重要,可惜我为篇幅所限,现在不能畅畅快快说了。

清代学问的门径书几种

清朝一代的学问,有许多的派别,我想合起来替它造个称呼,却是办不到。称它做汉学吧,是不通的;称它做朴学吧,是不该括的。必不得已,还是统而言之,用个不逻辑的"清代学问"称它。这不过是作个标识。这一派的先锋,像王应麟诸君,并不是清代人。就是顾宁人、王而农、李二曲等等,说他是清朝人,未免冤他太甚。这个名称正是俗话说的,"呼牛而牛,呼马而马"。若是"顾名思义"起来,便大错了。

我以为清朝一代的学问,只是宋明学问的反动,很像西洋 Renaissance 时代的学问,正对着中世的学问而发。虽说是个新生命,其实复古的精神很大。所以我平日称它做"中国的文艺复兴时代"。但是这个名词不能通行,我现在只好仍用"清代学问"四字了。

清代学问是中国思想最后的出产品。在汉朝以后,出产的各种学问中,算是最切实最有条理的。想明白它的精神所在,不可不先观察它和前于它的学问的根本差别。这差别不必就它的本身追求。只看影响它的原动力,就可知道个大概:因为一种学派的命运,大体上总是影响它的原动力所决定:甲学问和乙学问的不同,都由于它们的原动力不同。晚周的学问有两种原动力:第一是历史,第二是粗浅的自然科学。这两种原动力是使晚周学问所以为晚周学问的,是使晚周学问所以不和宋明学问相似的。宋朝学问的原动力是佛、道两宗。谈起心性来,总是逃禅;谈起道体来,必要篡道。我平日常想:假使唐朝一代的学者,能在科学上研究得有些粗浅条理,宋朝的学问必定受它的影响,另是一番面目。无如唐朝的学问太不成东西了,宋人无从取材,只好逃禅篡道去。所以整天讲心,却不能创出个有系统的心理学;整天说德,却不能创个有系统的伦理学。程伯子的天资,朱晦翁的学问,实在是古今少有的。但是所成就的,也不过"如风如影"的观念,东一堆西一堆的零杂话。这都由于先于它的学者,不能在科学上有点成就,供给与它,因而它走了错道了。至于影响清代学问的原动力,不消说得是经籍的古训了。何以经籍的古训能引起清代的学问呢?这是宋明学问的反动了,我们可把戴东原的话作证:

"以理为学,以道为统,以心为宗;探之茫茫,索之冥冥,不若反求诸六经"。宋朝的学问,在周濂溪、程伯子手里,已经有许多不着边涯的说话,以后愈闹愈甚,直到明末,心学普遍天下,直弄得遍天下皆是自负的圣贤。所以清朝的学问恰是针锋相对的发出。有明末的空洞心学,便有清儒的注重故训;有明朝士流的虚伪浅妄气,便有清儒的实事求是;有明末的束书不读,便有清儒的繁琐学问;有明末的不讲治事,便有清儒的专求实用(顾、颜、黄、李都如此)。宋明的学问是主观的,清代的学问是客观的;宋明的学问是演绎的,清代的学问是归纳的;宋明的学问是悟的,清代的学问是证的;宋明的学问是理想的,清代的学问是经验的;宋明的学问是独断的,清代的学问是怀疑的。就这方法上而论,彼此竟是截然不同,所以彼此的主义,竟是完全的相左。仔细看来,清代的学问,很有点科学的意味,用的都是科学的方法,不过西洋人曾经用在窥探自然界上,我们的先辈曾经用在整理古事物上。彼此所研究的不同,虽然方法近似,也就不能得近似的效果了。平情而论,西洋文化进化的步次,虽然和中国的不尽相同,大致说来,还有近似的地方。西洋的中世纪,作学问的人,何尝不是"以理为学,以道为统,以心为宗,探之茫茫,索之冥冥"呢。科学家对着这个造反,恰似我们中国的朴学家对着宋学开衅。又如戴东原的理解,只是实地考索,不凭虑思,照着人的性情,导引到好方向去;"去蔽"而"止善";"各得其情,各遂其欲,勿悖于道义",而"不主静以为体,穷理以失用"。这层道理,恰似西洋近代的学者,反对当年极有势力的智慧主义。这不是我好为影响附会的话。实在由于同出进化的道路,不容不有相近的踪迹了。但是有一件可惜的事,就是西洋 Renaissance 时代的学者,求的是真理;中国的"文艺复兴"时代的学者,求的是孔二先生、孟老爹爹的真话。他未尝不是要求真理,只是他误以孔二先生、孟老爹爹当做真理了,所以他要求诸六经,而不要求诸万事万物。宋儒明明白白是做自己的学问,偏说直接孔孟的心传;清儒明明白白是做自己的学问,偏说独合六经之正义。若是把这偶像打破,彼此明目张胆的争真是真非,可以省去许多无谓的辩论,而且争论的结果总要有益的多:然而竟自不能,真可惜了!

　　至于我所谓清代学问的范围,只以四派为限。第一是朴学派。这派是清代学问里最大的一派。通常都称它做汉学派,着实不通的很。宋学对于汉学,只有进化;清学对于宋学,只有进化;清朝的汉学家和汉朝的学者决不是一流人,研究学问的方法,也截然不同。第二是今文学派。就是从孔广森、庄存与到康有为的一派。第三是理学派。这派里只包颜习斋、李刚主等两三人。第四是浙东学派。这派里有黄梨洲、万氏兄弟、全谢山、章实斋等。他如王船山、陈兰甫诸君虽然不能算浙东学派,可是就学问的性质上分来,有非常相同之点,很当以类相从,归成一派。此外的派别就不算数了。至于就时期而论,又可分做五期,第一期称它做胚胎期,从王应麟到焦竑,一般朴学的先进,都归在里头(这在清朝以前);第二期称它做发展期,从顾亭林到江慎修的时代;第三期称它做极盛期,就是钱晓征、戴东原、段懋堂、王怀祖的时代;第四期称它做再变期,就是从孔众仲到俞曲园的时代(曲园虽是朴学家,主义上却很受今文学派的影响);第五期称它做结束期。这一期的代表,只有康有为和章太炎先生两人(康有为原是个不足齿的骗子,近来的议论行事,又如此狂谬,读者诸君或以我举他为疑,不知我只就他在戊戌以前所做的学问论他,但问他在清末学问上的位置,戊戌以后不问他了。至于章先生,也是过去的人物。好在我这篇文章里所论的尽是过去,读者诸君当不至于误会)。这都是中国的学艺再兴时代的各阶级。前三期是遵着一条线而行的;第四期是前三期的反动;朴学派的发达已经极圆满了,大家觉着它难以复加,又觉着它烦琐无用的可厌,所以才能别开一条道路。第五期是结束第二、第三两期的:太炎先生结束第三期，康有为结束第四期。我以为这一时期非常有关系，中国人的思想到了这时期，已经把"孔子即真理"一条信条摇动了，已经临于绝境，必须有急转直下的趋向了。古文学、今文学已经成就了精密的系统，不能有大体的增加了，又当西洋学问渐渐入中国，相逢之下，此消彼长的时机已熟了，所以这个时期竟可说是中国近代文化转移的枢纽。这个以前，是中国的学艺复兴时代，这个以后，便要说是中国的学艺再兴时代。国粹派的主义，当然从此告终。自此以后，必不再会有第一二流的国粹派的学问家。

清代学问的精神，可分做消极、积极两方面说。消极的方面是怀疑。这怀疑恰成一串，疑宋儒（顾亭林、毛河西、胡朏明等）、疑伪古文（阎百诗、惠定宇等疑伪孔，于是乎把魏晋六朝唐人学问上的权威推翻了）、疑古文（今文学派皆然，尤以康有为为最备）、疑今文（太炎先生），结果便疑孔子，于是乎百家平等了（推翻孔子的权威，嘉庆间才有个端绪。汪中《述学》里已把孔子、墨子同等看待（见《墨子后序》），张皋文又替《墨经》做注，章实斋又说孔子不曾集大成。康有为虽是尊孔子，其实他证明白许多经是伪的，便不知不觉的去了孔子的一大部分作用。他又说孔子改制托古，直不啻说孔子曾经作假，我们不可尽信经，章先生现在虽然尊崇孔子，当年破除孔子的力量，非常之大），于是乎容纳印度化、西洋化了（太炎虽反对欧化，却崇拜印度化）。积极的方面是本着亲历实验的态度，用着归纳的方法，取得无数的材料，翻来覆去，仔细考索，求异求同——这真是条好教训。至于清朝学问的意义，引到人生上，便给我们三大教训：第一是求知，因为知识培养心意（朴学家的作用，只是求知。戴东原说，学问养其心知）；第二是求实用（这是颜、李一派）；第三是求实用（这是今文学派主义）。这三项虽然各不相同，在说者也不曾充分的发挥，还夹着许多毛病。然而就大体论来，却是都有极深意义的话。

如此看来，清代学问在中国历朝的各派学问中，竟是比较的最可信、最有条理的。一般的中国人，既然不肯尽把中国的学问完全搁起来，那么与其做文选派的文、江西派的诗、梦窗派的词、方士派的理学，还不如粗略研究研究清朝学问,比较的近于科学,比较的有益少害啊!所以记者现在就举出几部清朝学问的门径书给读者。

(1)《汉学师承记》 江藩作的

(2)《汉学商兑》 方东树作的

(3)《东塾读书记》 陈澧作的

读者诸君或者以为我举出这三部,未免太无道理。因为这三部书的本身,没有价值可说,像方东树一种人,又是天下绝无仅有的妄人。但是列举清代学问的门径书,非常困难。最要最精的著作,在作者是终生的事业,在读者却困难的非常,所以现在断不便举专门的名著,只得降格相求,举出这三种三四等以下的书。《汉学师承记》一书,有几条很显著的毛病:第一,江是扬州老,地方观念太重,所以许多"吴下阿蒙"都诹进来了;第二,每每有很谬的议论,既媚清朝,又袒吴派;第三,材料的去取太不精,缺漏的太多,可删的也不少。但是虽如此说,却寻不到代替它的书。阮芸台的《儒林传》既不易得,所载的人又太少,读起来又太无滋味,所以记载清代朴学家的事迹和求学方法的书,还是只有他这一部,可作门径之用。《汉学商兑》一书究是"泥中斗兽"的把戏,胡闹的争论,着实可笑。但是他把一般汉学家的根本议论都集在一块,对于我们却非常便利,可以免去初学的人东寻西找的劳苦。我们这样因利乘便的用它,真是方氏所梦想不到的了。至于方氏自己的议论,也不是全无可取:他的学问还算略有根底,思想也不尽浑沌。所以尽管诞妄的地方很多,也尽有说到朴学缺陷的地方。我们把他据以驳骂的话,和他自己的话,仔细比较一番,或者可以得个对于宋学、清学的明了观念。《东塾读书记》一部书,直是"合古今,杂汉宋"的。说它好,它便是不拘门户之见;说它坏,它便是不成统系。陈兰甫的根本观念,差不多是"义理皆在文字中"。更进一层,可说是"汉学即宋学,宋学即汉学,郑康成即朱元晦,朱元晦即郑康成"。这种见解固然不免糊涂,但是清朝的学问,到了咸丰、同治的时代,把乾嘉年间的狭隘门户见解脱去,也是当然的一个阶级。这部书也有独到的地方,辟如说《易》,他称许王弼易,匪薄虞氏易,是很通达公平的说话,绝不是偏浅的"汉学家"所能做到的。我们可以就这一部书的基本意趣上，悟到古今四方的学术，都是演进的状况，都有相成相连的关系。——总而言之，这三部书都是对于初学的人最方便的门径。

第二步的门径书，我再举出几种：

顾炎武的《日知录》（这部书和《养新录》看来好像零碎，其实清代朴学的方法和精神，都可在里边见得）

阎若璩的《尚书古文疏证》（这部书可当做清朝学问的方法论读）

黄宗羲的《明夷待访录》（这部书也是对着宋明思想革命的。清朝一代的政治理想，还算此书最高超）

戴望的《颜氏学记》

钱大昕的《养新录》

戴震的《孟子字义疏证》和《原善》

汪中的《述学》

孔广森的《春秋公羊通义》

章学诚的《文史通义》

俞樾的《古书疑义举例》

康有为的《孔子改制考》和《新学伪经考》

章炳麟的《检论》

以上的十几种书，为初学者言，可说是入门之用，但是就它们的本身而论，也是非常有价值，不仅是门径书而止。学者从此研究去，必能得正当的道路。

我希望有人在清代的朴学上用功夫，并不是怀着甚么国粹主义，也不是误认朴学可和科学并等，是觉着有几种事业，非借朴学家的方法和精神做不来，这事业就是——

（1）整理中国历史上的一切学问。中国学问不论哪一派，现在都在不曾整理状态之下，必须加一番整理。有条贯了，才可给大家晓得研究。

（2）清朝人的第一大发明是文字学，至于中国的言语学，不过有个萌芽，还不能有详密的条理。若是继续研究下去，竟把中国语言的起源演变发明了,也是件痛快事。

(3)中国古代的社会学正待发明。

以上的三种事业,必须用清朴学家的精神才能成功。但是若直用朴学家的方法,不问西洋人的研究学问法,仍然是一无是处,仍不能得结果。所以现在的学者,断不容有丝毫"抱残守缺"的意味了。

(原载 1919 年 4 月 1 日《新潮》第一卷第四号)

出版界评

近年出版杂志中,间有设"书报介绍"一栏者,然论列所及,但以善著为限,从不见有日本杂志之"蒲鞭"。今日中国出版界暗淡极矣。有价值之作,能有几何?所累出不穷者,皆不堪寓目者耳。不有以匡其误谬,非惟贻患读者,且无以促出版界之自觉心与上进心。于是本志特设此栏,贡其愚诚,对于善者将称道尽情,对于劣者亦不敢有所忌惮。学术,公器也;是非,公谊也。原非个人所得而假借,故本志取而曝之。若竟成闲怨,则亦记者所乐受而不恤也。

年来出版物,独以恶滥小说为最多。本志对此,殊不滥费笔墨。本志以为不屑而讥弹之者,犹认为立于平等地位;若此恶作,竟如"犬马与我之不同类也"者,更何为耗弃精神,以成词费。记者暇时,拟撰一文,名曰《今著述家地狱九等表》,广包并容,分别部居,则等差自见。今决不肯一一致其词也。

王国维著《宋元戏曲史》
商务印书馆出版

近年坊间刊刻各种文学史与文学评议之书,独王静庵《宋元戏曲史》最有价值。其余亦间有一二可观者,然大都不堪入目也。

问王君此书何以有价值?则答之曰:中国韵文,莫优于元剧明曲。然论次之者,皆不学之徒,未能评其文,疏其迹也。王君此书前此别未有作者,当代亦莫之与京。所以托体者贵,因而其书贵也。

宋金元明之新文学,一为白话小说,一为戏曲。当时不以为文章正宗,后人不以为文学宏业。时迁代异,尽从零落,其幸而存者,"泰山一毫芒"耳。今欲追寻往迹,诚难诚难。即以《元杂剧》而论,流传今世者,不过臧刻百种,使臧晋叔未尝刻此,则今人竟不能知元剧为何物。持此以例其他,剧本散亡,剧故沉湮,渊源不可得考,事迹无从疏证者,多多矣。钩沉稽遗,亦大不易。当时人并无论此之专书;若于各家著述中散漫求之,势不能不遍阅唐宋元明文籍,然而唐宋元明文籍,浩如烟海,如何寻其端绪？纵能求得断烂材料,而此材料又复七散八落,不相联属,犹无补也。王先生此书,取材不易,整理尤难。籀览一过,见其条贯秩然,能深寻曲剧进步变迁之阶级,可以为难矣。

研治中国文学,而不解外国文学;撰述中国文学史,而未读外国文学史,将永无得真之一日。以旧法著中国文学史,为文人列传可也,为类书可也,为杂抄可也,为辛文房"唐才子传体"可也,或变黄、全二君"学案体"以为"文案体"可也,或竟成《世说新语》可也;欲为近代科学的文学史,不可也。文学史有其职司,更具特殊之体制;若不能尽此职司,而从此体制,必为无意义之作。王君此作,固不可谓尽美无缺,然体裁总不差也。

王先生评元剧之文章,有极精之言。今撮录如次:

元曲之佳处何在？一言以蔽之,曰,自然而已矣。古今之大文学无不以自然胜,而莫著于元曲。盖元剧之作者,其人均非有名位学问也；其作剧也,非有"藏之名山,传之其人"之意也。彼以意兴之所至为之,以自娱娱人；关目之拙劣,所不问也,思想之卑陋,所不讳也；人物之矛盾,所不顾也。彼但摹写其胸中之感想,与时代之情状,而真挚之理,与秀杰之气,时时露于其间。故谓元曲为中国最自然之文学,无不可也。若其文字之自然,则又为其必然之结果,抑其次也。

明以后传奇,无非喜剧,而元则有悲剧在其中。就其有者言之,如《汉宫秋》、《梧桐雨》、《西蜀梦》、《火烧介子推》、《张千替杀妻》等,初无所谓先难后合始困终亨之事也。其最有悲剧之性质者,则如关汉卿之《窦娥冤》、纪君祥之《赵氏孤儿》剧,中虽有恶人交构其间,而其蹈汤赴火者,仍出于主人翁之意思。即列之于世界大悲剧中,亦无丑色也(按:即此而论,可见中国戏剧历代退化)。然元剧最佳之处,不在其思想结构,而在其文章。其文章之妙,亦一言以蔽之,曰,有意境而已矣。何以谓之有意境。曰,写情则沁人心脾;写景则在人耳目;述事则如共口出是也。古时词之佳者无不如是,元曲亦然。明以后,其思想结构仅有胜于前人者,惟意境则为元人所独擅……

元剧实于新文体中,自由使用新言语。在我国文学中,于《楚辞内典》外,得此而三。……

书中善言,不遑悉举,姑举数节以见其余,皆极精之言,且具世界眼光者也。王君治哲学,通外国语,平日论文,时有达旨。余向见其《人间词话》,信为佳作。年来闻其行事不甚可解,竟成世所谓"遗而不老"之人。此非本文所应论。就本书,论本书,却为甚有价值耳。至于今日,中国声乐之学,衰息极矣。世有有心人,欲求既往以资现在,则此书而外,更应撰论述明南曲之书词之来源与变化。汉魏以来,至于明清声乐之迁嬗,亦应有专书论次。盖历来词学,多破碎之谈,无根本之论,乐学书中,燕乐考原,声律通考虽精,而所说终嫌太少也。必此类书出于世间,然后为中国文学史、美术史与社会史者,有所凭传。

马叙伦著《庄子札记》

北京大学出版部刊,刊刻者仅《在宥》至《至乐》八卷,余未见

同学某君以此书相示。取而观之,见叙中有云,"仆既略涉'六书',粗探内典,籀讽本书,遂若奥衍之辞,随目而疏,隐约之义,跃然自会",则大惊喜,以为释诂必有胜义,谈玄必有妙谛也。及泛览一周,始觉失望。今取所包含,分析之如次。请先谈故训。马先生谈故训之方,可分为下列数种:

(一)抄录成说,而案以"某说是也"、"某说得之"、或"某说美矣"……更不附以解证。

夫成书具在,治《庄子》者,理必取阅,今是而录之,且刊而布之,得无辞费乎?

(二)抄录成说,而案以"某说是也"、"某说得之"、或"某说美矣"……更附以解证。然而所解证者,并不见具何条理,有何发明。烦言碎词,若干不甚关联之经籍故训,衍成多行,则亦何贵之有。昔人立一说时,自必有若干资证,然而布之方策,不能无所简汰,固以为一义之明。片言居要,罗列多说,反为词费也。今乃取彼字纸篓中物,以为创获乎?

(三)抄录成说,而案以"某说非也"、"某说未谛"……然而据以驳某说之根据,亦取资于他人者,则若可解若不可解之"玄言"耳。

(四)书中常有博物之言,考其情实,犹是古人识名不识物之法。故但见异名罗列,而不见罗列之后,得何结果也。使吾辈生于百年以前,本此道著书可也。今非其时也。其尤异者,甚至谓植物化为动物。夫下等生物,不辨动、植则诚有之。若植物化为动物,记者学浅,未闻生物学家有是言。

(五)谈及地理,则放之荡之,至成长篇,著述家应以缩杀为工,不应以夸炫为贵,其无甚关联之材料似不必多多益善。

以上略举数端耳,其浮词固不只此。凡谈故训,当以条理为先,发明为要,并不贵乎罗列群书,多所抄写。如苟以抄写为能,则取《说文本书》、《尔雅义疏》、《广雅释诂》、《说文通训定声》、《经籍纂诂》、《骈雅训纂》等,置之架上,可以终身用之无穷。然如"著作"何!阎若璩《潜丘札记》、王念孙《读书杂志》,札记之式楷也。今观其书,何等谨严,有溢词乎?以阎、王诸君之学业,苟不极加制裁,亦何患不能"汗牛充栋"。然彼实有所不屑为也。大凡著述之业,有得则识之,无得则缺之,不烦广抄多写,成其博异。博者非浮滥之谓,若取材极难,而又精慎辨之,理而董之,以成独见,则谓之博。若取材极易,庞杂引用,仅可谓之浮且滥耳。况如《庄子札记》所引采者,诸家庄子注解而外,一部《经籍纂诂》大体具矣。其余稍有引自他籍者,然终不足示解者以博也。或谓余曰,"马先生此书以札记为名,君何必以专家著作之正义衡之"。则答之曰,"果马先生作此札记仅备自身修业之资,记者不特不敢致其平议,且将颂为精勤。今马先生竟刊而布之,又示学生以购而习之,又于叙目中施炎炎之词,固以著作自负矣,则记者当然以著述之道待之"。

果以采集众说疏通文义为旨,则于郭氏《庄子集释》、王氏《庄子集解》而外,另作一《庄子集注》可也。果以登录独得为旨,则如王怀祖之体制可也。今上之不为王氏之精审,下之不为笺注之事业,所成者乃一不类之书。意者先生"六书"犹欠钩稽,不能多多发明,势必取材他家。而集注之业,须逐句求之,不若札记体裁,可于疑窦处伸缩任便乎?

次论玄谭。今日浮夸之士,好习佛典,如流行病然。寻其所由,则以佛言圆融,可取而循环其词(Petitio principii),以济词穷,梵名深阻,可取作为城府,文其浅陋。一言蔽之,曰,哗众取宠而已。马先生固非与此等论,记者亦不敢妄诬贤者。然而马先生满篇玄旨,自记者观之,确不免于笼统。夫人同此心,心同此理,庄生旨宰,岂可云与佛绝无近似者。然欲就《庄子内典》求其合,不可不先就内典自身求其分。所谓佛说者,不出一人,不出一时,或来自印度,或出自中国。如愿研其真相,第一,须即各派求其差异;第二,须辨各派之是非;第三,须辨各派变化之迹,及其因果。于此诸端皆曾致力,然后可云精识佛学,然后不妨择出一派,以与《庄子》较其异同,审其非是。否则浑沌言之,曰:"庄生某义,佛书某义也。"壹似庄周释迦,异地同心,庄周所言释迦无不契,释迦吐指庄周无不备,如达赖喇嘛之轮转者。不知庄佛之异,断断乎不能解庄佛之同,纵庄佛有其同然,然不知庄佛之异者,无术可得窥见,何者? 同之所自出者异也。且泛言佛书,不太无边际乎? 今试曰:"吾以庄义与欧洲哲学较,差有共同",恐无人不非笑者。何者? 欧洲哲学,不拘一旨,仅有极相反背者,遽以一物视之,必无是处。今佛书固互相为用而不相悖乎? 固可视为一物乎? 果不能视为一物,因可泛言以与庄议相和乎?

今之谈哲学者,皆以为玄之又玄。其实天地间事,自魍魉魑魅而外,未有玄之又玄者,哲学则实之又实耳。字句必有着落,思想必有边际;必也深切著明,然后可称胜义。如乃词义圆转,放之泛之,称心所之,牵率同之,则文士之结习,非学者之术业。今试为《庄子札记》之总评曰:以效仿魏晋文词论,则先生道诚高矣,然而非所以语哲理也。

先生书中,有自居创获之见,实则攘自他人,而不言所自来者。例如,卷十八,五至八页,释"种有幾……万物皆出于机,皆入于机"一节,所有胜义,皆取自胡适之先生《中国哲学史大纲》第九篇第一章七八两页。曰:"郭说非,幾读如字。"曰:"幾从二幺,幾如大秦言原子。"曰:"言生物由水先具,即于水中先生植物……而人物最后成此;与大秦进化之论,大氏符合"(按此句以文义论,极不可通。大秦者,罗马也。进化论者,自达尔文之 On The Origin of Species 与 The Descent of Man、赫胥黎之 The manlike Apes 出,然后确定。其余为此学者亦皆英、德、法人,远与大秦无涉。若以大秦被之全欧,犹如称日本、高丽以支那矣。有是理乎?敢告马君,慎其词也)。曰:"三机字皆当作机,此言万物之几化生死复几"……皆胡先生说,特字句不同,又多抄录耳。考前人未有为此说者,胡先生此讲义,印于去冬,马先生《庄子札记》,刊于今夏。同教一堂,不得云未见,见而不言所自来,似为贤者所不取也。

此评作于1月以前,今日之《北京大学日刊》,载有马先生启事云:"《庄子札记》现改为《庄子义证》。"

记者前云"可以伸缩任便"者,当然认罪取消。抑马先生以《义证》名书,吾因之有所感想。书名《义证》者,桂未谷之《说文解字义证》为最著名。此书但求容纳,极抄书匠之能事;世人公认其为无意识之作久矣。今马先生步武其名,读者恐以为从其实也。

傅斯年附识
十二月三日

《论理学讲义》

蒋维乔　译

这本书的本身，并没有什么可以评论的。我也不愿把它再看一遍，仔细考较一番。但是我对于这书，有许多感想，顺便写出几条来，请大家想想。

有个很肯求学，也有思想，却不懂外国文的人，对我说道，"论理学根本没有用处"。我觉着很诧异，问他，"何以见得"。他说"你看蒋维乔《论理学讲义》上界说道，'论理学者，研究思想形式上法则之科学也。'他这话定然是从西洋弄来的。西洋的论理学，想来大概也不过这样。我很觉着可疑：要是拿它来解释思想的自然，请问什么叫做'形式法则？'要是拿它来应用，请问我们日用生活，能时时刻刻画圆圈，想着那些 AEIO 和那些 Barbara Celarent……吗？"我听了这话，心里顿然起了许多意思。便回答道，"你这话极有思想。就是 Dr. Schiller 一部五百页批评形式逻辑的书，也不过你这几句话扩充起来。但是西洋的逻辑，并不尽是这样无聊；你却不可因为蒋君的书不好，一概抹杀了"。

我以为纠正中国人荒谬的思想，最好是介绍西洋逻辑思想到中国来。因为逻辑一种学问，原是第一流思想家创造出来，是一切学问的基本，是整理学问的利器。现在的中国思想界，只是空泛乱杂，没有一点道理可讲的，要是能够介绍逻辑进来，比较一下，顿然显得惭愧的很，也就不觉的纠正许多了。但是被这些人，挑选了顶支离、顶无理性、顶没用的进来，大家见了失望，可要把逻辑的门面弄坏了。我们再想介绍，费了许多唇舌，人家依然是将信将疑的。就此而论，著作是要谨慎啊！

我把制作逻辑书籍的等级，说个大概罢。要是想做部《真逻辑》、《真出版物》、《真现日的出版物》，总应晓得 John Dewey 和 F. C. S. Schiller 等《实验态度的逻辑》(*Logic in The Pragmatic Attitude*)。因为这是逻辑界最近最精的出产品，这是自从亚里士多德以来最切实的逻辑，这是近代思潮进化的结果。要是不晓得这个，就难得谈论理学。如果说,这不过是一派的学说,不必然人人从他,那么也可以别从一派,借着逻辑谈谈知理论,也是很有道理、很有趣味的事情。如果说,这仍然不过是一派,我们不必偏重一派,那么可以从苏格拉底的概念论以来,谈谈各种的 Logics,就可悟出逻辑的根本大法,引得我们自然上哲学上去。如果说,通常论理学上不必这样高深,那么仅可以把逻辑讲成"辩学",专就日用生活,一切言谈思想上著笔,也是很有用处的。如果必脱不了遗传逻辑(Traditional Logic 即形式逻辑 Formal Logic)的性质,也应当把道理说得极明白,不教人感觉麻木不仁,并且加上许多练习,教人可以应用,才中形式逻辑的"壳"。如果说,仅仅给初学做的,那么更要有精神,使得初学的人读来之后,但觉得"怡然理顺",全不觉得气闷,才算有用处。现在请问蒋君这本《论理学讲义》,是上来说的那一格里头的?说是部专门著作吗?我想蒋君也不便答应道,"是"。说是部教科书吗?却没有一个练习题,就譬如数学教科书没有演题一个样;说是为教员用的吗?弄得词意干枯看不透彻,是书后 Summary 的体裁。说是为学生用的吗?学生看见这种 Summary 如何领会?再加上那些黑白圈圈,AEIO 的大字母,AAA,EAE……许多个,闹不清楚,看的人只觉得麻木干燥,那里还有工夫理会他的道理去。这样看来,这部书是部无感觉、无意义、无理性的书。

然而这是部里审定的师范学校用书!这是风行的论理教科书!我见过几个师范学校,都用它教授的。难为教员怎样教?学生怎样听来?咳!

老实说罢,这部书还是我在几年前看过两遍的;我现在很不愿意买来再看一遍。既然觉着根本不是这样做法。也就不必一条一条的,一面看着,一面批评了,直论体裁就完了。我还记得那他荒唐材料里,引用"吴王愁"一个古代童谣。拿这样不逻辑的东西讲逻辑,我想自从亚里士多德以来没有过!

我写到这里,忽然觉得错了。他本是自日本陈书里翻译来的,我为何安在他身上!不仍旧是拿"著作者"待他吗?

(原载 1919 年 1 月 1 日《新潮》第一卷第一号)